Gemeinsamer
Europäischer
Referenzrahmen

Mittelpunkt neu B2

Lehrbuch

欧标德语教程

B2 学生用书

编　著：[德] 伊尔塞·桑达

阿尔伯特·丹尼尔斯

蕾娜特·科尔－库恩

芭芭拉·鲍尔－胡茨

克劳斯·F. 毛池

海德卢恩·特兰普·所阿勒斯

编　译：田春雨　孙　静

上海译文出版社

图字：09–2022–0228

图书在版编目（CIP）数据

欧标德语教程. B2. 学生用书 /（德）伊尔塞·桑达
等编著；田春雨，孙静编译. — 上海：上海译文出版
社, 2024.5
ISBN 978–7–5327–9548–2

Ⅰ. ①欧… Ⅱ. ①伊… ②田… ③孙… Ⅲ. ①德语—
教材 Ⅳ. ①H33

中国国家版本馆CIP数据核字（2024）第072426号

欧标德语教程B2（学生用书）

[德]伊尔塞·桑达 等 编著
田春雨 孙静 编译
———————————
上海译文出版社有限公司出版、发行
网址：www.yiwen.com.cn
201101 上海市闵行区号景路159弄B座
上海华顿书刊印刷有限公司印制
———————————
开本890×1240 1/16 印张19.5 字数628,000
2024年5月第1版 2024年5月第1次印刷
印数：0,001–3,500册

ISBN 978–7–5327–9548–2/H·1603
定价：75.00元
———————————
如有质量问题，请与承印厂质量科联系。T: 021-36162648

ISBN 978-7-88841-491-4

9 787888 414914 >

《欧标德语教程 B2（学生用书）》
使用说明

　　《欧标德语教程 B2（学生用书）》的所有学习目标和内容都基于欧洲语言共同参照标准。每个板块的学习目标均列在单数页面的右上角。这种一目了然的展示方式便于使用者查找，并且可以轻松将学习任务和能力要求关联起来。

　　本书共有十二课，主题新颖，涵盖当下日常生活、职业和科学等各个领域。内容充实兼具趣味性，语言表达系统、准确。每一课又分为 A—F 六个学习板块，每一板块都有两页内容。这种清晰明了的设置会提高使用者的学习积极性，并帮助制定课程计划。此外，这样的编排方式更便于进行模块化教学，使用者可根据需要自行删减学习板块。

　　本书还突出了对 B1 级别使用者的高度重视：最初几课的课文以及学习任务的编排采取循序渐进的方式，帮助他们顺利从 B1 级别过渡到 B2 级别。同时，本书在语法教学上留出了足够空间——每课都用两页篇幅讲解涉及到的语法专题。使用者可以根据对应的课文类型系统地学习每个专题，并在练习册上做针对性练习。

G 3.5　　每个语法练习前都有一个参阅标识，可在本书附录的参考语法中找到相对应的讲解，例如这里表示参见第 3.5 节。

🔑　　《欧标德语教程 B2（练习册）》是课程的必要组成部分。这部分将以层层递进的方式帮助使用者练习、强化和扩展语法点和词汇。练习册会针对学生用书上的学习任务提供相应的学习策略和练习，此类内容用钥匙符号标注。

AB: A2　在学生用书中将明确地标注与练习册的关联，例如这里表示参见练习册中该课A板块中的练习2。

Ⓟ **GI**　　歌德学院 B2 考试（Goethe-Zertifikat B2）题型

Ⓟ **telc**　　telc B2 考试（telc Deutsch B2）题型

Ⓟ **TD**　　德福考试（TestDaF）题型

Ⓟ **DSH**　　DSH 考试题型

　　　　使用者还可以在本书配套资源里获取新版歌德 B2 证书考试的模拟题目，检查自己的学习成果。

🔘4　　学生用书提供配套音频。听力练习所需音频将标注相应的编码，例如这里表示参见音频4。

　　我们衷心感谢和期待使用者们的反馈和意见，这些将为日后的修订提供莫大帮助，以期更好地满足大家的需求。出版社和编著团队祝您在使用本书时乐趣多多，收获满满！

目录 Inhaltsverzeichnis

Lektion	Handlungsfelder	wichtige Sprachhandlungen
7 A Wissen und Können B Was Tiere wissen C Wissen teilen D Das möchte ich können E Klug, klüger, am klügsten F Lernwege	• Formen des Wissens • Wege des Wissenserwerbs • Wissen von Tieren • Wissenserhalt und -austausch • Lernen • Musik und Intelligenz • Wissen und Können	• Lexikoneinträge zum Thema „Wissen" verstehen und vergleichen • Interviews zu Können und Wissen verstehen und führen • über Wissensformen von Tieren diskutieren • Hauptaussagen von Auszug aus Forschungsbericht über Intelligenz von Tieren verstehen
8 A Gesundheit B Gesundheitswahn C Arzt und Patient D Alternative Heilmethoden E Ausgebrannt: Was die Seele krank macht F Lachen ist gesund	• Faktoren der Gesundheit • Maßnahmen zur Förderung der Gesundheit • Arztbesuche • Alternativmedizin • das Phänomen „Burnout" • Winterdepression	• über Voraussetzungen und Wirkung von Gesundheit sprechen • Gedicht und Kurzbiografie verstehen • Tatsachen, Meinungen und Schlussfolgerungen in Artikel über Maßnahmen zur Gesundheitsförderung herausarbeiten
9 A Gefühle B Emotionen C Stark durch Gefühle D Gefühle verstehen E Fingerspitzengefühl F Gemischte Gefühle	• verbaler und nonverbaler Ausdruck von Gefühlen • Bedeutung und Funktion positiver und negativer Gefühle • Filmbesprechung von „Barfuss" • Gefühle in literarischen Texten	• Gefühle mündl. beschreiben • Gedicht verstehen • Artikel über das Thema „Gefühle" mithilfe von Textbauplan zusammenfassen • zu Thesen in Artikel über Gefühle schriftl. Stellung nehmen • Vermutungen über Inhalt eines Films anstellen
10 A Raus in die Welt B Studieren im Ausland C Wege ins Ausland D Vorbereitungen E Ankommen F Kultur hier und da	• Erfahrungen im Ausland • Studium im Ausland • Informationen zur Vorbereitung eines Auslandsaufenthalts • Wohnungssuche • kulturelle Unterschiede	• schriftliche Kurzberichte und Gespräch über Auslandserfahrung verstehen • schriftl. über Auslandserfahrungen berichten • Kurzvortrag über Aspekte eines Auslandsaufenthalts halten • Zeitungskommentar über Auslandsmobilität von Studierenden verstehen
11 A Natur B Von der Natur lernen C Naturkatastrophen D Klimawandel E Energie aus der Natur F Ernährung – natürlich?	• Assoziationen und Beschreibungen von Natur • Natur als Vorbild für technische Erfindungen • Katastrophenmeldungen • Meinungen zum Klimawandel • erneuerbare Energien • biologische Lebensmittel	• Assoziationen zu Natur äußern • mündliche Geschichte verstehen • Geschichte erzählen • Informationen in Radioreportage verstehen und schriftl. weitergeben • Brief korrigieren • schriftl. über eigenes Erlebnis bei Naturereignis berichten
12 A Sprachlos B Nichts sagen(d) C Die Kunst der leichten Konversation D Mit Händen und Füßen E Der Ton macht die Musik F Wer wagt, gewinnt	• Situationen der Sprachlosigkeit • Small Talk • Körpersprache • Beschwerdebriefe • mündliche Prüfung	• Gefühle ausdrücken • Metaphern in Lied erkennen • Standpunkte und Informationen zum Thema „Small Talk" in Ratgeber und Radio-Feature verstehen • Smalltalk führen
R Referenzgrammatik		

Reisen

1 Reisebilder

a   Mit welchem Foto identifizieren Sie sich am meisten, wenn Sie an Urlaub oder Reisen denken? Warum? Oder spricht Sie kein Foto an? Warum? Sprechen Sie mit einem Partner / einer Partnerin.   AB: A1–2

b   Berichten Sie im Kurs, was Ihr Partner / Ihre Partnerin gesagt hat.

2 Sprüche übers Reisen

a   Lesen Sie die Sprüche. Sind Sie mit allem einverstanden? Warum / Warum nicht? Sprechen Sie zu zweit und berichten Sie dann im Kurs.   AB: A3

> Erst die Fremde lehrt uns, was wir an der Heimat haben.
>
> *Theodor Fontane (1819 – 1898)*

> Den Toren packt die Reisewut, indes im Bett der Weise ruht.
>
> *Sprichwort*

> Die Welt ist ein Buch, von dem man nur die erste Seite gelesen hat, wenn man nur sein Land gesehen hat.
>
> *Fougeret de Moubron (1706 – 1760)*

> Liebst du dein Kind, so schicke es auf Reisen.
>
> *Indisches Sprichwort*

> Wer sein Land nie verlassen hat, ist voller Vorurteile.
>
> *Carlo Goldoni (1707 – 1793)*

> Wenn jemand eine Reise tut, so kann er was erzählen.
>
> *Matthias Claudius (1740 – 1815)*

b   Kennen Sie andere Sprüche zum Thema „Reisen"? Tauschen Sie sich im Kurs aus.

③ Reisemotive

a Was sind die Hauptreisemotive der Deutschen? Ordnen Sie die Motive den Prozentzahlen in der Grafik zu.

besonders wichtig

Kultur, Bildung	64 %
etwas für Gesundheit, Körper tun	57 %
Erholung, Entspannung	56 %
Leute kennenlernen	54 %
aktiv, sportlich sein	48 %
Zeit mit Familie, Freunden	34 %
aus dem Alltag ausbrechen	27 %
Spaß, Vergnügen	22 %
Flirten	9 %
in der Natur sein	6 %

b Vergleichen Sie im Kurs Ihre Zuordnung mit der Lösung unten. Wo gibt es Unterschiede?

Erholung, Entspannung: 64 %, Spaß, Vergnügen: 57 %, in der Natur sein: 56 %, aus dem Alltag ausbrechen: 54 %, Zeit mit Familie, Freunden: 48 %, aktiv, sportlich sein: 34 %, Leute kennenlernen: 27 %, Kultur, Bildung: 22 %, Flirten: 9 %, etwas für Gesundheit, Körper tun: 6 %

c Und Sie? Warum reisen Sie eigentlich? Tauschen Sie sich mit einem Partner / einer Partnerin aus und berichten Sie dann im Kurs. `AB: A4`

Fragen:	Was ist für Sie / dich der wichtigste Grund, … zu …?
	Und was ist für Sie / dich am zweitwichtigsten?
	Was ist dir am wenigsten wichtig, wenn …?
Antworten:	Das wichtigste Motiv / Der wichtigste Grund, warum ich …, ist …
	Ich möchte am liebsten …
	Gleich danach kommt: …

④ Reisepläne

①
`P` DSH

a Hören Sie ein Gespräch im Haus von Familie Funke. Wer möchte was machen? Notieren Sie.

Eva: ....

Andreas: ....

Frau Funke: ....

Herr Funke: ....

b Versuchen Sie, für Familie Funke eine Lösung zu finden. `AB: A5`

Ich glaube, … | Ich denke, … | Ich meine, … |
Vielleicht könnten sie … | Sie sollten … | Es wäre gut, wenn …

Urlaubsreisen

telc/TD **1** **Wer fährt wohin?**

Findet jede Person ein geeignetes Reiseziel? Notieren Sie den passenden Buchstaben und begründen Sie Ihre Zuordnung. AB: B1–2

1 Andrea Reuter (24), Bankangestellte in München
Ihr Hobby ist Bergwandern. Leider kommt sie kaum dazu. Im Urlaub möchte sie viel Bewegung und frische Luft. Sie möchte möglichst nicht weit fahren, aber auch nicht fliegen.

2 Ina Steiger (36), Abteilungsleiterin in einer Exportfirma
In ihrem Job hat sie meist 10-Stunden-Tage. Im Urlaub möchte sie nichts anderes tun als sich erholen, gut essen und ein bisschen Sport treiben.

3 Herbert Siebertz (33), Pianist
Er reist viel mit seinem Orchester und führt ein ziemlich anstrengendes Leben. Deshalb möchte er sich im Urlaub entspannen und möglichst viel an der frischen Luft sein. Am liebsten würde er eine gemütliche Radtour machen, z. B. entlang der Donau.

4 Max Orthwin (48), Zahnarzt
Er möchte im Urlaub etwas Besonderes erleben und liebt es, an seine Grenzen zu gehen. Und je exotischer der Ort, desto besser.

5 Holger Fürst (53), Versicherungsvertreter
Er ist ständig unterwegs – von einem Ort zum anderen. Aber meistens hat er keine Zeit, diese Orte richtig kennenzulernen. Deshalb macht er gern Städtereisen. Er legt aber Wert darauf, dass er mindestens fünf Tage in der jeweiligen Stadt verbringen kann und nicht viel Geld ausgeben muss.

A

Überlebenstraining in Surinam

Ein außergewöhnliches Abenteuer wartet im tiefen Dschungel von Guyana bzw. Surinam auf Sie. Entscheiden Sie selbst, ob Sie belastbar sind oder die Grenzen Ihrer Leistungsfähigkeit kennenlernen wollen. Wenn ja, liegen Sie bei uns richtig! Preis für das 14-tägige Survival-Training: 2.550,- € p. P. Leistungen: Flug von vielen Flughäfen Europas via Amsterdam nach Paramaribo und zurück. Alle Transfers, drei oder vier Nächte in Paramaribo inkl. Frühstück, Instruktionen und Survival-Trip.

B

Namibia & Südafrika

13-tägige Kombinationsreise in Mittelklassehotels inkl. Frühstück und Wüstenfahrt in die Kalahari- und Namib-Wüste, ab 1399,- €. Es erwarten Sie faszinierende, bizarre und endlos weite Landschaften. Die spannenden Kontraste des Landes werden Sie beeindrucken.

C

WEIMAR UND DIE DEUTSCHE KLASSIK

für 1.200,- € im Luxushotel
1. Tag bis 18 Uhr: Anreise
2. Tag: Das dichterische Weimar – Rundgang mit Besuch des Goethe- und Schillerhauses
3. Tag: Das höfische Weimar – Rundgang vom historischen Markt bis zum Schlösserbereich, dem politischen Zentrum der Weimarer Klassik. Besichtigung der Herzogin-Anna-Amalia-Bibliothek. Vorbei am Haus der Frau von Stein geht es zu Goethes Gartenhaus. Am Abend Besuch einer Vorstellung im Deutschen Nationaltheater
4. Tag: Tagesausflug zu den Schlössern in der Umgebung
5. Tag morgens: Abreise

D

Von Oberstdorf nach Meran

- zu Fuß über die Alpen
- 7-tägige Trekkingtour

Diese Wanderung führt auf einem besonders beliebten und abwechslungsreichen Abschnitt des E5 von Oberstdorf an der Alpennordseite nach Meran an der Alpensüdseite.
Gipfelglück in 3.000 m Höhe.
Hüttenerlebnisse in gemütlicher Atmosphäre.
Übernachtung in Alpenvereinshütten und Pensionen.
Routenverlauf: Oberstdorf – Kemptener Hütte – Holzgau – Memminger Hütte – Seescharte – Zams – Pitztal – Braunschweiger Hütte – Rettenbachjöchl – Vent – Similaunhütte – Schnalstal – Meran.
Teilnehmeranzahl: mindestens 6; höchstens 12 Personen.

F

HERBST – TOPANGEBOT: GOLDENE HERBSTWOCHEN:

7 Tage mit ¾-Verwöhnpension: 742 Euro pro Person in der traumhaften Suite DELUXE
Inklusive: Hallenschwimmbad, Freibad, riesige Saunawelt mit 6 Saunen, Wassergymnastik, Yoga, großes neues Fitness-Center, Nordic-Walking, Mountainbikes.

G

* Steiermark / Österreich *

6-tägiger Wellnessurlaub im 4-Sterne-Schlosshotel inkl. Frühstück und 3 x Abendessen ab 399 €.
Ihr Urlaubsort: Fohnsdorf – zwischen Graz und Klagenfurt.
Vergessen Sie in der kürzlich eröffneten Sauna-Oase den Alltag und tauchen Sie ein in die Welt der Entspannung. Die Oase verfügt über 5 Saunen, 2 Dampfbäder und 3 Ruhebereiche.

E

» 3 TAGE ZÜRICH

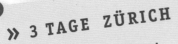

3-Sterne-Hotel inkl. Frühstück und Zürich-Card ab 149 €.
Erleben Sie die heimelige Altstadt und verweilen Sie an einem der einmaligen Aussichtspunkte, z. B. am Lindenhof. Zahlreiche Museen warten auf Ihren Besuch. Oder bummeln Sie einfach über die berühmte Bahnhofstraße mit ihren exklusiven Geschäften.
Auf Wunsch kann der Aufenthalt auch auf 5 volle Tage verlängert werden.

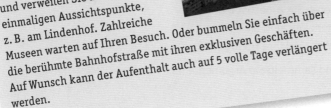

2 ## Was machen Sie am liebsten im Urlaub?

Befragen Sie sich gegenseitig, wer was am liebsten im Urlaub macht. `AB: B 3–4`

- Schreiben Sie auf einen Zettel Ihre drei wichtigsten Beschäftigungen im Urlaub.
- Alle Zettel werden auf dem Tisch gesammelt.
- Ziehen Sie einen Zettel, gehen Sie im Kurs herum und versuchen Sie, den Schreiber des Zettels durch Fragen herauszufinden.

> Was machen Sie / machst du am liebsten / am häufigsten …? | Interessieren Sie sich / Interessierst du dich am meisten für …? | Ist Ihre / deine Lieblingsbeschäftigung …?

1C

Reiseplanung

1 Reiseplanung in der Wohngemeinschaft – zwei Gespräche

2 a Susanne, Carla, Peter und Jens überlegen gemeinsam, wohin sie zusammen in Urlaub fahren können. Leider haben sie ganz unterschiedliche Vorstellungen. Hören Sie das Gespräch. Wie beurteilen Sie es?

Ich finde das Gespräch ☐ harmonisch. ☐ kontrovers. ☐ aggressiv.

DSH b Hören Sie das Gespräch in 1a noch einmal. Wer mag was (nicht)?

Name	er / sie mag	er / sie mag nicht
Susanne		
Carla		
Peter		
Jens		

3 c Hören Sie nun eine Variante des Gesprächs in der WG. Versuchen Sie herauszufinden, was der Hauptunterschied ist.

d Lesen Sie dann die Variante im Arbeitsbuch und notieren Sie die Ausdrücke, die für die Gesprächsführung wichtig sind. AB: C1

P TD 2 Eine kontroverse Diskussion

Sie wollen zu viert in Urlaub fahren. Aber leider haben Sie alle verschiedene Vorstellungen, was Sie im Urlaub machen möchten. Versuchen Sie, die anderen von Ihren Ideen zu überzeugen. AB: C 2–3

- Bereiten Sie sich auf die Diskussion vor: Notieren Sie zunächst Ihre Vorstellungen. Schreiben Sie dann Rollenkarten: Wer sind Sie? Wie alt sind Sie? Was machen Sie beruflich? Was sind Ihre Hobbys?

- Notieren Sie dann Ihre Reisevorstellungen und sammeln Sie Argumente für Ihre Wünsche.

- Verwenden Sie bei der Diskussion die Redemittel, die Sie in 1d gesammelt haben, bzw. die folgenden Redemittel.

> - Ärztin
> - 34 Jahre alt
> - fahre Rad, gehe gern ins Kino
> - interessiere mich für Kunst
> - kann Italienisch und fahre gern nach Italien

Meinung ausdrücken und begründen:
Ich finde, dass …, denn … | Meiner Meinung / Ansicht nach …, denn … |
Ich bin der Meinung / der Ansicht / der Auffassung, dass …, weil …

Nachfragen:
Könntest du das bitte noch mal erklären? | Du meinst also, dass … |
Entschuldigung, ich habe dich nicht ganz verstanden.

Gegenvorschläge kombinieren:
Wir könnten doch … und gleichzeitig … |
Dein Vorschlag ist gut, aber die Idee von … ist auch nicht schlecht.

○ G 2.1 ③ Sprache im Mittelpunkt: Die Satzklammer

a Lesen Sie die Sätze. Welche Regeln für die Wortstellung können Sie ableiten? Stellen Sie die Regeln auch grafisch dar.

1. Die WG `hat` `diskutiert`.

2. Die WG hat am Sonntag diskutiert.

3. Die WG hat am Sonntag über ihre Urlaubspläne diskutiert.

4. Die WG hat am Sonntag zwei Stunden lang über ihre Urlaubspläne diskutiert.

> 1. Der konjugierte Verbteil steht .... 2. Der zweite Verbteil steht ....

b Wie verändert sich die Wortstellung im Mittelfeld, wenn man die unterstrichenen Satzteile jeweils auf Position 1 setzt? Schreiben Sie.

Position 1	Position 2	Mittelfeld			Satzende
Die WG	hat	am Sonntag	zwei Stunden lang	über ihre Urlaubspläne	diskutiert.
Am Sonntag					

c Welche Regeln für die Wortstellung können Sie ableiten? `AB: C 4`

> 1. Das Subjekt kann auf Position ...... stehen oder als Erstes im .... direkt nach dem konjugierten Verb.
>
> 2. Im .... können fast alle anderen Satzglieder stehen (als Wort oder als Wortgruppe).

○ G 3.3 ④ Sprache im Mittelpunkt: Nebensätze

a Schreiben Sie die Sätze in die Tabelle und kreuzen Sie in den Regeln unten an.

1. Peter möchte, dass sie nach Frankreich fahren.

2. Carla möchte nicht nach Rom, weil es dort so heiß ist.

3. Wenn sie in Rom sind, können sie bei Freunden wohnen.

Hauptsatz		Nebensatz		
Peter möchte,		dass	sie nach Frankreich	fahren.

Nebensatz			Hauptsatz	

> 1. Nebensatz: Der Nebensatzkonnektor steht am   ⓐ Anfang.   ⓑ Ende.
> 2. Im Nebensatz steht das Verb   ⓐ auf Position 2.   ⓑ am Satzende.
> 3. Hauptsatz vor Nebensatz: Das Verb steht im Hauptsatz auf   ⓐ Position 1.   ⓑ Position 2.
> 4. Nebensatz vor Hauptsatz: Das Verb steht im Hauptsatz auf   ⓐ Position 1.   ⓑ Position 2.

b Warum möchten Sie nicht nach ... fahren? Ergänzen Sie die Sätze. `AB: C 5`

1. Ich möchte nicht nach .... fahren, weil ....

2. Weil ...., ...

Mobilität im globalen Dorf

1 Nomaden der Neuzeit

a Sie lesen in einer Reisezeitschrift einen Zeitungskommentar mit dem Titel „Nomaden der Neuzeit".
Was haben die Fotos mit diesem Thema zu tun?

ⓟ telc/DSH **b** Lesen Sie die Überschriften und den Kommentar. Entscheiden Sie, welche Überschriften zu den Textabschnitten 1–6 am besten passen. Notieren Sie. Vier Überschriften bleiben übrig. `AB: D1`

A. Verlust fester Strukturen

B. Nomadische Lebensweisen

C. Mobilität – das Modewort der heutigen Zeit

D. ~~Arbeit macht mobil~~

E. Klagen über Entfremdung

F. Mobilität – die zentrale Forderung der Arbeitswelt

G. Gut für die Persönlichkeit

H. Pendler und Mobile

I. Die Nomaden von heute

J. Zunahme an Fernlieben

Nomaden der Neuzeit

1 [D] *Arbeit macht mobil*

Die einen nehmen täglich lange Fahrzeiten zu ihrem Arbeitsplatz auf sich, die anderen sind im Job ständig auf Achse. Und dann gibt es noch diejenigen, die gleich an den Arbeitsort gezogen sind, weil er einfach zu weit entfernt ist. Viele von uns sind dauernd in Bewegung, wenn es um Job oder Ausbildung geht.

2 ....

Die Buchautorin Gundula Englisch bezeichnet uns daher als Jobnomaden, die durch die zivilisierte Wildnis ziehen – von Arbeitsplatz zu Arbeitsplatz, von Abenteuer zu Abenteuer. Wir sind die „Generation N": Denn wie die Tuwa-Nomaden in der Mongolei trainieren wir dabei nomadische Lebensweisen wie

„die Fähigkeit, immer wieder aufzubrechen, wenig Ballast mit sich zu nehmen, lockere Beziehungsnetze zu knüpfen, autark zu sein."

3 ....

Mobilität bedeutet Beweglichkeit und Flexibilität. Und diese beiden Eigenschaften werden immer häufiger als Persönlichkeitsmerkmale erwartet. Sie sind die zentralen Stichworte der heutigen Arbeitswelt und oft die Voraussetzung für beruflichen Erfolg. Die moderne Ökonomie verlangt nämlich, sich rasch auf Veränderungen einzustellen, nicht zu fest an Bestehendem festzuhalten und offen für neue Entwicklungen zu sein.

4 ☐ ....

Und so gibt es Wochenendpendler mit einem zweiten Haushalt am Arbeitsort, Fernpendler mit täglichen langen Anfahrtswegen zur Arbeit, Umzugsmobile, die gleich zum Arbeitsort gezogen sind, und Varimobile, sprich Beschäftigte mit mobilen Berufen. Vor allem viele Studenten und Paare unter 30 führen deshalb eine Beziehung auf Distanz. Insgesamt ist jede sechste Beziehung (16 Prozent der bundesdeutschen Erwerbsfähigen) eine Fernliebe.

5 ☐ ....

Das ewige Hin und Her bringt gewohnte Strukturen in Partnerschaft, Familie und öffentlichem Leben ganz schön durcheinander. Lebenspläne ändern sich viel schneller als zuvor. Verbindungen werden geschlossen und rasch wieder gelöst. Das hat Folgen. 67 Prozent aller Mobilen zwischen 20 und 49 Jahren, die der Soziologe Norbert Schneider in einer Studie befragte, klagen über lange, anstrengende Fahrten, den Verlust sozialer Kontakte, Zeitmangel, Entfremdung vom Partner bzw. von der Familie und finanzielle Belastungen. Das ist die eine Seite.

6 ☐ ....

Auf der anderen Seite hat die Studie von Herrn Schneider ergeben, dass Mobilität die individuelle Autonomie stärkt und gut für die Persönlichkeitsentwicklung ist. Und dies wiegt teilweise die Probleme wieder auf.

Paul Breuer

c Wird das Nomadentum der Neuzeit positiv (+) oder negativ (–) beurteilt? Welche Belege gibt es dafür im Text?

positiv (+)	negativ (–)
	täglich lange Fahrzeiten zum Arbeitsplatz

d Welche Vor- und Nachteile der modernen Mobilität fallen Ihnen selbst ein? Notieren Sie sie auf Kärtchen.

Vorteil:

vieles ausprobieren

Nachteil:

zu lockere Beziehungen

telc/TD/ DSH **e** Diskutieren Sie nun mit einem Partner / einer Partnerin über die Vor- und Nachteile des modernen Nomadentums. Verwenden Sie die Argumente aus dem Zeitungskommentar und Ihre eigenen aus 1d. Sprechen Sie über mögliche Lösungen. `AB: D2`

f Haben Sie selbst Erfahrungen mit „Nomadentum" oder kennen Sie jemanden, der so lebt? Tauschen Sie sich in Gruppen aus und berichten Sie dann im Kurs. `AB: D3`

Wenn einer eine Reise tut ...

1 Eine nicht ganz einfache Dienstreise

a Lesen Sie die Mail von Eva und notieren Sie den Ablauf der Dienstreise mithilfe der W-Fragen unten. AB: E1

Hallo Pia,

hab' mich lange nicht gemeldet – dafür heute länger: Inzwischen war ich 2 Wochen auf Dienstreise in Brasilien, denn ich sollte in Recife Interviews mit unseren Mitarbeitern und ihren Familien führen. (Ihre Erfahrungen sind uns wichtig, weil wir ein Vorbereitungsprogramm für den Auslandseinsatz planen.) Da ich noch nie in Südamerika war, habe ich mich natürlich total über diesen Auftrag gefreut. Aber als ich dann am 15. März im Zug nach Frankfurt Flughafen saß, hab' ich mir schon Gedanken gemacht: „Wie wird das alles laufen? Wirst du das schaffen? Du kannst doch nur ein paar Brocken Portugiesisch …" Auf einmal schreckte ich aus meinen Gedanken auf; der Zug bremste nämlich plötzlich sehr stark und blieb stehen. „Ein Unfall auf der Strecke", hieß es nach einer Viertelstunde und dann „es kann dauern". Wir standen und standen und langsam bekam ich Panik: „Mein Gott, mein Flug!" Nach anderthalb Stunden ging es endlich weiter. Am Flughafen raste ich zum Info-Schalter. Eine Stewardess rief am Gate an, alle waren schon eingestiegen, aber sie wollten auf mich warten. Ich rannte los. Völlig fertig mit den Nerven kam ich am Gate an und stieg in allerletzter Minute ins Flugzeug. Uff! Glück im Unglück!

In Recife klappte dann alles Berufliche wunderbar, die Kollegen waren sehr nett und ich wurde überallhin eingeladen. Deshalb war ich total zufrieden. Am Samstagmorgen vor dem Heimflug am Abend wollte ich unbedingt noch auf den berühmten Markt von Caruaru gehen. Deswegen fuhr ich schon um halb sechs morgens mit dem Bus dorthin. (Die Stadt ist 135 km von Recife entfernt und der Bus fährt etwa 2 Stunden.) Eine Kollegin holte mich ab und wir bummelten über den tollen Markt. Um 14.30 wollte ich zurückfahren, weil mein Flug um 18.15 ging. Wir warteten längere Zeit am Busbahnhof, aber kein Bus kam. Es stellte sich heraus, dass der Bus wegen eines Defekts nicht fahren konnte und wir auf den nächsten Bus (um 17.00 Uhr!!) warten sollten. Der Horror!! Mein Flug ging um 18.15!! Was tun? Schließlich hatte meine Kollegin eine Idee: „Es gibt einen Typen, Hans, der hat ein kleines Privatflugzeug, der macht schon mal Sonderflüge – meistens ist er unterwegs, aber vielleicht ist er zufällig noch da."

Wir fuhren mit einem klapprigen Taxi zu einem kleinen Flugplatz. Dort sahen wir ein kleines Gebäude und klopften. Hans, ein junger Deutscher, blondes schulterlanges Haar, sonnengebräunt, in einen langen Wickelrock gekleidet, kam langsam heraus. Ich schilderte ihm mein Problem und hatte Glück. Zuerst klärte er mich über seine Bekleidung auf: „Ich habe mir beide Beine mit kochendem Teewasser verbrannt und kann keine Hose tragen. Ich muss nach Recife in die Klinik. Sie können gern mitfliegen! Übrigens, ich heiße nicht Hans, sondern Heiner, aber da ich Deutscher bin, nennen mich alle ‚Senhor Hans'."

Wir hoben ab, das winzige Flugzeug kam mir sehr instabil vor. Es schaukelte ziemlich heftig hin und her, auf und ab, und manchmal sah man wegen der dicken Wolken gar nichts. Dann wieder konnte man die herrliche Sicht über das Land genießen. Als wir sicher in Recife gelandet waren, war ich aber doch sehr froh.

Wenn wir uns wiedersehen, erzähle ich dir mehr und zeig' dir Fotos. Was machst du und wie geht's dir?
Liebe Grüße von Eva

Wer? / Was?	Wann?	Was? / Wo(hin)?	Warum?
Eva	15. März	Dienstreise / Brasilien	Interviews
Zug	...	...	...

b Fassen Sie mithilfe Ihrer Notizen den Text kurz zusammen und tragen Sie ihn einem Partner / einer Partnerin vor. Sie können im Perfekt erzählen.

G 3.4 ② Sprache im Mittelpunkt: Gründe im Haupt- und im Nebensatz

a Lesen Sie folgende Sätze aus der Mail in 1a und markieren Sie jeweils den Satz bzw. Satzteil, in dem der Grund steht.

1. Ich war auf Dienstreise in Brasilien, denn ich sollte Interviews mit unseren Mitarbeitern führen.
2. Ich schreckte aus meinen Gedanken auf; der Zug bremste nämlich plötzlich sehr stark.
3. In Recife klappte alles wunderbar. Deshalb war ich sehr zufrieden.
4. Um 14.30 wollte ich zurückfahren, weil mein Flug um 18.15 ging.
5. Da ich Deutscher bin, nennen mich alle „Senhor Hans".
6. Manchmal sah man wegen der dicken Wolken gar nichts.

b Schreiben Sie die Sätze in 2a in die Tabelle. AB: E 2a–b

1. Hauptsatz	2. Hauptsatz = Grund
1. Ich war auf Dienstreise in Brasilien,	denn ich sollte Interviews mit unseren Mitarbeitern führen.
2.	
1. Hauptsatz = Grund	**2. Hauptsatz**
3.	
Hauptsatz	**Nebensatz = Grund**
4.	
Nebensatz = Grund	**Hauptsatz**
5.	
Satz mit Präposition	
6.	

c Markieren Sie in den Sätzen in 2b die Konnektoren und die konjugierten Verben und ergänzen Sie die Regeln. AB: E 2c–e

1. Hauptsätze mit „denn" geben einen Grund an; „denn" steht im .... Hauptsatz auf Position Null.

2. Hauptsätze mit „nämlich" geben einen Grund an; „nämlich" steht im .... Hauptsatz. Es steht nie auf Position 1, sondern meist nach dem Verb oder weiter hinten im Mittelfeld.

3. „deshalb / deswegen / darum / daher" stehen im .... Hauptsatz, nach dem Hauptsatz, in dem der Grund steht. „deshalb / deswegen / darum / daher" können auf Position 1, nach dem Verb oder weiter hinten im Mittelfeld stehen.

4. Nebensätze mit „weil" und „da" geben einen Grund an. Sie können vor oder .... einem Hauptsatz stehen. Nebensätze mit „da" stehen meist vor dem Hauptsatz.

d Verbinden Sie die zwei Sätze mit den Konnektoren und der Präposition aus 2a. AB: E 3

Es gab einen Unfall auf der Strecke. Der Zug konnte nicht weiterfahren.

Der Zug konnte nicht weiterfahren, denn es gab einen Unfall auf der Strecke.

....

③ Eine Reise, die ich einmal gemacht habe

Notieren Sie Stichworte und halten Sie im Kurs einen kleinen Vortrag über eine Reise. Was ist alles passiert? Was hat Ihnen besonders gut, was gar nicht gefallen? Warum? AB: E 4

Arbeiten, wo andere Urlaub machen

1 Am Strand

Was haben diese Fotos mit Arbeit zu tun? Sprechen Sie im Kurs.

2 „Klopf, klopf, liebes Pärchen!"

a Was glauben Sie, worum wird es in einem Interview mit dem Titel „Klopf, klopf, liebes Pärchen!" gehen? Versuchen Sie, die Fragen zu beantworten.

Waltraud Jahnke, 65, lebt in Prerow auf der Halbinsel Fischland-Darß-Zingst. Nach der Wiedervereinigung haben sie und ihr Mann sich mit einem Strandkorbverleih selbstständig gemacht. Eine Journalistin hat Frau Jahnke interviewt und folgende Fragen gestellt:

1. Wie sind Sie eigentlich auf diese Geschäftsidee gekommen?
2. Strandkörbe – sind die typisch deutsch? Wie sind die eigentlich entstanden?
3. Gibt es manchmal Probleme mit dem Vermieten?

4 b Hören Sie das Interview und vergleichen Sie es mit Ihren Antworten in 2a.

telc/TD/ DSH c Hören Sie nun das Interview in 2a noch einmal und entscheiden Sie, ob die Aussagen richtig (r) oder falsch (f) sind. AB: F1–2

	r	f
1. Die Jahnkes haben mit 35 Strandkörben angefangen.		
2. Vor der Wiedervereinigung hat Frau Jahnke bei der Kurverwaltung gearbeitet.		
3. Der erste Strandkorb ist um 1880 hergestellt worden.		
4. Die Strandkörbe sind aus Holz.		
5. Frau Jahnke hat Stammgäste.		
6. Frau Jahnke sitzt gern in einem Strandkorb und arbeitet.		
7. Es gibt Kunden, mit denen Frau Jahnke Streit hat.		
8. Frau Jahnke spricht von sich aus keine Kunden an.		

d Was halten Sie von der Geschäftsidee der Jahnkes? Bilden Sie zwei Gruppen und sammeln Sie Argumente dafür und dagegen. Versuchen Sie, die anderen von Ihrer Meinung zu überzeugen!

+ Strandkorbverleih

Arbeit an frischer Luft

– Strandkorbverleih

nur Saisongeschäft

3 Ein mysteriöses Geräusch – eine Fortsetzungsgeschichte

a Bilden Sie Gruppen. Jede Gruppe liest den Anfang der folgenden Geschichte und schreibt sie dann fünf Minuten lang weiter.

> Endlich Ferien. Wir waren zu viert mit Fahrrädern und Zelten unterwegs und entschlossen uns, schon spät am Abend, auf einer ruhigen Wiese an einem kleinen Fluss zu zelten. Bis wir alles aufgebaut hatten, war es dunkel geworden. Wir zündeten ein Lagerfeuer an. Es war richtig romantisch: das flackernde Feuer, ein sternenklarer Himmel, Vogelstimmen … Wir redeten nicht viel, weil wir von der langen Fahrt mit schwerem Gepäck ziemlich müde waren, und gingen bald schlafen. Ich versuchte einzuschlafen, aber das war gar nicht so einfach – es war so still und gleichzeitig hörte man viele Geräusche: Es raschelte und piepte, dann herrschte wieder tiefe Stille und plötzlich – da war etwas, ein mysteriöses Geräusch hinter meinem Zelt: Es klang irgendwie maschinell, ein merkwürdiges Klopfen. Ich bekam eine Gänsehaut …

b Tauschen Sie nun Ihre Geschichte mit der einer anderen Gruppe, die wiederum fünf Minuten lang die Geschichte weiterschreibt. Tauschen Sie dann Ihre Geschichte noch einmal und verfassen Sie einen Schluss.

c Vergleichen Sie Ihre Geschichten im Kurs. Welche Geschichte ist die spannendste?

4 Reise durchs Alphabet: Buchstabenrätsel

Bilden Sie aus den neun Buchstaben rechts deutsche Wörter.
Bedingung: Der blau unterlegte Buchstabe muss immer enthalten sein.
Jeder Buchstabe darf nur so oft verwendet werden, wie er im Schema vorkommt.
Jeder Buchstabe zählt einen Punkt (ö = oe). Für ein Wort mit allen neun Buchstaben gibt es zwanzig Punkte extra.

O	I	F
R	E	R
E	N	T

Lösungsbeispiele: Ei, ein

Wertung:

über 100 Punkte:	ausgezeichnet
85 – 100 Punkte:	sehr gut
60 – 84 Punkte:	gut

5 Vom Reisen und Bleiben

a Lesen Sie das Gedicht von Peter Reik und sprechen Sie im Kurs. In welcher Situation spricht der Autor? Was könnte die letzte Strophe bedeuten? Worum geht es in dem Gedicht?

b Schreiben Sie ein eigenes Gedicht.
Orientieren Sie sich an der Gedichtform in 5a.

Immer ein …

> Immer eine
> Handvoll
> Erde fremder Länder
>
> Immer eine
> Nase voll
> Luft fremder Städte
>
> Immer einen
> Mund voll
> Sprache fremder Menschen
>
> Immer ein
> Auge voll
> Licht fremder Sonnen
>
> Immer eine
> Hoffnung voll
> Traum eigenen Lebens
>
> (Peter Reik, *1955)

Einfach schön

① Wer oder was ist schön?

a Wählen Sie ein Foto aus. Was verbinden Sie mit diesem Foto? Empfinden Sie die dargestellte Person als schön? Warum? / Warum nicht? Sprechen Sie mit einem Partner / einer Partnerin.

b Was macht etwas oder jemanden Ihrer Meinung nach „schön"? Sprechen Sie im Kurs.

② Zitate und Sprüche zum Thema Schönheit

5–10 **a** Fügen Sie die Zitate und Sprüche richtig zusammen. Hören Sie sich danach zur Kontrolle die Lösung an. `AB: A1`

1. Alles, ...

2. Schönheit ....

3. Schönheit ist, ...

4. Schönheit liegt ....

5. Schönheit ist ....

6. Wer ....

> bedeutet Selbstbewusstsein, nach dem wir streben sollten.

> was man mit Liebe betrachtet, ist schön.

> schön sein will, muss leiden.

> was von der Natur abweicht.

> im Auge des Betrachters.

> nach drei Tagen genauso langweilig wie Tugend.

b Welche der Aussagen in 2a beschreibt für Sie Schönheit am besten? Warum?

c Schreiben Sie in „Zitat-Form" auf, was für Sie Schönheit darstellt. Hängen Sie dann alle Papiere im Kursraum auf, gehen Sie herum und lesen Sie die „Zitate" der anderen.

Schönheit ist …

„Schön" bedeutet für mich, …

… ist schön, wenn …

③ Schönheitswettbewerb

a Bilden Sie mehrere Gruppen. Sammeln Sie drei Minuten lang Wörter und Ausdrücke aus dem Wortfeld „schön". Welche Gruppe findet die meisten?

b Ordnen Sie die Wörter in die Tabelle ein. AB: A2 ▶

> mittelmäßig | fürchterlich | hübsch | großartig | hässlich | eigenartig | grandios | toll | durchschnittlich | wunderschön | furchtbar | umwerfend | akzeptabel | fantastisch | nicht schlecht | hervorragend | perfekt | schlimm | beeindruckend | normal

positiv / sehr positiv	eher neutral	negativ / sehr negativ
hübsch,	mittelmäßig,	fürchterlich,

④ Mir ist wichtig …

a Lesen Sie die folgende Einleitung eines Fragebogens zum Selbsttest. Welche Fragen erwarten Sie?

Ist dir dein Aussehen wichtig?

★ Wie wichtig sind dir dein Aussehen und die Attraktivität deiner Mitmenschen?
★ Wolltest du schon immer wissen, wie du im Grunde deines Herzens auf andere Personen wirken willst?
★ Dann teste dich hier!

b Testen Sie sich nun mit dem Fragebogen im Arbeitsbuch. Welcher Typ sind Sie? AB: A3 ▶

c Sprechen Sie in Gruppen über Ihre Ergebnisse beim Fragebogentest: Haben Sie dieses Ergebnis erwartet?

> Die meisten meiner Antworten gehörten zu Typ … | Was mich überrascht hat, war … |
> Ich denke, dass solche Tests (nicht) sinnvoll sind, denn … | Ich kann mir nicht vorstellen, dass …

Schön leicht?

1 Macht Schönheit das Leben leichter?

In welchen Situationen könnten es schöne Menschen leichter haben? Wie könnte sich das zeigen?
Diskutieren Sie mit einem Partner / einer Partnerin.

☐ im Beruf? ☐ bei der Partnerwahl? ☐ in der Schule? ☐ bei Schwierigkeiten? ☐ …

Vielleicht … | Möglicherweise … | Wahrscheinlich … | … wohl … | Es könnte sein, dass … | Schöne könnten …

2 Die Macht der Schönheit

a Lesen Sie auf der nächsten Seite einen Kommentar aus dem Magazin „scinexx" und vergleichen Sie seine Aussagen mit Ihren Vermutungen in 1. `AB: B1–3`

ⓟ telc/DSH **b** Welche Überschrift passt am besten zu welchem Textabschnitt (1–4) im Kommentar? Notieren Sie.
Zwei Überschriften passen nicht.

☐ A. Finanzielle und andere Vorteile ☐ D. Kampf um Chancengleichheit bei Bewerbungsverfahren

☐ B. Probleme unattraktiver Menschen ☐ E. Prägung durch Vorurteile

☐ C. Beurteilung schöner Menschen ☐ F. Alltagsgesicht – schönes Gesicht?

c Markieren Sie nun im Artikel alle Informationen, die sich auf die passenden Überschriften in 2b beziehen.

🔑 **d** Lesen Sie den Kommentar auf der nächsten Seite noch einmal. Was ist die Hauptaussage jedes Abschnitts? Notieren Sie.

ⓟ DSH **e** Fassen Sie nun den Kommentar mithilfe Ihrer Notizen in 2d und des folgenden Textgerüsts zusammen.

Die Hauptaussage des Kommentars „Die Macht der Schönheit" ist, dass ....

....

Denn ....

Als Beispiele nennt die Autorin u. a., dass ....

.... und dass

....

Die Autorin schließt daraus, dass ....

f Sammeln Sie die Adjektive im Kommentar auf der nächsten Seite, die sich auf gutes Aussehen und positive
Eigenschaften beziehen. `AB: B4a–b`

Gutes Aussehen	Positive Eigenschaften

g Suchen Sie Synonyme im Wörterbuch und ergänzen Sie die Liste in 2f. `AB: B4c`

ⓟ telc/TD/ DSH **h** Diskutieren Sie mit einem Partner / einer Partnerin über den Kommentar. Äußern Sie Ihre Meinung und berichten Sie von
eigenen Erfahrungen. Sehen Sie Lösungen für das Problem?

Die Macht der Schönheit

Das Schöne ist das Wahre, ist das Gute

1 Werden Sie oft mit anderen Leuten verwechselt? Hören Sie den Spruch „Sie kommen mir irgendwie bekannt vor" fast täglich? Kurz: Sie sehen vollkommen durchschnittlich aus? Gut für Sie, denn
5 zahlreiche Forschungsergebnisse weisen darauf hin, dass durchschnittliche Gesichter von den meisten Menschen als attraktiv bewertet werden. Doch egal, ob Sie durchschnittlich schön sind oder umwerfend aussehen, Tatsache ist: Schöne haben es leichter im
10 Leben. Das ist zwar nicht gerade fair, bestätigt sich aber immer wieder.

2 Schöne Menschen sind im Allgemeinen beliebter bei ihren Mitmenschen und es werden ihnen
15 automatisch positive Charaktereigenschaften zugesprochen. So werden gut aussehende Menschen in der Regel als erfolgreicher, intelligenter, glaubwürdiger, geselliger, kreativer und fleißiger eingeschätzt; unattraktive Menschen gelten viel eher als
20 faul, fantasielos und langweilig.

3 Doch damit nicht genug: Sogar vor Gericht werden gut aussehende Menschen manchmal milder beurteilt. Und in der Schule erhalten gut aussehende Kinder oft bessere Noten und hübsche Abschreiber werden weniger hart bestraft als schlechter aus-25 sehende Kinder. Attraktive Frauen heiraten häufiger reiche und gebildetere Männer und haben im Falle einer Autopanne mehr Chancen auf Hilfe. Kurz: Schöne haben überall Vorteile. Und dies gilt auch für das Berufsleben: Männliche Beaus haben ein etwa 30 fünf Prozent höheres Gehalt als ihre Kollegen mit den uninteressanten Gesichtern, gut aussehende Frauen verdienen immerhin noch vier Prozent mehr, haben dafür aber weniger Chancen auf Führungspositionen – vermutlich wird ihnen weniger Härte zugetraut. Um 35 die Chancengleichheit bei der Bewerbung zu erhöhen, ist es deshalb in den USA inzwischen eher unüblich, ein Bewerbungsfoto beizulegen.

4 Anscheinend beurteilen wir instinktiv Schönes 40 als besser oder wertvoller. Diese Einschätzung führt zu unterschiedlichen Verhaltensweisen gegenüber attraktiven und unattraktiven Menschen: Zu schönen Menschen sind wir netter, zu hässlichen unfreundlicher. Hierfür gibt es aber keinen rationalen 45 Grund. In Wirklichkeit bestätigen wir nur unsere eigenen Vorurteile. Und das war bereits in der Antike so. Denn schon bei den alten Griechen galt: Wer schön ist, ist auch gut.

Kerstin Fels

2 C
Schönheitskult

1 Schönheitskult – Weg zum Glück?

**⦿ 11 a Hören Sie Teil 1 eines Interviews mit der Psychologin Frau Bauer.
Welche Antworten sind richtig: a oder b? Kreuzen Sie an.**

1. Was versteht Frau Bauer unter Schönheit?
   - a Sie sagt, dass man Schönheit nur schwer definieren kann.
   - b Sie versteht unter Schönheit das Aussehen von Fernsehstars.

2. Was sagt Frau Bauer zum Thema „Schönheitskult"?
   - a Sie findet es normal, dass die Menschen schöner sein wollen.
   - b Sie betrachtet den Trend, schöner aussehen zu wollen, kritisch.

3. Wie beantwortet Frau Bauer die Frage, ob Schönheit glücklicher macht?
   - a Positiv, weil schöne Menschen weniger Probleme haben.
   - b Negativ, weil man mit schönem Aussehen zu viele Hoffnungen verbindet.

4. Warum streben wir nach der Meinung von Frau Bauer überhaupt nach Schönheit?
   - a Weil schöne Menschen ein höheres Ansehen in der Gesellschaft haben.
   - b Weil wir gerne den Vorbildern in den Medien folgen.

⦿ 12 b Hören Sie Teil 2 des Interviews mit Frau Bauer und beantworten Sie die Fragen in Stichworten.
Ⓟ DSH/TD

1. Wie können wir uns vom Schönheitsideal des perfekten Menschen lösen?
2. Welche Folge hat es, wenn man die Vorzüge des eigenen Körpers betont?
3. Welche Konsequenz hat es, wenn man sich zu sehr mit attraktiveren Menschen vergleicht?
4. Welchen Ratschlag gibt Frau Bauer den Zuhörern am Ende?

c Hören Sie Teil 2 des Interviews noch einmal. Welche der folgenden Redemittel verwendet die Psychologin, um einen Ratschlag zu geben? Kreuzen Sie an.

- ☐ 1. Ich kann Ihnen / dir / jedem nur raten, … zu + Inf.
- ☐ 2. Ich kann Ihnen / dir nur den Rat geben, … zu + Inf.
- ☐ 3. Man sollte / kann darauf achten, … zu + Inf.
- ☐ 4. Man sollte … + Inf.
- ☐ 5. Mein Tipp wäre, … zu + Inf.
- ☐ 6. Ich kann Ihnen / dir / jedem nur empfehlen, … zu + Inf.
- ☐ 7. Ich würde vorschlagen, … zu + Inf.
- ☐ 8. Ich möchte Sie / dich / jeden dazu ermutigen, … zu + Inf.

◑ G 3.18 2 Sprache im Mittelpunkt: Der Infinitivsatz

a Lesen Sie folgende Sätze aus dem Interview in 1a und 1b und markieren Sie jeweils den Infinitivsatz.

1. Ich kann nur jedem empfehlen, sich nicht zu stark mit anderen zu vergleichen.
2. Ich kann jedem nur raten, die Vorzüge des eigenen Körpers hervorzuheben.
3. Viele Menschen sind von der Idee fast besessen, schöner und perfekter aussehen zu müssen.
4. Und so hoffen wir, mehr gemocht zu werden.
5. Ich möchte jeden dazu ermutigen, sich freundlicher zu betrachten.
6. Sich zu stark mit anderen zu vergleichen, macht eher unglücklich.

b   Lesen Sie die Sätze in 2a noch einmal und kreuzen Sie in den Regeln an. `AB: C1`

1. Der Infinitivsatz steht meist   `a` vor   `b` nach   dem Hauptsatz.
2. In Infinitivsätzen wird das Subjekt   `a` genannt.   `b` nicht genannt.
3. In Infinitivsätzen mit Modalverb steht „zu"   `a` zwischen Vollverb und Modalverb.
                                                  `b` vor dem Vollverb.
4. In Infinitivsätzen im Passiv steht „zu"   `a` vor dem Partizip Perfekt des Vollverbs.
                                             `b` zwischen dem Partizip Perfekt des Vollverbs und „werden".
5. Infinitivsätze   `a` können   mit einem Präpositionaladverb (darauf, dazu , …) eingeleitet werden.
                    `b` können nicht

c   Vergleichen Sie folgende Sätze und ergänzen Sie die Regeln.

1. Ich kann jedem nur raten, sich nicht mit Fernsehstars zu vergleichen.
2. Vielen Menschen ist es sehr wichtig, attraktiv zu sein.
3. Im ersten Moment waren sie oft sehr zufrieden, eine Diät gemacht zu haben.
4. Sie bestätigen mir aber fast alle, anschließend in ihrem Leben nicht glücklicher gewesen zu sein.

1a. Hier finden die Geschehen im Infinitivsatz und im Hauptsatz gleichzeitig statt.

→ Sätze: ....

b. Wenn die Geschehen gleichzeitig stattfinden, verwendet man den Infinitiv Präsens. Den bildet man so:

„zu" + ... vom Vollverb.

2a. Hier findet das Geschehen im Infinitivsatz vor dem Geschehen im Hauptsatz statt.

→ Sätze: ....

b. Wenn das Geschehen im Infinitivsatz vorher stattfindet, verwendet man den Infinitiv Perfekt. Den bildet man so:

Partizip Perfekt + „zu" + ... vom Hilfsverb „haben" oder „sein".

d   Finden die Geschehen / die Handlungen im Haupt- und Infinitivsatz gleichzeitig (g) statt oder findet das Geschehen im Infinitivsatz vorher (v) statt? Kreuzen Sie an. `AB: C2`

1. Vielen jungen Frauen ist es sehr wichtig, schlank und attraktiv zu sein.   `g` `v`
2. Als ich jung war, war es mir auch sehr wichtig, schlank und attraktiv zu sein.   `g` `v`
3. Mir war es immer wichtig, mehr abgenommen zu haben als meine beste Freundin.   `g` `v`
4. Heute ärgere ich mich, früher so viele Diäten gemacht zu haben.   `g` `v`

e   Ergänzen Sie die Satzanfänge mit Infinitivsätzen in der Gegenwart und Vergangenheit.

Ich habe (keine) Lust, … | Ich erinnere mich, … | Ich hatte nie die Möglichkeit, … |
Ich finde / fand es leicht / schwierig, … | Ich denke oft daran, … | Ich bin froh / traurig, … |
Es ist gut / schlecht / wichtig, … | Ich hatte immer den Wunsch, …

❸ Schönheitskult: Gründe, Folgen – Auswege?

Arbeiten Sie in Gruppen. Jede Gruppe behandelt eine der folgenden Fragen. Stellen Sie dann Ihre Ergebnisse im Kurs vor und tauschen Sie sich aus.

• Viele Menschen meinen, unbedingt schöner und perfekter aussehen zu müssen. Welche Gründe könnte es dafür geben?
• Das Aussehen ist überhaupt nicht wichtig, es kommt nur auf den Charakter des Menschen an. Wie sehen Sie das?
• „Ich würde für meine Schönheit alles tun!" Wie beurteilen Sie diese Aussage?

Schöne Diskussionen

1 **Schön und gut, aber . . .**

Lesen Sie die folgenden Beiträge in einem Internet-Forum. Welche Aussage trifft für welche Beiträge zu? Manchmal sind mehrere Antworten möglich. Kreuzen Sie an und notieren Sie die Textstellen.

1. ☐ 2beautee ....
   ☐ tobie ... hält sich selbst für gut aussehend. ....
   ☐ hella5 ....

2. ☐ 2beautee ....
   ☐ tobie ... hält wenig vom Versuch, sich schöner zu machen. ....
   ☐ hella5 ....

3. ☐ 2beautee ....
   ☐ tobie ... ist der Meinung, dass es schöne Menschen leichter haben. ....
   ☐ hella5 ....

4. ☐ 2beautee ....
   ☐ tobie ... macht soziale Umstände für diese Entwicklung verantwortlich. ....
   ☐ hella5 ....

5. ☐ 2beautee ....
   ☐ tobie ... glaubt, dass Schönheit zu wichtig genommen wird. ....
   ☐ hella5 ....

2beautee | 28.11., 12:10
Es stimmt sicher, dass „schöne Menschen" bevorzugt behandelt werden. Ich will mich jetzt nicht hervorheben, aber ich erlebe das „hautnah" ...
Für mich hat Schönheit überhaupt NICHTS mit Charakter oder inneren Werten zu tun!!!
Es ist nur der erste Eindruck von einer Person, den man eben bekommt. Das äußere Erscheinungsbild sagt nicht alles aus. Schönh. sollte man nicht überbewerten.
Auch wenn es vermutlich Wichtigeres im Leben gibt, als nur auf äußere Schönh. zu achten – es scheint, dass Schönheit DAS Thema unserer Zeit wird. Traurig, aber wahr ...

2beautee
Beiträge: 7

tobie | 28.11., 14:27
Klare Sache. Es liegt sicher nicht nur daran, dass manche schöne Menschen in ihrer Kindheit bevorzugt wurden, denn das glaube ich eher weniger. Eine liebende Mutter wird ihr Kind wohl immer lieben, egal, wie es aussieht. Aber die Gesellschaft hat sehr viel Einfluss darauf. Denn jeder möchte lieber mit einem hübschen Menschen befreundet sein, da der meist viele Leute kennt, und man will ja gut dastehen. Und es gibt keinen Zweifel daran, dass ein hübscher Mensch anziehender wirkt als ein „Durchschnittsbürger". Man kann nur hoffen, dass man gut aussieht auf dieser Welt. ;-)

tobie
Beiträge: 2

hella5 | 28.11., 14:45
Ich möchte aber nicht wissen, wie viele „Schönheiten" echt sind??? Z. B. die Superstars in Hollywood. Ich bin mir 100 % sicher, dass viele Stars ohne die eine oder andere Schönheits-OP nicht so berühmt wären. Aber persönlich halte ich absolut nichts davon, sich unters Messer zu legen, auch Make-up trag ich selten. Ich kenne eine, die ständig geschminkt ist, man kennt sie gar nicht anders, einmal abgeschminkt und es ist ein ganz anderes Gesicht. Man kann sooooooo viel verstecken mit Make-up. Ich hoffe, dass die Menschheit zur Vernunft kommt und endlich wieder mehr als nur Schönheit zählt.

hella5
Beiträge: 5

2 Vermutung oder Überzeugung?

Geben Sie den folgenden Aussagen aus den Beiträgen eine andere Bedeutung. Drücken Sie entweder eine Vermutung oder eine Überzeugung aus. `AB: D1–2`

> **Vermutungen ausdrücken:** ich nehme an | vermutlich | es könnte sein | unter Umständen
> **Überzeugungen ausdrücken:** zweifellos | auf jeden Fall | ohne Zweifel | es steht außer Frage

Vermutungen ausdrücken	Überzeugungen ausdrücken
Es könnte sein, dass „schöne Menschen" bevorzugt behandelt werden.	Es stimmt sicher, dass „schöne Menschen" bevorzugt behandelt werden.
	Für mich hat Schönheit überhaupt NICHTS mit Charakter oder inneren Werten zu tun!!!
Auch wenn es vermutlich Wichtigeres im Leben gibt, als nur auf äußere Schönheit zu achten.	
Es scheint, dass Schönheit DAS Thema unserer Zeit wird.	
Eine liebende Mutter wird ihr Kind wohl immer lieben, egal, wie es aussieht.	
	Und es gibt keinen Zweifel daran, dass ein hübscher Mensch anziehender wirkt als ein „Durchschnittsbürger".
	Ich bin mir 100 % sicher, dass viele Stars ohne die eine oder andere Schönheits-OP nicht so berühmt wären.

3 Ganz schön deutsch: Diskussionen

Diskutieren Sie mit Ihrem Kurs wie in einem Internet-Forum. `AB: D3`

- Schreiben Sie einen Forumsbeitrag zum Thema „Schönheit" auf ein Blatt Papier.
- Hängen Sie alle Papiere im Unterrichtsraum auf und lesen Sie die Beiträge der anderen durch.
- Schreiben Sie Kommentare zu den interessantesten Beiträgen auf Zettel und hängen Sie diese zu dem entsprechenden Papier.
- Falls Sie die Möglichkeit dazu haben, können Sie diese Aktivität natürlich auch online in einem echten Internet-Forum durchführen.

Was ist schön?

1 Schönheitsideale

a Lesen Sie den Zeitungskommentar aus einer Frauenzeitschrift und markieren Sie, was über die Schönheitsideale der verschiedenen Kulturen gesagt wird. AB: E1–2 ▶

Schönheitsideale

Was als schön betrachtet wird, ist nicht überall und für immer gleich. Aber eins gilt immer: Schön ist, was nicht alle haben. Da ist manchmal jedes Hilfsmittel recht.

Schön ist also, was nicht jeder hat, was man nur schwer erreichen kann. Schönheit steht nämlich auch für Wohlstand und Erfolg. So galten in Europa in früheren Jahrhunderten die Frauen als schön, die eher

5 üppige Rundungen hatten, weil dies u. a. ein Hinweis darauf war, dass man es sich leisten konnte, reichlich zu speisen. Ähnlich gilt es auch heute noch in manchen weniger wohlhabenden Ländern als schön, eher kräftig gebaut zu sein.

10 In den reichen Industrienationen aber, wo jeder genug zu essen hat, bedeutet Schlanksein heute, dass man erfolgreich, sportlich und dynamisch ist. Dicke Leute haben deshalb oft wesentlich schlechtere Karrierechancen, weil sie als undiszipliniert und weniger belast-

15 bar gelten.

Auch die Frage, welchen Hautton man als attraktiv empfindet, sagt viel über den Wunsch aus, sich als Teil einer privilegierten Gesellschaftsschicht darzustellen. In Regionen, in denen die Einwohner von

20 Natur aus eher eine dunkle Hautfarbe haben, gilt oft eine helle Hautfarbe als schön und erstrebenswert. Deshalb tragen viele Asiatinnen immer eine Kopfbedeckung oder haben einen Sonnenschirm dabei. Und zahlreiche Frauen in Asien und Afrika verwenden

25 Cremes zur Hautaufhellung. Denn wer blass ist, hat es nicht nötig, auf dem Feld zu arbeiten. Wer blass ist, ist also vornehm, ist reich, hat es geschafft.

Ganz anders in den westlichen Kulturen: Wer braun ist, gilt als attraktiv, weil er es sich leisten kann, stundenlang in der Sonne zu liegen, statt im Büro zu 30 sitzen; weil er das Geld hat, im Winter Urlaub auf den Seychellen zu machen, während die anderen daheim frieren und immer blasser werden. Braun sein ist sexy, weil es für die Welt außerhalb des ungeliebten Büros steht, für Sonne, Strand und Meer, für Lebens- 35 freude, Freiheit und Jugend.

Wie abhängig das jeweilige Schönheitsbild von den gesellschaftlichen Verhältnissen ist, zeigt auch ein Beispiel aus Lateinamerika. Lange Zeit galt es in Brasilien als schön, eine kleine Oberweite zu haben. 40 So wollte man sich in der weißen Oberschicht vom Rest der Bevölkerung abheben. In den USA war – und ist – es genau umgekehrt. Und wer nicht die gewünschte Figur hat, aber über das nötige Kleingeld verfügt, der kann sich die passende Figur für den 45 Bikini einfach kaufen. Inzwischen folgen übrigens auch viele Brasilianerinnen diesem Trend, ihrer „Wunschfigur" nachzuhelfen, und lassen sich daher operieren.

Sie folgen damit einem Trend, der inzwischen in vielen Kulturen sichtbar ist: Die Schönheitsideale Europas 50 und Nordamerikas werden immer mehr zum Maßstab. Denn noch immer steht die westliche Gesellschaft für Wohlstand und Fortschritt; daher erscheint auch ihr Schönheitsbild vielen als erstrebenswert. In Asien zum Beispiel sind westliche, also große und 55 runde Augen in Mode, sodass sich viele Asiaten die Augen operieren lassen. Und Afrikaner wiederum lassen sich ihre Haare glätten. Aber trotz dieser momentanen Orientierung nach Westen bleiben viele kulturbedingte Schönheitsideale erhalten. Und wer 60 weiß, an welchen Schönheitsidealen sich der Westen morgen orientieren wird.

Ina Lau

b Sammeln Sie, was in Ihrer Heimat als schön gilt bzw. galt, und vergleichen Sie die Ergebnisse im Kurs. Wo gibt es Unterschiede, wo Parallelen? AB: E3 ▶

c Was meinen Sie: Wird sich die Welt auch weiterhin an dem westlichen Schönheitsideal orientieren oder werden die Schönheitsideale anderer Kulturen in den Vordergrund treten? Sprechen Sie im Kurs.

G 2.3 ② Sprache im Mittelpunkt: Angaben im Mittelfeld und am Satzanfang

a Ordnen Sie die Angaben aus dem Schüttelkasten in die Tabelle ein.

~~auf dem Operationstisch~~ | ~~vermutlich~~ | ~~durch die Operation ausgelöst~~ | ~~später~~ | wegen des Charakters | selten | nach Hollywood | sicherlich | aufgrund ihrer Schönheit | in der Kindheit | im Internet | mit einem hübschen Menschen | heutzutage

temporal: wann? (Zeitangaben)	kausal: warum? (Kausalangaben)	modal: wie? mit wem? (Modalangaben)	lokal: wo? wohin? woher? (Ortsangaben)
später,	*durch die Operation ausgelöst,*	*vermutlich,*	*auf dem Operationstisch,*

b Bestimmen Sie in folgenden Sätzen, welche der markierten Angaben temporal (te), kausal (ka), modal (mo) oder lokal (lo) sind.

1. Maria hat sich (a) letztes Jahr (b) beim Schönheitschirurgen operieren lassen.

2. (a) Vor der Operation hatte sie sich eigentlich gar keine Sorgen gemacht.

3. Sie musste aber (a) nach der Operation (b) wegen ihrer Schmerzen noch (c) intensiv (d) im Krankenhaus betreut werden.

4. (a) Seither geht sie nur noch (b) ungern (c) zum Arzt.

5. (a) Vermutlich haben die Schmerzen sie traumatisiert.

6. (a) In einem Internet-Forum hat sie Tipps gegen ihre Ängste bekommen.

1. a = *te*   b = ...   4. a = ...   b = ...   c = ...

2. a = ...   5. a = ...

3. a = ...   b = ...   c = ...   d = ...   6. a = ...

c Die Stellung der Angaben im Satz ist zwar frei, aber es gibt ein paar Tendenzen, besonders im Mittelfeld. Lesen Sie noch einmal die Sätze in 2b und kreuzen Sie dann die richtige Lösung an. AB: E4a

Im Mittelfeld steht / stehen:
1. die Zeitangabe (te) meistens [a] nach [b] vor der Ortsangabe (lo).
2. kausale (ka) und modale (mo) Angaben oft [a] zwischen [b] nach der Zeitangabe (te) und der Ortsangabe (lo).
3. kausale Angaben (ka) öfters [a] nach [b] vor modalen Angaben (mo).
4. Die häufigste Reihenfolge der Angaben im Mittelfeld kann man sich so merken:
   [a] lo ka te mo. [b] te ka mo lo.

Im Satz:
5. Alle Angaben können auch auf [a] Position 1 [b] Position 2   stehen.
   Das hängt von der Absicht des Autors und dem Zusammenhang im jeweiligen Text ab.

d Formulieren Sie neue Sätze. Verwenden Sie dabei immer alle Satzteile. Wie viele Sätze kann man bilden? AB: E4b–6

Maria will sich nächste Woche wegen einer Schönheitsoperation vielleicht in einer Spezialklinik beraten lassen.

Nächste Woche...

(Un)Schöne Momente

1 (Fast) zu schön / schrecklich, um wahr zu sein ...

a Mit welchen Ereignissen verbinden Sie positive oder negative Erinnerungen?

> eine Reise | ein Sportereignis | ein Autokauf | eine Beerdigung | eine Geburt |
> ein politisches Ereignis | eine Hochzeit | ein Konzert | eine Wiedersehensfeier |
> ein Abschiedsfest | ein Unfall | ein Geschenk | ein anderes Ereignis: ...

b Lesen Sie die Aussagen über ein besonders wichtiges Erlebnis im Leben dieser Personen. Welches Erlebnis könnte gemeint sein? Notieren Sie die passende Bildnummer in den Kästchen links.

B 1. Wenn ich daran denke, habe ich das Bild vor Augen: **a** einzigartiges **b** herrliches Wetter, meine Freunde bei mir und daneben meine glücklichen Eltern, die vor Freude weinten. Es war wirklich ein **a** sehr bewegendes **b** ganz tolles Fest. Das Fest meines Lebens!

2. Ich erinnere mich daran, als ob es gestern gewesen wäre: Ein **a** fürchterliches **b** besonderes Gedränge, unglaublich heiß, aber die Stimmung war **a** wunderschön. **b** toll.

3. Zuerst die Verletzung, dann der Schock. Es war so **a** schrecklich, **b** schlecht, dass ich heute nicht mehr daran denken will. Obwohl meine Gedanken komischerweise in dem Moment absolut klar waren.

4. Es war unglaublich. Die Leistung der Mannschaft war wirklich **a** langweilig, **b** miserabel, aber als der Sieg am Ende feststand, war die Stimmung **a** großartig. **b** außerordentlich.

5. Als ich dort stand und wusste, dass ich mich für immer von ihr verabschieden musste, war das ein **a** furchtbares **b** überwältigendes Gefühl.

6. Was soll ich sagen? Als dieser Traum von so vielen Menschen endlich Wirklichkeit wurde, fühlte ich nichts – außer einer unendlichen Erleichterung. Es war so **a** hervorragend, **b** unglaublich, sich frei bewegen zu können!

c Lesen Sie die Aussagen in 1b noch einmal. Welches Adjektiv passt jeweils besser: a oder b? Kreuzen Sie an. `AB: F1–2`

2 Ein besonderes Erlebnis in meinem Leben

Führen Sie in Ihrem Kurs Interviews und befragen Sie sich gegenseitig zu einem besonderen Erlebnis in Ihrem Leben. AB: F3

- Wählen Sie ein besonderes (positives oder negatives) Erlebnis in Ihrem Leben.
- Bereiten Sie sich auf das Interview vor. Überlegen Sie sich, was Sie Ihrem Interviewpartner / Ihrer Interviewpartnerin sagen möchten.
- Machen Sie einen Spaziergang im Kurs und führen Sie mit einigen Personen ein Interview. Fassen Sie danach Ihre Gespräche für den Kurs kurz zusammen.

3 Schön gesagt

a   Gibt es in Ihrer Muttersprache ein Wort, das zu den Beschreibungen passen könnte?

1. .... = Es drückt aus, dass etwas nur auf den ersten Blick eine Tatsache ist.

2. .... = Es beschreibt Chaos so, dass es jeder versteht.

3. .... = Es ist so vorsichtig und liebevoll, wie das, was es beschreibt.

4. .... = Es spiegelt die Zeitspanne zwischen zwei Lidschlägen.

5. .... = Es beschreibt, dass man ein Wort nimmt und noch ein zweites Wort und ein drittes und am Ende entsteht eine Geschichte.

6. .... = Es stellt den Schmerz dar, wenn man weg sein möchte und bleiben muss.

b   Welches deutsche Wort passt zu welcher Beschreibung in 3a? Verwenden Sie ggf. ein einsprachiges Wörterbuch.

> der Augenblick | zärtlich | wahrscheinlich | das Fernweh | erzählen | der Wirrwarr

c   Gibt es diese Wörter in Ihrer Muttersprache?

Wenn Sie in einem internationalen Kurs sind, können Sie ein Rätsel machen: Schreiben Sie die Wörter aus 3b in Ihrer Muttersprache an die Tafel und lesen Sie sie laut vor. Die anderen sprechen die Wörter nach und raten, welches Wort welche Bedeutung hat.

4 Mein schönstes deutsches Wort

Welche deutschen Wörter finden Sie besonders schön? Notieren Sie drei Wörter und erklären Sie, warum diese Wörter für Sie schön sind.

....   sind für mich   ....

....   schöne Wörter   ....

....   im Deutschen, ...

weil ...

Heimat   atemberaubend   fuchsteufelswild

Habseligkeiten   Sehnsucht

Weltanschauung   Fingerspitzengefühl   Rhabarbermarmelade

Vollmondnacht   Geistesgegenwart

bittersüß   Zeitgeist   Firlefanz

Freundschaft

1 Was ist Freundschaft?

a   Was haben die Fotos oben mit Freundschaft zu tun? Sprechen Sie in Gruppen und tauschen Sie sich dann im Kurs aus.

b   Wie sollte ein Freund / eine Freundin sein? Ordnen Sie folgende Adjektive nach ihrer Bedeutung für Sie. Ergänzen Sie auch eigene. `AB: A1`

> zuverlässig | ordentlich | fröhlich | gut aussehend | verschwiegen | sportlich | pünktlich |
> intelligent | freundlich | optimistisch | unternehmungslustig | fleißig | ruhig | gesellig |
> nachdenklich | verständnisvoll | sensibel | vertrauenswürdig | humorvoll | großzügig | ehrlich |
> hilfsbereit | reich | kulturell interessiert | schick

nicht wichtig	wichtig	muss sein

c   Machen Sie eine Statistik im Kurs. Welches sind die wichtigsten Eigenschaften?

> *Zuverlässigkeit: III*
> *...*

d   Was ist Freundschaft für Sie? Schreiben Sie ein oder zwei Sätze dazu. Beginnen Sie mit „Freundschaft ist ...". Hängen Sie dann den Zettel im Kurs auf.

e   Lesen Sie die Sätze der anderen und ordnen Sie sie nach ähnlichen Inhalten. Tauschen Sie sich dann im Kurs darüber aus.

② Beste Freunde – enge Freunde – Freunde

Ⓟ DSH **a** Lesen Sie die Beiträge zum Thema „Freundschaft" aus einem Forum für Deutschlerner. Notieren Sie Stichworte zu den unterschiedlichen Beschreibungen von Freundschaft. AB: A2 ▸

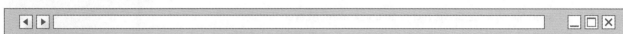

A Freundschaft? Da muss man unterscheiden: Es gibt beste Freunde, enge Freunde und Freunde allgemein. Ich habe zum Glück eine „beste Freundin". Zwischen uns herrscht absolutes Vertrauen: Wir erzählen uns alles und können sicher sein, dass die andere es nicht weitersagt. Wir helfen uns gegenseitig und sind immer füreinander da. Uns verbindet wirklich ein tiefes Gefühl. Manchmal streiten wir uns auch, aber das ist nicht schlimm. Das ist sogar ein Zeichen von Freundschaft, wenn man auch mal richtig scharfe Kritik anbringen darf! Man weiß ja, dass es gut gemeint ist.

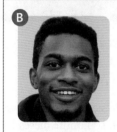
B Bei uns in Burkina Faso gibt es ein Sprichwort: „Man sieht sich nicht selbst, bis ein Freund einem seine Augen leiht." Es ist z. B. so: Ein Freund hat etwas Bestimmtes vor, dann kritisiert man ihn nicht, sondern man sagt einfach: „Lass das besser!" Er wird das dann lassen, denn er weiß, dass er dem Urteil des Freundes vertrauen kann. In Deutschland muss man immer alles diskutieren und endlos erklären. Wir meinen: Man kann und muss auch nicht alles erklären. Es gibt auch oft Freundschaften über Generationen hinweg. Einer meiner ganz engen Freunde ist ein alter Mann, von dem kann ich viel lernen und der ist immer für mich da – ich aber auch für ihn!

C Wir Amerikaner haben meist viele Freunde – leben in größeren Gruppen. Meine deutsche Tandem-Partnerin meint, dass Freundschaften in den USA oberflächlich sind. Ich finde, das kann man so nicht sagen. Die meisten von uns leben sehr mobil und müssen sich daher immer wieder einer neuen Umgebung anpassen. Deshalb lösen sich auch Beziehungen immer wieder, und darum ist es sehr wichtig, dass man offen ist und schnell neue Kontakte knüpfen kann. Das ist uns wichtiger, als „tiefe Beziehungen" zu pflegen. Die gibt es eher in der Familie.

D Freunde sind wichtig, aber bei uns in Bolivien ist die Familie am wichtigsten. Sie ist der Dreh- und Angelpunkt des Lebens. Und echte Freunde hat man sowieso nur 4 oder 5. Ich habe zum Glück zwei „beste Freunde", Julio und Marco, die ich schon seit der Schulzeit kenne. Wir sind ganz auf einer Wellenlänge, wir verstehen uns ohne Worte, lachen über dasselbe, sind glücklich, wenn wir zusammen sind.
Während meines Studiums habe ich auch ein paar Jahre in Deutschland gelebt. Dort hatte ich auch gute Freunde, aber die Beziehung war viel weniger emotional – wir haben viele Sachen zusammen gemacht, es war gesellig und schön, aber es wurde nie wirklich persönlich. Dieses Gefühlsmäßige habe ich wirklich vermisst. Übrigens hatte ich in Deutschland eine Freundin, mit der war es wie mit meinen Freunden zu Hause. Ob Männer und Frauen dort andere Freundschaftskonzepte haben?

b Tauschen Sie sich anhand Ihrer Stichworte aus 2a über die Gemeinsamkeiten und Unterschiede der vier Beschreibungen aus.

Ⓟ TD **c** Welche Vorstellung von Freundschaft ist der in Ihrer Heimat am ähnlichsten? Welche Unterschiede gibt es? AB: A3 ▸

d Glauben Sie, dass es Unterschiede zwischen Frauen- und Männerfreundschaften gibt? Sprechen Sie im Kurs und begründen Sie Ihre Meinung.

Vereine

1 Deutschland, deine Vereine ...

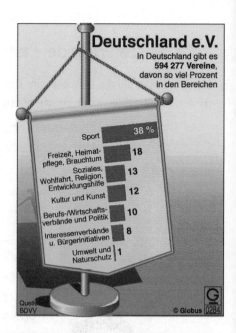

Deutschland e.V.
In Deutschland gibt es
594 277 Vereine,
davon so viel Prozent
in den Bereichen

Sport · 38 %
Freizeit, Heimat-
pflege, Brauchtum · 18
Soziales,
Wohlfahrt, Religion,
Entwicklungshilfe · 13
Kultur und Kunst · 12
Berufs-/Wirtschafts-
verbände und Politik · 10
Interessenverbände
u. Bürgerinitiativen · 8
Umwelt und
Naturschutz · 1

Quelle:
BDVV

© Globus 0284

ⓟ TD/DSH **a** Schauen Sie sich die Grafik rechts an und kommentieren Sie sie.
Kennen Sie Vereine, die man den Kategorien dort zuordnen könnte?

ⓟ DSH **b** Lesen Sie den Bericht in der Online-Ausgabe einer Tageszeitung und
bearbeiten Sie die Aufgaben. AB: B1-2 ▶

- Notieren Sie in Gruppen Schlüsselwörter zum Vereinswesen und zu
  den Phasen der Geschichte der Vereine in Deutschland.
- Vergleichen Sie Ihre Schlüsselwörter im Kurs und einigen Sie
  sich auf die aussagekräftigsten.
- Formulieren Sie die Hauptinformationen des Textes mithilfe der
  Schlüsselwörter so, dass ein zusammenhängender Text entsteht.

◀ ▶   ▬ ◻ ✕

Vereine in Deutschland

Die Deutschen werden gern als „Vereinsmeier" bezeichnet, also als Menschen, die sich übertrieben stark in
Vereinen engagieren. Wenn man davon ausgeht, dass es über 500.000 Vereine gibt, so könnte dieses Bild
stimmen. Statistisch gesehen ist jeder Deutsche in mindestens einem vertreten. Die „Vereinsmeierei" scheint
5 also wirklich „typisch deutsch" zu sein. Darüber gibt es auch zahlreiche Witze, z. B. „Was machen zwei
Deutsche, die sich treffen? – Sie gründen einen Verein." Dieses hartnäckige Klischee stimmt jedoch nicht.
Denn nicht in Deutschland gibt es, bezogen auf die Bevölkerungszahl, die meisten Vereine, sondern in
Skandinavien und den Niederlanden.

10 **Kurze Geschichte der Vereine**

Das Vereinsleben geht auf das 18. Jahrhundert zurück. Das revolutionär Neue an den Vereinen, die man
damals „Gesellschaften" oder „Assoziationen" nannte, war, dass in ihnen Menschen unterschiedlicher Stände
zusammenkamen. Adlige und Bürger diskutierten in sogenannten „Lesegesellschaften" oder „Sprachgemein-
schaften" über Tagesereignisse und politisch-philosophische Zeitprobleme. Das Vereinswesen trug entschei-
15 dend dazu bei, dass der Adel bürgerliche Werte übernahm. Ein Beispiel für einen solchen Verein ist die
„Patriotische Gesellschaft" in Hamburg, die bereits 1765 gegründet wurde und heute noch sehr aktiv ist. Auch
viele Turn-, Gesangs- oder Kleingärtnervereine haben eine lange, wechselvolle Geschichte.
Von „Vereinen" sprach man ab dem 19. Jahrhundert. Aufgrund der Industrialisierung und der zunehmenden
Verstädterung setzte sich ab Mitte des Jahrhunderts ein reges Vereinsleben durch. Viele Vereine übernahmen
20 öffentliche Aufgaben, die der Staat damals nicht erfüllte. Es entstanden die Wohlfahrtsverbände, wie die
Diakonie, das Deutsche Rote Kreuz oder die Caritas. Und viele Kultur- und Freizeitorganisationen wurden
gegründet, in denen sich politisch Gleichgesinnte zusammenschlossen, die sich aber politisch nicht frei
betätigen durften, wie zum Beispiel die Arbeitervereine. Aber auch konservative und national gesinnte Vereine
bekamen immer mehr Zulauf.
25 1848 wurde das Vereinsrecht zum Grundrecht. Aber bald danach wurden Vereine vom Staat wieder kritisch
beäugt, kontrolliert oder sogar verboten. Im Nationalsozialismus z. B. wurden alle jüdischen Vereine,
Arbeitervereine und solche, die den Machthabern politisch verdächtig erschienen, verboten und jüdische
Mitglieder wurden aus vielen Vereinigungen ausgeschlossen.
Nach dem Krieg gibt es viele Neugründungen. Darin spiegelt sich im Westen die neu entstehende Freizeit-
30 und Konsumgesellschaft wider. Rock'n'Roll-Tanzclubs, Zusammenschlüsse von Vespa-Fahrern oder zum
Beispiel Freddy-Quinn-Fanclubs, von denen es Ende der 60er-Jahre 2000 gibt, sind der Renner. Waren bis zur
NS-Zeit die Vereine vor allem auch weltanschauliche Gemeinschaften, so treten die Menschen in den 50er-
und 60er-Jahren einem Verein vor allem zur Ausübung eines Hobbys bei.

In den 70er-Jahren entstehen zahlreiche Bürgerinitiativen und Selbsthilfegruppen, die – wenn sie dauerhaft
35   bestehen – sich zu Vereinen zusammenschließen. Innerhalb der „Neuen sozialen Bewegungen" schießen
Frauen-, Umwelt-, Friedens- und Kulturinitiativen wie Pilze aus dem Boden. Anti-Atomkraft-Gruppen,
Selbsthilfe für Behinderte oder Dritte-Welt-Initiativen etablieren sich als moderne Vereine zur privaten
Selbsthilfe oder für politisches und soziales Engagement. Erfolgreiche Beispiele der letztgenannten sind die
„Deutsche Krebshilfe" oder der „BUND". Rund 40 Prozent der heutigen Umweltvereine entstehen zwischen
40   1976 und 1989.
In den letzten Jahren ist der Trend zur Vereinsgründung wiederum gestiegen. Dabei geht es vor allem um
Freizeit- und Fördervereine. Letztere dienen dazu, bestimmte Ziele finanziell zu unterstützen. Diese „neuen"
Vereine geraten kaum in den Verdacht der spießigen „Vereinsmeierei", aber es gibt Gemeinsamkeiten mit den
„alten" Vereinen, z.B. den Wunsch nach Geborgenheit in einer Gruppe oder einfach nach Geselligkeit.

TD   c   Berichten Sie über Vereine in Ihrer Heimat, die Sie kennen, oder über Ihre eigenen Erfahrungen mit Vereinen / Klubs /
Gesellschaften / organisierten Gruppen.

G 6.4 2 Sprache im Mittelpunkt: Präpositionaladverbien – „da(r)-auf / -zu / -bei / ..."

a   Markieren Sie die Präpositionaladverbien im Bericht in 1b.

DSH   b   Lesen Sie die Sätze und ergänzen Sie die Regeln bzw. notieren Sie die Satznummern.

1. Wenn man davon ausgeht, dass es über 500.000 Vereine gibt, so könnte dieses Bild stimmen.
2. Die „Vereinsmeierei" scheint also wirklich „typisch deutsch" zu sein. Darüber gibt es auch zahlreiche Witze.
3. In den 70er-Jahren engagierten sich viele für politische und soziale Fragen. Aus Interesse dafür bildeten
   sich viele Vereine.
4. Inzwischen gibt es auch viele Fördervereine. Diese dienen dazu, bestimmte Ziele finanziell zu unterstützen.

1. Präpositionaladverbien bildet man so:

   • „........................" + Präposition, wenn diese mit einem Konsonanten beginnt,

   • oder „........................" + Präposition, wenn diese mit einem Vokal beginnt.

2. Präpositionaladverbien stehen für einen präpositionalen Ausdruck und beziehen sich auf

   • ein Nomen: Satz: ....

   • oder eine ganze Aussage: Sätze: ....

3. Präpositionaladverbien können auf eine Aussage verweisen,

   • die später gemacht wird. Sie sind „vorwärtsverweisend": Sätze: ....

   • die vorher gemacht wurde. Sie sind „rückverweisend": Sätze: ....

c   Ordnen Sie die anderen Präpositionaladverbien im Bericht in 1b der Regel 3 oben zu.

d   Ersetzen Sie die markierten Teile durch Präpositionaladverbien bzw. ergänzen Sie ein Präpositionaladverb. **AB: B 3 – 5**

1. Eine ganze Reihe von Vereinen entwickelt Hilfsprogramme. Bei den Hilfsprogrammen geht es meist um Hilfe
   zur Selbsthilfe.

   → .... geht es meist um Hilfe zur Selbsthilfe.

2. Viele entscheiden sich für den Beitritt in einen Förderverein.

   → Viele entscheiden sich .... , einem Förderverein beizutreten.

3. Die Zahl der Freizeitvereine ist stark gewachsen. Über das Wachstum wird in letzter Zeit häufig berichtet.

   → .... wird in letzter Zeit häufig berichtet.

Nebenan und gegenüber

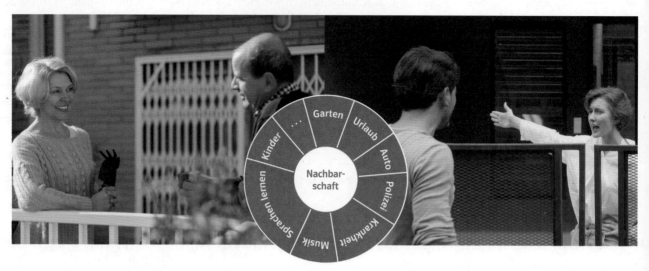

1 Die lieben Nachbarn

Was haben die Wörter im Kreis oben mit dem Thema „Nachbarschaft" zu tun? Sammeln Sie in Gruppen mindestens zwei Ideen zu jedem Wort. Ordnen Sie sie nach positiven und negativen Assoziationen und tauschen Sie sich dann im Kurs aus.

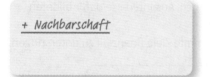

+ Nachbarschaft

– Nachbarschaft

2 Eine Umfrage in der Kölner Fußgängerzone zum „Tag der Nachbarschaft"

13–18 a Hören Sie die Umfrage. Über welche Themen sprechen die Personen? Notieren Sie Stichworte.

Ⓟ DSH **b** Hören Sie die Umfrage in 2a noch einmal und notieren Sie, wie Nachbarn charakterisiert werden. AB: C1

positive Eigenschaften	negative Eigenschaften

Ⓟ TD **c** Gibt es weitere Eigenschaften, die Sie bei Ihren Nachbarn schätzen oder ablehnen? Wie wichtig ist Nachbarschaft für Sie persönlich und warum? Sprechen Sie im Kurs.

Ⓟ DSH **d** Schreiben Sie einen kurzen Text (ca. 150 Wörter) über Nachbarschaftsbeziehungen in Ihrer Kultur. Folgende Fragen können Ihnen dabei helfen. AB: C2

1. Wie ist das Verhältnis zu Nachbarn in Ihrer Heimat: eher persönlich nah oder eher neutral distanziert?
2. Hat sich in den letzten Jahren etwas verändert? Wenn ja, wie sahen / sehen diese Veränderungen aus?
3. Wie sollte eine gute Nachbarschaftsbeziehung aussehen? Wie kann man sie aufbauen und pflegen?
4. Gibt es Eigenschaften, die Sie bei Ihren Nachbarn schätzen oder ablehnen?
5. Gibt es Unterschiede je nachdem, wo man wohnt?

③ Auf gute Nachbarschaft!

DSH **a** Sie ziehen in ein Mehrfamilienhaus und möchten keinen Stress mit Ihren Nachbarn. Daher informieren Sie sich bei einem Mieterforum und lesen dort folgende Regeln. Welche Überschrift passt zu welcher Regel? Ordnen Sie zu. Zwei Regeln haben keine Überschrift. `AB: C3`

A *Diskret bleiben* **C** *Lautstärke testen* **E** *Sich bekannt machen* **G** **Partys ankündigen**

B Ordnung halten **D** Ruhezeiten respektieren **F** „Einen ausgeben" **H** *Sich vorinformieren*

☐ 1. Besuchen Sie – am besten noch vor dem Einzug – ihre zukünftigen Nachbarn und stellen Sie sich vor. Damit die Nachbarn sich nicht fragen: „Was ist das wohl für einer?", erzählen Sie am besten auch ein bisschen über sich und Ihre berufliche Tätigkeit.

☐ 2. Beschriften Sie so schnell wie möglich das Klingelschild mit Ihrem Vor- und Nachnamen. Die Nachbarn könnten es nicht so prickelnd finden, wenn sie immer herausgeklingelt werden, weil irgendjemand Sie sucht. Am Anfang reicht auch ein einfacher Zettel.

☐ 3. Passen Sie beim Einzug auf, dass Umzugskartons und sonstiger Krempel nicht das Treppenhaus versperren. Niemand ist böse, wenn sie kurz dort stehen, aber „kurz" heißt nicht stunden- oder gar tagelang.

☐ 4. Suchen Sie den Kontakt zum Hausmeister oder zu einem Mieter, der schon lange im Haus wohnt. Der kennt die Hausbewohner mit all ihren kleinen Macken und Ticks – vielleicht erfahren Sie so etwas Wichtiges, was Ihnen das Leben im Haus erleichtern wird.

☐ 5. Es empfiehlt sich eine kleine „Hörprobe" in der Wohnung Ihres nächsten Nachbarn. Den Lautsprecherpegel auf „Maximum" und gemeinsam schauen, ob eine Unterhaltung noch möglich ist.

☐ 6. Geben Sie einen kleinen Einstand: Es muss ja kein rauschendes Fest sein, aber ein kleiner Umtrunk für die Hausgemeinschaft kommt sicher gut an.

☐ 7. Die Handwerker kommen und wollen durcharbeiten. Sehr ungünstig! Sorgen Sie dafür, dass die Ruhezeiten – meist von 13.00 – 15.00 Uhr und von 22.00 – 7.00 Uhr – eingehalten werden.

☐ 8. Informieren Sie sich rechtzeitig, wo Sie Ihr Auto auf dem Grundstück abstellen dürfen. Besetzen Sie den falschen Parkplatz, ist Streit vorprogrammiert!

☐ 9. Besuch von der Polizei um zwei Uhr nachts? Selber schuld: Sie hatten die Hausgemeinschaft nicht informiert, dass Sie eine Einweihungsfeier für Ihre Familie und Freunde geben wollen. Vielleicht laden Sie lieber gleich die Nachbarn auch dazu ein?

☐ 10. Lautstarke Abschiedsszenen vor der Haustür, penetrantes Rufen durch den Hausflur „Vergiss aber nicht wieder, die Schuhe abzuholen!" sollten Sie möglichst vermeiden. Ihr Ärger über den vergesslichen Ehepartner ist für die Nachbarn nicht so interessant!

b In den Regeln in 3a gibt es einige umgangssprachliche Ausdrücke. Ordnen Sie diese den folgenden Erklärungen zu.

1. Was für ein Mensch ist das wohl? *Was ist das wohl für einer? (Regel 1)* ....

2. Jemand findet etwas nicht besonders gut: ....

3. unterschiedliche Dinge, Kram: ....

4. besondere, manchmal merkwürdige Eigenschaften und Verhaltensweisen: ....

5. eine lebhafte Party: ....

6. Leute (meist) zu einem Getränk oder etwas zu essen einladen: ....

c Welche Regeln finden Sie besonders wichtig? Begründen Sie Ihre Meinung.

d Auch in Ihrem Heimatland gibt es sicher Regeln und ungeschriebene Gesetze, wenn man irgendwo neu einzieht. Beschreiben Sie Ähnlichkeiten und Unterschiede.

Eltern und Kinder

① Die Eltern-Kind-Beziehung

a Stellen Sie in Gruppen Vermutungen an, um was für eine Situation es auf dem Foto gehen könnte, und erfinden Sie ein Gespräch, in das die Personen verwickelt sind. Spielen Sie die Situation im Kurs.

P **TD** **b** Was könnte in einem Bericht über die Gründe für ein gutes oder schlechtes Verhältnis zwischen Eltern und Kindern in der heutigen Zeit stehen? Stellen Sie Vermutungen an und sammeln Sie im Kurs. AB: D1a

c Lesen Sie den Vorspann eines Berichts über die Eltern-Kind-Beziehung aus einem Elternmagazin und vergleichen Sie den Inhalt mit Ihren Vermutungen in 1b. AB: D1b

Die Eltern-Kind-Beziehung

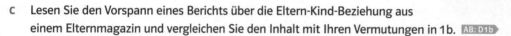

Für Eltern bleiben ihre Kinder immer Kinder, auch nachdem sie schon lange aus dem Haus gegangen sind. In einer Studie haben Psychologen Eltern und ihre „erwachsenen Kinder" befragt. Das Ergebnis war, dass Kinder gefühlsmäßig stärker an ihre Eltern gebunden sind, als man bislang angenommen hatte; ebenso ist aber auch der Wunsch, sich voneinander abzugrenzen, viel stärker, als vermutet worden war, und mit zunehmendem Alter wird die Distanz meist größer. Im Folgenden drucken wir typische Äußerungen von drei (jungen) Erwachsenen ab, die für die Studie befragt wurden.

d Lesen Sie nun einen Auszug aus dem Bericht. Markieren Sie die Gründe für ein gutes / schlechtes Verhältnis zwischen Eltern und „Kindern". AB: D2

Johanna (24): Das Verhältnis zwischen mir und meinen Eltern ist sehr gut. Natürlich hat es früher auch Auseinandersetzungen gegeben. Als ich die ersten Versuche unternahm, abends länger weg-
5 zubleiben, kostete das schon einige Kämpfe. Aber letztendlich haben meine Eltern mir vertraut und mir viel Freiheit gelassen. Und das hat dazu geführt, dass ich mich verantwortlich gefühlt und ihre Toleranz nie ausgenutzt habe. Als ich volljäh-
10 rig geworden war, konnte ich eigentlich machen, was ich wollte. So funktioniert es auch gut, dass ich noch zu Hause wohne. Und bis ich mein Studium beendet habe, wird das auch so bleiben.
Christoph (29): Ich hatte in meiner Kindheit und
15 Jugend viele Konflikte mit meinen Eltern. Meine Mutter neigte dazu, sich überall einzumischen – zu fürsorglich! Mein Vater war übertrieben streng. Sobald ich nur ein bisschen anderer Meinung war, wurde er autoritär und es gab Strafen. Während
20 andere unterwegs waren, hatte ich Stubenarrest, und manchmal gab es auch Schläge. Seitdem ich eine eigene Wohnung habe, ist unser Ver-

hältnis etwas besser geworden. Aber so richtig vertrauensvoll wird es wohl leider nie sein.
Jana (38): Bevor ich meine erste feste Stelle 25 gefunden habe, habe ich aus finanziellen Gründen zu Hause gewohnt. Das ging sehr gut, weil meine Eltern immer für mich da waren, sich aber nicht in meine Privatsachen einmischten. Nachdem ich geheiratet hatte und in eine andere 30 Stadt gezogen war, wurde unser Verhältnis etwas distanzierter. Wir hatten einfach zu wenig Zeit: Kinder, Beruf … Außerdem tendierte meine Mutter dazu, mir gute Ratschläge zur Kindererziehung zu geben. Das hat zu gewissen 35 Spannungen geführt. Jedesmal, wenn sie zu Besuch kam, hatten wir ein ungutes Gefühl. Einmal kam es zu einem richtigen Streit. Danach ging aber alles besser, denn im Grunde ist unsere Beziehung sehr gut geblieben. Und meine 40 Eltern wissen, dass ich da bin, wenn sie mich brauchen, und alles für sie tun werde, wenn sie einmal alt sind.

e Sammeln Sie in Gruppen weitere Aspekte, die für eine gute / schlechte Beziehung zwischen den Generationen eine Rolle spielen. Welche sind die wichtigsten? Stellen Sie Ihre Ergebnisse im Kurs vor.

f Wie ist das Eltern-Kind-Verhältnis in Ihrer Heimat? Sprechen Sie zuerst in Gruppen, dann im Kurs.

○ G 3.5 **2** # Sprache im Mittelpunkt: Temporale Haupt- und Nebensätze

a Markieren Sie die temporalen Nebensatzkonnektoren und die Verben im Haupt- und im Nebensatz. Was fällt auf? Ergänzen Sie die Regeln. AB: D3–4

1. Als ich abends länger wegbleiben wollte, kostete das schon einige Kämpfe.
2. Wenn sie zu Besuch kam, hatten wir ein ungutes Gefühl.
3. Während andere unterwegs waren, hatte ich Stubenarrest.
4. Sie wissen, dass ich da bin, wenn sie mich brauchen.
5. Sobald ich nur ein bisschen anderer Meinung war, wurde er autoritär.
6. Nachdem ich geheiratet hatte und weggezogen war, wurde unser Verhältnis etwas distanzierter.
7. Als ich volljährig geworden war, konnte ich eigentlich machen, was ich wollte.
8. Bevor ich meine erste feste Stelle gefunden habe, habe ich zu Hause gewohnt.
9. Bis ich mein Studium beendet habe, wird das auch so bleiben.
10. Seitdem ich eine eigene Wohnung habe, ist unser Verhältnis etwas besser geworden.

1. Die Geschehen im Haupt- und Nebensatz finden gleichzeitig statt. Sätze: ....
2. Das Geschehen im Nebensatz findet zeitlich früher statt, das im Hauptsatz später. Sätze: ....
3. Das Geschehen im Nebensatz findet zeitlich später statt, das im Hauptsatz früher. Satz: ....
4. Der Satz drückt eine Dauer von einem Zeitpunkt bis zu einem späteren Zeitpunkt aus. Satz: ....
5. Der Satz drückt eine Dauer von einem vergangenen Zeitpunkt bis jetzt aus. Satz: ....

b Temporale Angaben: Markieren Sie zuerst die temporalen Präpositionen. Welchem Nebensatzkonnektor entsprechen sie? Notieren Sie. Formulieren Sie dann die passenden Sätze aus 2a kürzer. AB: D5a

1. Bei ihren Besuchen *hatten wir ein ungutes Gefühl.* .... *wenn*
2. Nach meiner Heirat ....
3. Nach meiner Volljährigkeit ....
4. Vor meiner ersten festen Stelle ....
5. Bis zum Ende meines Studiums ....
6. Seit meinem Auszug ....

c Temporale Verbindungsadverbien: Markieren Sie die temporalen Verbindungsadverbien und formulieren Sie um. AB: D5b–6

1. Einmal kam es zu einem richtigen Streit. Danach ging aber alles besser.
   Nachdem es einmal zu einem richtigen Streit gekommen war, ging aber alles besser.

2. Jana bekam eine feste Stelle. Vorher wohnte sie bei ihren Eltern.
   ....

3. Christoph ist ausgezogen. Seitdem hat sich das Verhältnis zu seinen Eltern verbessert.
   ....

Verliebt, verlobt, verheiratet – geschieden

1 Beziehung auf ewig?

TD/DSH

a Beschreiben Sie die Entwicklung der Eheschließungen und Scheidungen in Deutschland mithilfe der Redemittel unten.

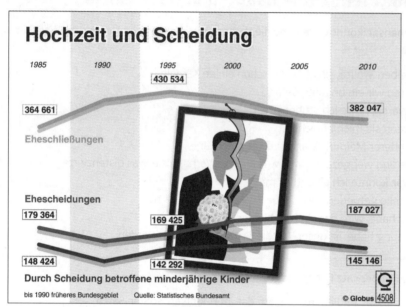

Hochzeit und Scheidung

| 1985 | 1990 | 1995 | 2000 | 2005 | 2010 |

430 534

364 661   382 047

Eheschließungen

Ehescheidungen

179 364   187 027

169 425

148 424   142 292   145 146

Durch Scheidung betroffene minderjährige Kinder

bis 1990 früheres Bundesgebiet   Quelle: Statistisches Bundesamt

© Globus 4508

Das Kurvendiagramm zeigt die Entwicklung der … von … bis … | Von … bis … ist die Anzahl der … von … auf … angestiegen / gesunken. | Ab … sind … kontinuierlich bis … gestiegen / gesunken. | Die Anzahl der … ist in … Jahren um …% gestiegen / gesunken.

---

b Wie sieht das Verhältnis von Hochzeiten und Scheidungen in Ihrer Heimat aus? Recherchieren Sie und berichten Sie im Kurs.

2 Eine Talkshow

19 a Hören Sie die Einführung des Moderators. Um welches Thema geht es in der Talkshow? `AB: E1`

b Die folgenden Personen nehmen an der Talkshow teil. Was glauben Sie, welche Aspekte werden diese Teilnehmer in der Diskussion wahrscheinlich erwähnen? Sammeln Sie in Gruppen.

Juliane Rüsch, 29
begeisterter Single

Peter Sonnhofer, 43
dreifach geschieden

Michaela Doll, 71
seit 50 Jahren verheiratet

Stefan Vastic, 18
heiratet bald

c   Welchen Diskussionsteilnehmern würden Sie folgende Aussagen zuordnen? Notieren Sie.

   A. Liebe kommt, Liebe geht. Ich will mir den Traum einer funktionierenden Ehe trotzdem nicht nehmen lassen.

   B. Es gibt keine romantischere Vorstellung, als mit einem Menschen alles zu teilen. Also sollte man heiraten.

   C. Wer heute noch heiraten will, muss weltfremd sein.

   D. Mit 80 dem einen besonderen Menschen gegenüberzusitzen – das bedeutet echtes Glücksgefühl und Liebe für mich.

   Aussage A: ....

   Aussage B: ....

   Aussage C: ....

   Aussage D: ....

20–21   d   Hören Sie nun die Talkshow und überprüfen Sie Ihre Vermutungen.

3   Was meinen Sie?

a   Hören Sie die Talkshow in 2d noch einmal. Welche Redemittel werden sinngemäß in der Diskussion verwendet?
   Kreuzen Sie an. AB: E2

   ☐ 1. Das würde ich so nicht sagen.

   ☐ 2. Was meinen Sie damit genau?

   ☐ 3. Wie wäre es damit: …?

   ☐ 4. Ich bin mir nicht sicher, ob …

   ☐ 5. Hier regt sich Widerspruch, nehme ich an.

   ☐ 6. Könnten Sie vielleicht …?

   ☐ 7. Das sehe ich völlig anders.

   ☐ 8. Hundert Prozent Ihrer Meinung.

   ☐ 9. Denken Sie auch, dass …?

   ☐ 10. Gut, dass Sie diesen Punkt ansprechen.

   ☐ 11. Da bin ich anderer Meinung.

   ☐ 12. Dem kann ich nur zustimmen.

   ☐ 13. Mich würde interessieren, was Sie dazu meinen?

   ☐ 14. Es ist durchaus richtig, was Sie erwähnen.

   ☐ 15. … und Sie?

   ☐ 16. Nein, auf keinen Fall.

   ☐ 17. Wie sehen Sie das?

   ☐ 18. Das kann ich nur bestätigen.

b   Markieren Sie die Redemittel in 3a verschiedenfarbig, z.B.: gelb = nach der Meinung fragend, grün = zustimmend,
   rot = ablehnend. Welche Redemittel kennen Sie noch?

4   Was meinen Ihre Gesprächspartner?

a   Mit welcher der Aussagen in 2c identifizieren Sie sich persönlich am stärksten? Warum? Machen Sie sich Notizen.

b   Diskutieren Sie zu viert über die Aussagen in 2c. Verwenden Sie dabei die Redemittel aus 3a. Stellen Sie dann das
   Ergebnis Ihrer Diskussion im Kurs vor.

c   Wie wird die Ehe in Ihrer Kultur betrachtet? Gehen Sie dabei
   auf folgende Fragen ein. Sprechen Sie in Gruppen.

   • Mit wie viel Jahren heiratet man in der Regel?
   • Wie entwickelt sich die Einstellung zur Ehe?
   • Ist ein Zusammenleben ohne Trauschein denkbar?
   • Gibt es besondere Bräuche (Hochzeitsfeier, Mitgift, …)?
   • Was passiert bei einer Trennung / Scheidung?
   • Gibt es Veränderungen und neue Trends?

Außenseiter

1 Was ist ein Außenseiter?

a Was haben die Fotos oben mit Außenseitertum zu tun? Sprechen Sie im Kurs und benutzen Sie folgende Ausdrücke.

> aus der Gruppe ausgeschlossen sein | hochbegabt sein | gegen den Trend gehen |
> kreativ sein | isoliert / schüchtern sein | Einzelgänger sein

b Kennen Sie Außenseiter? Sprechen Sie in Gruppen über folgende Fragen und machen Sie Notizen. Tauschen Sie sich dann im Kurs aus.

- Welche Eigenschaften und Verhaltensweisen sind typisch für Außenseiter?
- Warum werden Menschen zu Außenseitern? Stellen Sie Vermutungen an.

2 Wie man zum Außenseiter wird und es nicht bleibt

22–24 **a** Hören Sie ein Gespräch im Radio zu diesem Thema zwischen einer Psychologin und einem Außenseiter. Welche Übereinstimmungen gibt es mit Ihren Ergebnissen aus 1b?

22 **b** Hören Sie noch einmal Teil 1 des Gesprächs und machen Sie Notizen zu folgenden Fragen.
DSH/TD

1. Welche möglichen familiären Gründe für Außenseitertum nennt die Psychologin?
2. Warum kann jemand von der Gruppe ausgeschlossen werden?
3. Welche beiden Typen von Außenseitern werden unterschieden?

23–24 **c** Hören Sie noch einmal Teil 2 und 3 des Gesprächs und notieren Sie Informationen zu den Phasen
DSH von Freds Entwicklung. AB: F1

Kindergarten	Schule	Ausbildung	Beruf	heute
unruhig,				

d Schreiben Sie in Gruppen mithilfe Ihrer Notizen in 2c Freds Entwicklung in Form einer Geschichte auf. Vergleichen Sie Ihre Fassungen im Kurs.

e   Lesen Sie jetzt, was Fred auf einem Fragebogen der Psychologin geschrieben hat. Welche neuen Informationen bekommen Sie über ihn?

Viele halten mich für ... *komisch, verrückt und einen Streber.*

In Wirklichkeit bin ich ... *schüchtern, nachdenklich und neugierig.*

Wenn ich an Schule denke ..., *dann denke ich daran, dass ich oft wegen meiner „altmodischen Kleidung" und meiner Unsportlichkeit ausgelacht wurde.*

Das Schlimmste, was mir im Leben passiert ist, war ..., *als ich in der Ausbildung war und ein Mädchen, in das ich verliebt war, mich ausgelacht hat und es allen weitererzählt hat.*

Ich wäre gerne wie ... *niemand anderes. Jeder ist so, wie er ist. Ich wäre aber gern etwas extrovertierter.*

Am meisten hasse ich ... *wenn Leute vorgeben, meine Freunde zu sein, und in Wirklichkeit über mich herziehen.*

Wenn ich könnte, würde ich ... *noch studieren und hätte dann viele Freunde an der Uni.*

f   Ergänzen Sie auf einem Zettel dieselben Satzanfänge. Sie können über sich selbst oder eine fiktive Person schreiben. Tauschen Sie den Zettel mit einem Partner / einer Partnerin und sprechen Sie darüber, was er / sie geschrieben hat und warum.

③ „So perfekt" – ein Rap von Casper

⦿ 25   a   Hören Sie einen Auszug aus dem Rap „So perfekt".
Worum geht es? Sprechen Sie im Kurs.

b   Lesen Sie nun den Auszug aus dem Rap. Was hat er mit Außenseitertum zu tun?

Bist du der, der sich nach vorne setzt? Den man beim Sport zuletzt wählt?
Sich quält zwischen Cheerleadern und Quarterbacks?
Den man in die Tonne steckt? Nicht dein Tag, jahrelang
Dann in der Abschlussnacht ganz allein zum Ball gegang'
Doch wenn schon scheiße Tanzen dann so, dass die ganze Welt es sieht
Mit Armen in der Luft, beiden Beinen leicht neben dem Beat
Und wenn du mit der Königin die Fläche verlässt,
sag dir diese Welt ist perfekt! Perfekt

Du lachst, du weinst. Du strahlst, du scheinst
Du kratzt, du beißt, Fastenzeit vorbei
und wie du brennst, wie du wächst, wie du wächst
Alles wird perfekt! Alles, alles, alles wird perfekt
So perfekt! So peeerfekt! Alles wird perfekt! So perfekt! So peeerfekt!

So Perfekt Feat. Marteria; Griffey, Benjamin/Laciny, Marten;
BUG Music Musikverlagsgesellschaft, München; No Limits One Guido Schulz

c   Was wird durch den Refrain „Du lachst, du weinst. ..." ausgedrückt? Sehen Sie eine Verbindung zu Freds Geschichte? Sprechen Sie im Kurs. AB: F2

Dinge

① Die Bedeutung der Dinge

a Wie heißen die Dinge, die Sie auf dem Bild sehen? Notieren Sie sie mit Artikel und Plural.

der Teppich, -e; ....

b Besprechen Sie in Gruppen, was Ihnen zu dem Bild „Les valeurs personnelles" (Die persönlichen Werte) von René Magritte einfällt. Sammeln Sie Ideen und versuchen Sie eine Interpretation. **AB: A1–2** ▶

> **Was Ihnen auffällt:** Auf dem Bild sieht man … | Auf dem Bild ist … dargestellt. | Merkwürdig ist, dass … | Auf mich wirkt das Bild …
>
> **Vermutungen äußern:** Ich denke, dass … | Es könnte sein, dass … | Ich könnte mir vorstellen, dass … | Wahrscheinlich / Vermutlich / Möglicherweise …
>
> **Nachfragen:** Was bringt Sie / dich auf diese Idee? | Wie kommen Sie / kommst du darauf?
>
> **Widersprechen:** Ich sehe das nicht so. | Für mich ist das eher … | Das sehe ich (etwas / ganz) anders.
>
> **Was der Künstler sagen möchte:** Der Künstler möchte zeigen, dass … | Der Künstler möchte zum Ausdruck bringen, dass …

2 Dinge und ihre Bedeutung

a Lesen Sie das Gedicht „Zwei Sessel" von Rainer Malkowski. Welche Bedeutung haben die Sessel für den Autor?

Zwei Sessel

Sie haben mir gedient.
Und ich besinge sie so nüchtern,
wie es ihnen entspricht.
Schwarz gestrichenes Holz
und Segeltuch –
Material für ein Schiff,
eine Reise.

Und bin ich nicht
in ihnen gereist?
Manchen Tag, manche Nacht
denkend
und träumend?
Sie gaben immer,
was Dinge geben können:

zuverlässig scheinenden Halt,
Orientierung
und ein leises
Echo
des entschwundenen Lebens.

Rainer Malkowski

---

b Wie würde es aussehen, wenn der Autor Rainer Malkowski sein Bild „Die persönlichen Werte" malen würde? Malen Sie mit einem Partner / einer Partnerin dieses Bild.

c Wählen Sie einen persönlichen Gegenstand und schreiben Sie ein kleines Gedicht, zum Beispiel „Zwei Schuhe", „Ein Handy", …

3 Mein wichtigster Gegenstand: Umfrage

a Vermuten Sie: Welche Bedeutung könnten folgende Dinge für die Sprecher haben?

> ein Reisepass | eine Taschenlampe | ein Auto | ein Ring | ein Fernseher | ein Stein

26–31 b Vergleichen Sie nun Ihre Vermutungen mit den Aussagen der Befragten.

c Hören Sie die Aussagen in 3b noch einmal. Wie begründen die Befragten die Bedeutung des Gegenstandes? Ordnen Sie zu.

1. Person	A. Den brauche ich nämlich immer.
2. Person	B. Da vergesse ich dann meine Einsamkeit.
3. Person	C. Er ist mein Talisman.
4. Person	D. Denn es gibt mir das Gefühl von Freiheit.
5. Person	E. Die brauche ich jeden Abend.
6. Person	F. Nicht nur wegen des tollen Aussehens, sondern vor allem wegen seiner Bedeutung für mich.

4 Mein wichtigster Gegenstand: Ratespiel

Beschreiben Sie im Kurs einen Gegenstand, der für Sie sehr wichtig ist. Die anderen raten, welcher Gegenstand gemeint ist.

> Mein Gegenstand hat / ist … | Er dient zu … / dazu, … | Man kann ihn verwenden, um … zu … |
> Ich brauche ihn, wenn ich … | Das Besondere an meinem Gegenstand ist, dass …

Die Welt der Dinge

1 Marken und Produkte

Sehen Sie sich die Logos an. Welche Marken kennen Sie? Was wissen Sie über deren Produkte? Sprechen Sie im Kurs.

A

D

G
hōgl

B

E

H
Miele

C
Red Bull®

F
IKEA ®

I

2 Produkte beschreiben

32–35 a Hören Sie Beschreibungen zu vier Produkten. Welche der Produkte werden beschrieben?

> 1. Energy-Drink | 2. Rucksack | 3. Milch | 4. Schreibtischstuhl | 5. Uhr | 6. Stiefel |
> 7. CD-Player | 8. Kaffee | 9. Koffer | 10. Staubsauger | 11. Smartphone | 12. Aspirin

b Zu welchen Marken aus Aufgabe 1 passen die in 2a genannten Produkte? Notieren Sie die passende Nummer.

A: ....   B: ....   C: ....   D: ....   E: ....   F: ....   G: ....   H: ....   I: ....

32–34 c Hören Sie die ersten drei Produktbeschreibungen in 2a noch einmal und ergänzen Sie die fehlenden Informationen in den folgenden Auszügen. AB: B1

1. Hier haben wir ein schmerzstillendes und fiebersenkendes Arzneimittel ... Bitte nicht einnehmen bei bekannter Über-
   empfindlichkeit ... gegen Salicylate, eine Gruppe von Stoffen, **[1a]** .... der Acetylsalicylsäure **[1b]** ...., ...

2. Er hat genau das richtige Maß, sodass alles für eine Tageswanderung reinpasst. Zwei Seitenfächer **[2]** .... und
   Ähnliches, ein geräumiges Deckelfach und ... Der Boden besteht aus **[3]** .... abriebsicherem Nylongewebe, ...

3. Diese hell geröstete Variante hat eine **[4]** .... Guatemala-Note und ist perfekt zum Frühstück geeignet. ...
   [5] .... Qualität dank erlesener Hochlandsorten.

d Welche Mittel der Beschreibung fehlen in den Lücken in 2 c? Ordnen Sie zu. `AB: B 2–5`

> Adjektiv | Adjektiv im Superlativ | Ausdruck der Verstärkung | ~~Relativsatz~~ | Präpositionalergänzung

1. *Relativsatz* ....

2. ....

3. ....

4. ....

5. ....

e Beschreiben Sie das Aussehen und die Funktion des Produkts rechts. Verwenden Sie dazu die Mittel der Beschreibung in 2 d.

③ Das Ding und ich

36 a Um etwas Geld zu verdienen, arbeiten Sie samstags in einem Geschäft für Sportartikel. Heute sind Sie allein im Geschäft, da Ihr Chef plötzlich verreisen musste. Er hat Ihnen aber noch einige Informationen auf dem Anrufbeantworter hinterlassen. Hören Sie seine Mitteilung und tun Sie, worum er Sie bittet.

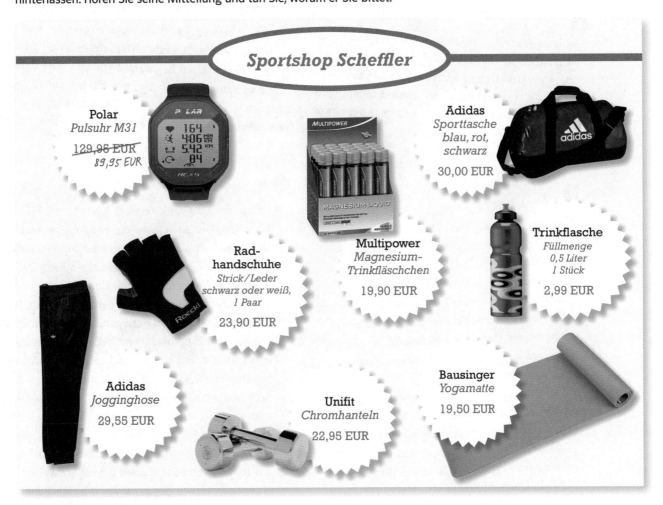

Sportshop Scheffler

Polar *Pulsuhr M31* ~~129,95 EUR~~ *89,95 EUR*

Adidas *Sporttasche blau, rot, schwarz* 30,00 EUR

Rad-handschuhe *Strick / Leder schwarz oder weiß, 1 Paar* 23,90 EUR

Multipower *Magnesium-Trinkfläschchen* 19,90 EUR

Trinkflasche *Füllmenge 0,5 Liter 1 Stück* 2,99 EUR

Adidas *Jogginghose* 29,55 EUR

Unifit *Chromhanteln* 22,95 EUR

Bausinger *Yogamatte* 19,50 EUR

b Leider konnten Sie die Druckerei nicht erreichen. Deshalb schreiben Sie nun eine E-Mail, in der Sie die Informationen (Veränderungen und Ergänzungen) Ihres Chefs weitergeben.

> … bittet Sie um … | … bittet Sie darum, … | … hätte gern, dass … | Ich soll Ihnen sagen / ausrichten, dass … |
> … hat gesagt, dass … | Ich soll Sie bitten, …. | … müsste geändert / ergänzt / gestrichen werden.

4C

Die Beschreibung der Dinge

1 Dingsda

37–40 **a** Von welchen Gegenständen sprechen die Kinder?
Hören Sie zu und raten Sie.

b Überlegen Sie sich in Gruppen Beschreibungen wie in 1a.
Die anderen raten.

2 Was ist typisch für ...?

TD **a** Was sind typische Sammlerobjekte? Was sammelt man gerne in Ihrem Heimatland? Sammeln Sie etwas?
Wenn ja, was und warum? Wenn nein, warum sammeln Sie nicht?

b Lesen Sie folgende Beschreibungen aus einem Sammlerjournal. Was vermuten Sie: Welche Sammlerobjekte könnten gemeint sein?

A

Dieses weltweit bekannte Sammlerobjekt ist im Alltag sehr verbreitet. Raucher tragen es gern bei sich und im Winter kommt es besonders oft zum Einsatz. Daneben dient es als attraktiver Werbeträger, weil man es mit bunten Etiketten und Logos versehen kann. Man kann es in einem edlen Restaurant erhalten oder bei einem kleinen Friseur, aber man nimmt es immer gern mit. Denn so hat man neben dem praktischen Inhalt meist auch gleich die Adresse des Gebers. Aber obwohl das Objekt so verbreitet ist, weiß fast niemand, dass es in seiner heutigen Form in der Mitte des 19. Jahrhunderts entwickelt wurde und auf den Österreicher Pollak von Rudin zurückgeht.

B

Ursprünglich war dieses Sammlerobjekt ein bekanntes Spielzeug für Kinder, aber heute wird dieses beliebte Objekt auch gern von Erwachsenen gesammelt. Und viele Leute behalten es ihr ganzes Leben, weil es sie an ihre Kindheit erinnert. Bei den einen hat es einen besonderen Platz in der Wohnung, bei den anderen liegt es irgendwo in einer verstaubten Kiste im Keller. Das Objekt ist die flauschige Nachbildung eines großen und gefährlichen Tieres mit meist braunem Fell. Seine Größe kann stark variieren: Es kann so klein sein, dass es in eine Hand passt, es kann aber auch einen Meter erreichen. Das erste Modell kam 1903 in Deutschland auf den Markt. Es wurde zwar je nach Zeitgeschmack und technischen Neuentwicklungen immer wieder verändert, aber die unverwechselbare Grundform blieb.

C

Ob kleiner Junge oder erwachsener Mann, kleines Mädchen oder alte Oma – dieses Sammlerobjekt mag fast jeder. Man schätzt es besonders auf Picknick-Touren, Wanderungen oder sonstigen Ausflügen und Reisen. Die kleinen Varianten sind meistens verzierte Souvenirs und werden daher gern gesammelt. Die größeren Objekte gibt es in ganz vielen Ausführungen und oft sind auch noch verschiedene Werkzeuge dabei. Mit Griffen aus unterschiedlichen hochwertigen Materialien sind sie auch ein Genuss für die Augen. Je nach Material und Ausstattung können diese Objekte sehr wertvoll sein und das macht sie dann wieder zu begehrten Sammlerstücken. Die bekanntesten Modelle kommen aus der Schweiz und wurden Ende des 19. Jahrhunderts speziell für die Schweizer Armee entwickelt. Heute gibt es sie sogar in moderner Ausführung mit USB-Anschluss oder MP3-Spieler.

c Sammeln Sie in Gruppen Hintergrundinformationen zu den Sammlerobjekten in 2b und stellen Sie diese im Kurs vor.

G 5.1 **3** # Sprache im Mittelpunkt: Die Adjektivdeklination

a Markieren Sie in den Texten in 2b die Adjektive mit den dazu gehörigen Nomen, Artikeln und Präpositionen.

b Ergänzen Sie die Adjektivendungen in der Tabelle mithilfe der Adjektive in 3a und Ihrer Kenntnisse.

	m: der Inhalt	n: das Spielzeug	f: die Form	Pl: die Objekte
N	de**r** praktisch**e**...... (k)ein praktisch**er**.... praktischer **er**....	das bekannt........ (k)ein bekannt........ bekannt........	die schön........ (k)eine schön........ schön........	die groß........ keine groß........ groß........
A	den praktisch........ (k)einen praktisch........ praktisch........	das bekannt........ (k)ein bekannt........ bekannt........	die schön........ (k)eine schön........ schön........	die bunt........ keine bunt........ bunt........
D	dem praktisch........ (k)einem praktisch........ praktisch........	dem bekannt........ (k)einem bekannt........ bekannt........	der schön........ (k)einer schön........ schön........	den bunt........**-n**[2] keinen bunt........**-n**[2] bunt........**-n**[2]
G	des praktisch........**-(e)s**[1] (k)eines praktisch........**-(e)s**[1] praktisch........**-(e)s**[1]	des bekannt........**-(e)s**[1] (k)eines bekannt........**-(e)s**[1] bekannt........**-(e)s**[1]	der schön........ (k)einer schön........ schön........	der bunt........ keiner bunt........ bunt........

[1]Das Nomen hat die Signalendung.   [2]Im Dativ Plural: Endung „-n", außer Nomen auf „-s" im Plural: dort immer „-s".

c Markieren Sie in der Tabelle in 3b jeweils die Signalendung und notieren Sie sie.

	m	n	f	Pl
N	r			
A				
D				
G				

Tipp
Nach den Possessivartikeln „mein-", „dein-", … ist die Adjektivdeklination wie nach „ein-"/„kein-".

d Ergänzen Sie die fehlenden Adjektivendungen.

1. (alt) Sie verkaufen .... Kram, ein .... Fahrrad, ... Sachen.

2. (interessant) Sie handeln mit diesem .... Artikel, mit jenem .... Produkt,

   mit manchen .... Waren.

3. (beliebt) Das ist der .... Bär, die .... Platte, das .... Objekt;

   das sind die .... Geschenke.

e Welche Regel passt zu welchem Satz in 3d? **AB: C1–3**

1. Wenn die Signalendung (r, s, e, n, m) beim Artikelwort steht, hat das Adjektiv die Endung „-e" oder „-en".
   → Sätze: ....
2. Wenn es kein Artikelwort gibt oder das Artikelwort keine Endung hat, hat das Adjektiv die Signalendung.
   (Ausnahme: Genitiv Singular Maskulinum und Neutrum: Endung „-en".) → Satz: ....

f Bringen Sie einen Gegenstand mit, den Sie weggeben möchten. Beschreiben Sie ihn in einer Anzeige mit vielen lobenden Adjektiven. Hängen Sie die Anzeigen auf und wählen Sie einen Gegenstand. Begründen Sie Ihre Wahl.

Die Macht der Dinge

1 Wenn die Dinge mächtiger werden als der Mensch: Das Messie-Syndrom

a Haben Sie schon vom Messie-Syndrom gehört? Wenn ja, berichten Sie im Kurs.

41–44 **b** Hören Sie eine Reportage zum Thema „Messie" und kreuzen Sie die richtige Antwort an: a, b oder c.

1. Wie geht die junge Berlinerin Andrea mit dem Chaos in ihrer Wohnung um?
   - a Sie versucht immer wieder, das Chaos zu beseitigen.
   - b Sie gibt auf und tut nichts mehr.
   - c Sie räumt auf und schafft Ordnung.

2. Welcher mögliche Grund für das Messie-Syndrom wird in der Reportage genannt?
   - a Eine organische Krankheit.
   - b Besonders problematische Ereignisse im Leben des Betroffenen.
   - c Vererbung durch die Eltern.

3. Wer ist besonders anfällig für das Messietum?
   - a Jugendliche, die viel am Computer sitzen.
   - b Berufstätige, bei denen es häufig Veränderungen im Arbeitsleben gibt.
   - c Frauen, die durch Beruf und Haushalt überlastet sind.

4. Welches Verhalten ist typisch für Messies?
   - a Sie suchen Hilfe bei Selbsthilfegruppen.
   - b Sie sprechen nur mit guten Freunden über ihr Problem.
   - c Sie isolieren sich, um ihre Krankheit zu verbergen.

c Hören Sie die Reportage noch einmal und überprüfen Sie Ihre Antworten in 1b. `AB: D1`

d Sammeln Sie in Gruppen alle Informationen, die Sie in der Reportage zum Thema „Messie" bekommen haben. `AB: D2a`

2 Liebe Messie-Freundin

Schreiben Sie einen Brief oder eine E-Mail. `AB: D2b–c`

Eine Freundin, die es nicht schafft, das Chaos in ihrer Wohnung zu beseitigen, hat Sie nach Informationen gefragt, wie sie ihr Problem in den Griff bekommen könnte. Geben Sie ihr die Informationen weiter, die Sie in der Reportage in 1b bekommen haben, und ergänzen Sie sie durch eigene Vorschläge.

G 3.15 ③ Sprache im Mittelpunkt: Relativpronomen

a Lesen Sie die Sätze aus einer Reportage über Messies und markieren Sie die Relativpronomen. Notieren Sie Kasus, Numerus und Genus der Pronomen.

1. Ein Messie ist ein Mensch, der alles sammelt und nichts wegwerfen kann.
2. Ca. 1,8 Millionen Menschen in Deutschland leben mit dem Messie-Syndrom, dessen Ursache noch nicht erforscht ist.
3. Als besonders schlimm empfinden viele Messies den Verlust an sozialen Kontakten, der durch ihre Krankheit entsteht.
4. Anfällig sind vor allem Menschen, deren Leben vielen Veränderungen unterliegt.
5. Die Menschen, mit denen Andrea privat und beruflich zu tun hatte, bemerkten nichts von ihrer Krankheit.
6. Auch die Nachbarin, der Andrea täglich begegnete, wusste nichts von ihrer Krankheit.
7. Andrea, deren eigene Wohnung völlig zugemüllt war, führte beruflich drei Haushalte.
8. Bei den „Anonymen Messies" gibt Andrea die Erfahrungen, die sie gemacht hat, an andere Messies weiter.
9. Andrea hilft Menschen, das heimische Chaos zu besiegen, gegen das sie allein vergeblich kämpfen.

Satz 1: _Nom. Singular Mask._　　Satz 4: ....　　Satz 7: ....

Satz 2: ....　　Satz 5: ....　　Satz 8: ....

Satz 3: ....　　Satz 6: ....　　Satz 9: ....

b Schauen Sie sich die Lösung in 3a noch einmal an und ergänzen Sie die Regel. AB: D3a ▸

> Die Formen von Relativpronomen und bestimmtem Artikel sind gleich. Ausnahmen:
>
> • im Dativ Plural: _denen_ .... ,
>
> • im Genitiv Singular Maskulinum und Neutrum: .... ,
>
> • im Genitiv Singular Femininum und Genitiv Plural: ....

G 3.15 ④ Sprache im Mittelpunkt: Relativsätze

a Lesen Sie die Sätze in 3a noch einmal. Markieren Sie die Nomen, auf die sich das Relativpronomen bezieht, und die Verben im Relativsatz. Ergänzen Sie dann die Regeln mit den grammatischen Begriffen rechts. AB: D3b–c ▸

> Dativ | Artikel | Nebensätze | Akkusativ | Nomen

> 1. Relativsätze sind .... Sie erklären ein Nomen im Hauptsatz.
>
> 2. Das Genus (Maskulinum, Neutrum, Femininum) und der Numerus (Singular, Plural) des Relativpronomens richten sich nach dem .... , auf das sich das Relativpronomen bezieht.
>
> 3. Der Kasus (Nominativ, Akkusativ, Dativ, Genitiv) richtet sich nach dem Verb im Relativsatz (z. B. begegnen + ...) oder nach der Präposition (z. B. kämpfen gegen + ...).
>
> 4. Das Nomen, das auf die Relativpronomen „dessen" und „deren" folgt, hat keinen ....

b Beschreiben Sie Messies mit Relativsätzen. AB: D3d ▸

Messies sind Menschen,

1. .... (vom Chaos regiert werden)

2. .... (für sie gibt es nichts Unnützes)

3. .... (es gelingt ihnen nicht, Dinge wegzuwerfen)

4. .... (in ihrer Wohnung ist kaum noch Platz für sie selbst)

Die Ordnung der Dinge

1 Sammelsurium

a Notieren Sie folgende Gegenstände aus Ihrer häuslichen bzw. persönlichen Umgebung. Tauschen Sie sich dann in Gruppen aus.

Einen Gegenstand,
- auf den Sie nicht verzichten möchten.
- für den Sie keine Verwendung mehr haben.
- über den Sie sich oft ärgern.
- auf den Sie stolz sind.
- für den Sie viel Geld bezahlt haben.
- der Ihnen fehlt oder den Sie gern hätten.
- der für Sie elegant / hässlich / nutzlos / kitschig / wertvoll / altmodisch … ist.

b Sie möchten den Gegenstand, den Sie gerne hätten, kaufen und den, auf den Sie verzichten können, verkaufen.
Welche Möglichkeiten haben Sie? Sprechen Sie im Kurs.

2 eBay – die Ordnung der Dinge

a Worum könnte es in einem Essay mit der Überschrift „eBay – die Ordnung der Dinge" gehen?
Überlegen Sie in Gruppen und tauschen Sie sich dann im Kurs aus.

b Überfliegen Sie die einzelnen Abschnitte des Essays über eBay aus dem Magazin der Süddeutschen Zeitung auf der nächsten Seite. Welche Aussage gibt die zentrale Information des jeweiligen Abschnitts wieder: a oder b? Kreuzen Sie an. `AB: E1`

1. Abschnitt: **a** Die Idee von eBay ist leicht zu begreifen.
   b eBay ist ein Vermittler zwischen Käufer und Verkäufer.

2. Abschnitt: **a** Durch eBay gibt es keine nutzlosen Dinge mehr.
   b Bei eBay kann man sich von Ballast befreien.

3. Abschnitt: **a** Ein eBay-Verkauf erzeugt Glücksgefühle.
   b Ein eBay-Verkauf bringt finanziell oft nur wenig.

4. Abschnitt: **a** Käufer sind traurig, wenn sie nicht bekommen, was sie suchen.
   b Käufer erfüllen sich mithilfe von eBay alte Wünsche.

c Überlegen Sie, was die zentrale Aussage des gesamten Essays ist. Tauschen Sie sich in Gruppen aus und begründen Sie Ihre Meinung. `AB: E2`

a eBay bringt Verkäufern und Käufern Glück.
b eBay bringt kaum finanzielle Vorteile, ist aber nützlich, weil man alte Dinge nicht wegwerfen muss.
c eBay erzeugt Freude, weil die Dinge mithilfe von eBay an den für sie vorgesehenen Ort gelangen.

d Haben Sie selbst Erfahrungen mit eBay oder einer ähnlichen Plattform? Wenn ja, welche?
Berichten Sie im Kurs.

eBay – die Ordnung der Dinge

1. Von allen Ideen, die das Internet hervorgebracht hat, kann man das eBay-Prinzip am leichtesten verstehen: ein globales Online-Auktionshaus zum Ersteigern und Versteigern, Kaufen und
5 Verkaufen. eBay hat sich zu einem riesigen Warenhaus ohne eigene Produkte entwickelt, das nur von der Vermittlung zwischen seinen Kunden lebt. Hier werden in Deutschland allein an einem einzigen Tag rund 70 Millionen Deals abgeschlossen.

10

2. Dieses gigantische Volumen hat sicher auch mit den unbegrenzten Möglichkeiten des Schnäppchenjagens und Geldverdienens zu tun. Aber darüber hinaus bietet eBay noch mehr: Wer
15 einmal etwas auf eBay verkauft hat, kennt den Bewusstseinswandel, den dieser Akt auslöst: Plötzlich gibt es keine wertlosen oder nutzlosen Sachen mehr – die Hand, die gerade ein Ding in den Abfall werfen möchte, zuckt im letzten Moment
20 zurück. Die Zitronenpresse, die so elegant designt ist, dass sie nicht funktionieren kann, das verstaubte Spielzeug aus Kindertagen, das Buch, das man niemals
25 mehr lesen wird: Auf einmal sind sie nicht nur nutzlose Geschenke, Staubfänger, Ballast – sie sind eBay-Ware. Denn so sinnlos und
30 hässlich ein Ding für mich vielleicht ist: Irgendwo gibt es ganz sicher einen Menschen, der gerade darauf schon lange sehnlichst gewartet hat, der gerade an
35 diesem Gegenstand noch Freude haben wird.

3. Ein eBay-Verkauf macht so viel Freude, dass das Ziel des finanziellen Gewinns, das man sonst mit einer Auktion verbindet, in den Hinter-
40 grund tritt: Aufwand und Ertrag stehen nämlich oft in keinem Verhältnis. Und der sekundenschnelle Wurf in den Abfalleimer wäre finanziell häufig die sinnvollere Lösung. In der Zeit nämlich, in der man die Ware fotografiert, online stellt, verpackt und schließlich auf die Post bringt, könnte man ja auch 45 zwei gut bezahlte Überstunden im Büro machen, von denen man wahrscheinlich mehr hätte. Der richtige Lohn ist jedoch der, dass man dem verkauften Gegenstand hilft, seinen richtigen Platz in der Welt zu finden. Man wird Teilnehmer an einem 50 höheren Projekt, das man als „Die Ordnung der Dinge" bezeichnen könnte – und man spürt ein Glücksgefühl, das man anders nur schwer erreichen kann.

55

4. Auf der Seite der Käufer treffen wir gleichzeitig immer mehr Menschen, die per eBay ihre Biografien aufarbeiten und Fehler in der Ordnung der eigenen Dinge korrigieren: Diese ganz spezielle Lokomotive der Spielzeugeisenbahn, 60 nach der man sich als Kind sehnte, die man aber nie geschenkt bekam – wetten, dass sie eines Tages bei eBay auftaucht, genau beschrieben, identifizierbar bis hin zur Modellreihe und 65 Seriennummer? Muss man nicht annehmen, dass sie all die Jahre auf einen gewartet hat? Nie werde ich die Trauer eines Freundes 70 vergessen, als er erzählte, wie er endlich einen Traum seiner Jugend auf eBay entdeckte – einen Plastikspielzeug-Bunker, dessen seltsamen Namen 75 „German Secret Strong Point" er nie vergessen hatte – und dann in letzter Sekunde überboten wurde. In diesem Moment gab es keine Gerechtigkeit mehr für ihn. Aber die Wahrheit ist wohl die: Dies war noch nicht SEIN Plastikspiel- 80 zeug-Bunker. Der ist noch da draußen, in der Welt der Dinge, auf dem Weg zu ihm.

Tobias Kniebe

Die Präsentation der Dinge

1 Eine gelungene Präsentation

a Schauen Sie sich die Fotos an. Was machen die Personen falsch? Beschreiben Sie.

b Was gehört Ihrer Meinung nach zu einer guten Präsentation? Sammeln Sie im Kurs.

2 Notizen beim Zuhören machen AB: F1–2

Lesen Sie die Tipps zum Notizenmachen und markieren Sie die wichtigsten Informationen.

1. Nähern Sie sich, wenn möglich, schon im Vorfeld dem Thema. Denn es ist hilfreich, schon etwas davon zu wissen oder einige Ideen dazu gesammelt zu haben.
2. Beim ersten Hören ist es gut, wenn Sie noch nichts notieren. Orientieren Sie sich: Worum geht es? Wer spricht eigentlich? Wie wird gesprochen? An welcher Stelle kommen die wichtigsten Informationen?
3. Überlegen Sie sich, wie ein Notizzettel zum jeweiligen Thema aussehen könnte.
4. Konzentrieren Sie sich beim zweiten Hören auf die wichtigsten Inhalte und notieren Sie sie.

3 Präsentieren und vortragen – aber richtig!

P DSH a Im Folgenden hören Sie den Vortrag „Präsentieren und vortragen, aber richtig! – 10 goldene Regeln".
Wie könnte Ihr Notizzettel aussehen? Tauschen Sie sich mit einem Partner / einer Partnerin aus.

P DSH
45–54 b Hören Sie nun den Vortrag. Welche Regel finden Sie besonders hilfreich?

P TD/DSH c Hören Sie die zehn Regeln noch einmal. Notieren Sie zu jedem Punkt ein Stichwort auf Ihrem Notizzettel, das Ihnen hilft, sich an die jeweilige Regel zu erinnern.

d Besprechen Sie in Gruppen mithilfe Ihrer Notizen, was Sie gehört haben, und ergänzen Sie ggf. die Notizen. AB: F3

P TD e Wie hält man Präsentationen in Ihrer Heimat? Gelten die Regeln auch dort? Tauschen Sie sich im Kurs aus.

4 Ein wunderbares Produkt! – eine Präsentation

a   Überlegen Sie sich allein ein Produkt, das Sie sehr nützlich finden, besonders schätzen und von dem Sie andere auch begeistern möchten.

b   Entscheiden Sie sich dann mit einem Partner/einer Partnerin für eines Ihrer Produkte und planen Sie eine ca. dreiminütige Produktpräsentation.

- Beschreiben Sie Ihr Produkt so, dass Sie andere davon überzeugen können.
- Arbeiten Sie dafür auch heraus, welche Funktion das Produkt hat und warum es besonders nützlich ist.
- Überlegen Sie sich, welche anderen Besonderheiten Ihr Produkt hat. Was zeichnet es vor vergleichbaren Produkten anderer Marken aus?
- Verknüpfen Sie die Informationen und überlegen Sie sich eine Gliederung. Überlegen Sie auch, ob jeder von Ihnen einen Teil der Präsentation halten möchte oder einer alleine dies tut.
- Nutzen Sie Medien zur Visualisierung, z.B. PowerPoint, Overhead-Folien, Handouts, Plakate, … und sprechen Sie die Zuhörerinnen und Zuhörer direkt an.
- Versuchen Sie, Ihr Produkt lebhaft vorzustellen. Die „10 goldenen Regeln" zum Präsentieren in 3b können Ihnen dabei helfen.

Mein Produkt
1. Beschreibung
2. Funktion
3. Nutzen
4. Sonstige Besonderheiten

c   Halten Sie Ihre Präsentation im Kurs. Folgende Redemittel helfen Ihnen.

> **beginnen:** Wir möchten Ihnen/euch … vorstellen.
>
> **demonstrieren:** Unser Produkt zeichnet sich durch … aus. | Ein besonderes Merkmal ist … | Es hat folgende Funktion: … | Es ist besonders nützlich, wenn … | Eine Besonderheit ist … | Auffällig ist besonders … | Von anderen Marken unterscheidet sich dieses Produkt durch …/dadurch, dass …
>
> **beenden:** Lassen Sie/Lasst mich zum Schluss noch sagen, dass … | Ich hoffe, Sie haben/ihr habt einen Überblick über die Besonderheiten von … erhalten. | Wenn Sie/ihr noch Fragen haben/habt, können Sie/könnt ihr sie jetzt gern stellen.

d   Stellen Sie im Anschluss Fragen zu den präsentierten Produkten. Folgende Redemittel helfen Ihnen.

> Was sind die Vorteile/Nachteile von …? | Mich würde noch interessieren, … | Können Sie/Kannst du noch etwas über/zu … sagen? | Kann ich das Produkt auch für … verwenden? | Aus welchem Material besteht das Produkt? | Was kostet …?

e   Analysieren Sie jeweils die Präsentationen. Gehen Sie dabei auf folgende Punkte ein.

- War der Aufbau logisch und die Argumentation schlüssig?
- Wirkten die Redner souverän und überzeugend?
- Konnten die Redner bei den Zuhörern Interesse oder sogar Begeisterung für das Produkt wecken?

> Die Präsentation hat mir (nicht so) gut gefallen, weil … | Den Aspekt … haben Sie/hast du gut erklärt. | Ich denke, der Gesichtspunkt/Punkt … hat gefehlt. | Zum Thema … wurde zu viel gesagt. | Man könnte z.B. … | Was halten Sie/hältst du von folgender Idee: …?

5A Arbeit

1 Nichts als Arbeit?

a Sprechen Sie über die Fotos oben. Was haben sie mit dem Thema „Arbeit" zu tun?

b Ordnen Sie jedem Bild zwei der folgenden Begriffe zu.

Atelier | Ausdauer | Bedienung | Betrieb | Beratung | Entspannen | Fabrik | Faulheit | Firma | Fleiß |
Flexibilität | Forschung | Gespräch | Gründlichkeit | Heimarbeit | Hilfe | Information | Interesse | Kontrolle |
Krankenhaus | Kreativität | Laden | Lernen | Organisation | Pflichtbewusstsein | Planung | Teamfähigkeit |
Selbstbewusstsein | Stolz | Unternehmen | Untersuchung | Verkauf | Werkstatt | Zuverlässigkeit | Praxis

c Ordnen Sie die Wörter in 1b in die Tabelle ein. **AB: A1–2**

Arbeitsorte	Tätigkeiten	Eigenschaften
Atelier,		

d Ergänzen Sie in der Tabelle in 1c weitere Wörter. Sie können auch ein einsprachiges Wörterbuch benutzen.

2 Berufe in Hülle und Fülle

a Suchen Sie in Gruppen für jeden Buchstaben des Alphabets (außer Q, X, Y) einen Beruf. Die schnellste Gruppe gewinnt.

A: Apotheker, B: …

b Wählen Sie einen Beruf aus Ihrer Liste und ordnen Sie diesem passende Wörter aus 1c zu.

3 Ist das Arbeit?

Überlegen Sie sich mit einem Partner / einer Partnerin Begründungen, ob die Situationen 1 bis 6 Arbeit sind oder nicht, und diskutieren Sie Ihre Argumente dann im Kurs.

1. Kursteilnehmer lernen ein Gedicht auswendig.
2. Ein Vogelpärchen baut sich ein Nest.
3. Katharina bereitet sich vier Stunden lang auf einen Biologietest vor.
4. Eine Arbeiterin näht sich nach Feierabend ein Kleid.
5. Eine Sängerin singt ihrem Kind ein Gute-Nacht-Lied vor.
6. Die Deutschlehrerin geht nach dem Kurs mit ihrer Klasse noch einen Kaffee trinken.

4 Was Arbeit bedeuten kann

a Welches Foto links oben passt zu welcher Person? Zu zwei Personen gibt es kein Foto. AB: A3

1. Maren leitet die Controlling-Abteilung in einem großen Unternehmen. Sie liebt diese verantwortungsvolle Tätigkeit und ist dafür auch bereit, auf Freizeit zu verzichten.
2. Gerd hat schon als Kind gern mit Holz gearbeitet. Inzwischen haben seine Frau und er eine eigene Schreinerei, in der sie individuelle Möbel und Küchen nach Maß anfertigen.
3. Anna malt und verkauft auch manchmal ein Bild. Aber von der Malerei kann sie nicht leben. Um ihren Lebensunterhalt zu verdienen, arbeitet sie als Verkäuferin. Aber sie hasst diese Tätigkeit.
4. Katja arbeitet mal als Reiseleiterin, mal verkauft sie Schmuck auf Märkten und ein andermal jobbt sie als Kellnerin.
5. Bernd lebt noch bei seinen Eltern. Er ist am liebsten zu Hause und sieht fern. Ab und zu jobbt er abends in einer Kneipe.
6. Lena ist bei der Stadtverwaltung beschäftigt. Sie hat sich diese Stelle ausgesucht, weil sie dort feste Arbeitszeiten hat und so Raum für ihre Freizeitaktivitäten bleibt.
7. Oliver ist Chefarzt an einer Universitätsklinik. Die Patienten verehren ihn, das Klinikpersonal macht alles, was er sagt, und in seiner Garage steht der neueste Mercedes. Deshalb liebt er seine Arbeit.
8. Sophie arbeitet vormittags in einer Gärtnerei, am Nachmittag hilft sie oft in einem Blumengeschäft aus oder arbeitet in ihrem Garten. Und am Abend näht und strickt sie.

Foto A ☐   Foto B ☐   Foto C ☐   Foto D ☐   Foto E ☐   Foto F ☐

b Welche Bedeutung hat für die Personen in 4a ihre Arbeit? Ordnen Sie die Aussagen zu.
Für zwei Personen gibt es keine Aussage.

A Mein Job ist schrecklich, aber man braucht schließlich Geld zum Leben.
Person: ....

C Meine Arbeit ist das Zentrum meines Lebens. Denn sie gibt mir alles, was ich brauche: Bestätigung und Geld.
Person: ....

E Ich muss immer etwas zu tun haben, sonst langweile ich mich.
Person: ....

B Ich habe meine Lieblingstätigkeit zu meinem Beruf gemacht und teile die Leidenschaft mit meiner Familie.
Person: ....

D Meine Arbeit ist für mich die Hauptsache: Ich arbeite 10 bis 12 Stunden am Tag und oft auch noch am Wochenende.
Person: ....

F Ich möchte mich frei fühlen, deshalb jobbe ich mal hier, mal dort. Aber eine feste Stelle – niemals!
Person: ....

c Welcher Aussage in 4b würden Sie persönlich zustimmen, welcher nicht? Warum?

d Definieren Sie für sich persönlich Arbeit. „Arbeit ist für mich ... Ich ..." Hängen Sie die Definitionen anonym auf und lesen sie die der anderen.

Welt der Arbeit

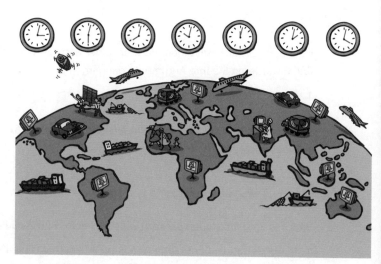

1 Rund um die Welt

Schauen Sie sich die Zeichnung an. Welche Aspekte von Globalisierung werden dort dargestellt? AB: B1

2 Arbeit in der Welt

a Erklären Sie folgende Wörter aus einem Zeitungs-kommentar zum Thema „Globalisierung". Benutzen Sie ggf. ein einsprachiges Wörterbuch.

| Multi | Mittelständler | Kleinstunternehmer | Produktionsstätte | Vertrieb |

| Standort | Wachstumsimpuls | Logistik | Vorprodukt | Kundendienst |

b Wählen Sie einen Titel, notieren Sie dazu ca. drei Assoziationen und tragen Sie Ihre Ideen im Kurs vor.

> Zu alt für den Arbeitsmarkt | Neue Märkte im Ausland | Wie der Traumjob Wirklichkeit wird |
> Frauen im Management | Jobverlust: In den Betrieben geht die Angst um | Die kleinen Globalisierer |
> Arbeit oder Familie | Arbeitswelt: Blick in die Zukunft | Die Globalisierung kostet Arbeitsplätze

c Lesen Sie auf der nächsten Seite einen Kommentar aus der Wochenzeitung „Die Zeit". Welche Überschrift aus 2b passt? Begründen Sie Ihre Meinung. Einigen Sie sich auf eine Überschrift und schreiben Sie sie über den Kommentar.

d Finden Sie die Bedeutung der Wörter, die im Zeitungsartikel auf der nächsten Seite markiert sind. Ergänzen Sie dazu jeweils die Spalten in einer Tabelle wie unten.

1. Wortart	2. Wortkombination	3. Bezug zu Text	4. Synonym	5. evtl. Wort / Begriff in der Muttersprache
investieren –> Verb	im Ausland investieren	Globalisierung, deutsche Mittelständler	Geld anlegen	
aufbauen –> ...				

e Lesen Sie den Kommentar auf der nächsten Seite noch einmal und beantworten Sie folgende Fragen. Notieren Sie Stichworte. AB: B2-3

1. Welche neue Tendenz gibt es bei den Globalisierern?
2. Was sind die Motive der Unternehmen, im Ausland zu investieren?
3. Welche Vorteile können sich aus der Globalisierung ergeben?
4. Auf welche Schwierigkeiten können die kleinen Globalisierer stoßen?
5. Welches Beispiel führen die Autoren an?

„Tragen Sie lieber einen massengefertigten Anzug, der Ihnen von einem pickligen Kerl im Warenhaus verkauft wird – oder einen maßgeschneiderten Anzug von einem Mann, für den Anzüge eine
5 lebenslange Passion bedeuten?" So wirbt der Hongkonger Schneider Raja Daswani alle paar Wochen in der New York Times und anderen amerikanischen Zeitungen. Wer Daswanis Dienste in Anspruch nehmen will, trifft ihn in einem
10 Hotelzimmer irgendwo in den Vereinigten Staaten, wird von ihm vermessen und fotografiert. Die Daten gehen per E-Mail nach Hongkong. Nach drei Wochen bekommt man den neuen Anzug per Kurier zugestellt – für ein Drittel des üblichen
15 Preises. Typisch Amerika? Falsch, die asiatischen Herrenausstatter kommen mittlerweile auch nach London und Frankfurt, um europäischen Bankern neue Westen zu verpassen.

20 Die Globalisierung wird klein. Nicht mehr nur große Multis agieren über Landesgrenzen hinweg, sondern auch Mittelständler und Kleinstunternehmer wie der geschäftstüchtige Schneider Daswani. Und die Bewegung geht nicht
25 nur in eine Richtung. Auch deutsche Mittelständler brechen in die Welt auf. Nach Ermittlungen der Deutsche Industrie- und Handelskammer (DIHK) haben in diesem Jahr insgesamt 40 Prozent der deutschen Industrieunternehmen den Entschluss
30 gefasst, im Ausland zu investieren – bei den mittelgroßen Industrieunternehmen (zwischen 200 und 999 Beschäftigte) ist es sogar jedes zweite.

Drei Motive treiben die Globalisierer an: Sie wollen
35 vor Ort einen eigenen Vertrieb oder Kunden-dienst aufbauen, sich über die Herstellung im Ausland Märkte erschließen und natürlich billiger produzieren. Die meisten wollen in die neuen EU-Länder, nach Osteuropa, dicht gefolgt von China.
40

Aber schadet der Mittelstand der deutschen Wirtschaft nicht, wenn er mehr Vorprodukte in aller Welt einkauft – oder gar selbst dort fertigt? Forscher haben über mehrere Jahre hinweg die
45 Motive für die Standortwahl im Ausland gründlich studiert: Dabei sind sie zu der Überzeugung gelangt, dass der Aufbau einer Auslandsproduktion keinesfalls eine Verringerung der Beschäftigung im Inland zur Folge haben muss. Im Gegenteil:
50 Wachstumsimpulse für den deutschen Betrieb sind durchaus wahrscheinlich. So expandierte der schwäbische Maschinenbauer Trumpf z. B. schon früh in die USA und eroberte dort den Markt. Auf diese Weise konnte er zu Hause
55 nicht nur Arbeitsplätze erhalten, sondern sogar neue schaffen. Hinzu kommt, dass multinationale Firmen im Schnitt deutlich produktiver sind als rein nationale Unternehmen. Denn sie haben mehr Zugang zu neuen Ideen, Design-Philosophien oder
60 Kundenwünschen.

Trotzdem sollten sich die kleinen Globalisierer in Acht nehmen. Zu Beginn muss man nämlich bis zu 40 Prozent des Umsatzes der neuen Produkte
65 aufwenden, um Logistik und Produktionsstätten aufzubauen und Mitarbeiter anzulernen. Oft sind zudem Experten aus der Heimat gefragt, um die Qualität zu sichern – die dann wiederum zu Hause fehlen. Die Mittelständler müssen also aufpassen,
70 nicht einfach einer Mode zu folgen.

von Thomas Fischermann, Uwe Jean Heuser,
Dietmar H. Lamparter (vom 14. April)

DSH 3 Kurzfassung

Fassen Sie den Text mithilfe Ihrer Antworten in 1e zusammen. Verwenden Sie dabei auch folgende Redemittel.

In dem Artikel „…" (Titel) aus … (Quelle) vom … geht es um … | Die Hauptaussage ist … |
Der Artikel „…" (Titel)… stammt aus … (Quelle) vom … | Darin geht es um … | Die Autoren führen folgende Gründe an … | Sie betonen / heben hervor, dass … | Als Beispiel nennen sie … |
Sie beschreiben aber auch … | Zusammenfassend lässt sich sagen: …

Arbeiten auf Probe

1 Generation Praktikum

a   Haben Sie Erfahrungen mit Praktika? Wenn ja, welche? Tauschen Sie sich im Kurs aus.

55–60   b   Hören Sie einen Ausschnitt aus einer Radioreportage zum Thema „Praktikum". Welche Sprecher sind eher positiv (+), welche eher negativ (–) eingestellt? Notieren Sie.

K. Berger Sprecherin	A. Scheu Praktikant	Dr. F. Bertram Soziologe	R. Höning Praktikantin	S. Wagner Praktikantin	H. von Perlow Unternehmer

DSH   c   Hören Sie die Radioreportage in 1b noch einmal und notieren Sie die positiven und die negativen Aspekte eines Praktikums, die genannt werden. AB: C1 ▶

2 Von der Generation Praktikum zur Generation Probezeit

a   Lesen Sie die Nachricht „Generation Probezeit" aus einer Fachzeitschrift. Zu welchen Fragen finden Sie eine Antwort im Text? Notieren Sie die Informationen.

1. Wie lange darf man in Deutschland jemanden befristet einstellen?
2. Wie viele Arbeitnehmer werden nach einem befristeten Arbeitsverhältnis übernommen?
3. Wie viel Prozent der jungen Arbeitnehmer sind nur befristet angestellt?
4. Wie wirken sich befristete Arbeitsverhältnisse auf die Unternehmen aus?
5. Was bedeutet ein befristetes Arbeitsverhältnis für junge Arbeitnehmer?

Die neuesten Zahlen des Statistischen Bundesamts zeigen: Die „Generation Praktikum" hat die nächste Stufe erreicht und wandelt sich zur „Generation Probezeit": Denn junge Arbeitnehmer werden meistens nur noch befristet eingestellt. Zwei Jahre sind gesetzlich erlaubt, dann müssen die Angestellten übernommen werden – oder auch nicht. Dies geschieht inzwischen in etwa 50 Prozent aller Fälle. Im Vergleich zu den 90er-Jahren, in denen die meisten unbefristet eingestellt wurden, sind heute fast 10 Prozent der gesamten arbeitenden Bevölkerung nur befristet angestellt. Bei den jungen Leuten ist es sogar jeder Zweite. Für einen großen Teil der jungen Arbeitnehmerschaft wird dadurch aus einem vorübergehenden, zeitlich begrenzten Arbeitsverhältnis ein Dauerzustand und damit das Fehlen von Zukunftsplänen zur Normalität. Eine Familie zu gründen, ein Haus zu bauen, sich an einem Ort auf Dauer niederzulassen – von diesen Zielen können viele inzwischen nur noch träumen.

b   Lesen Sie nun die Aussage eines jungen Arbeitnehmers und vergleichen Sie sie mit dem Nachrichtentext in 2a. Welche Informationen sind neu?

Nachdem ich zum Vorstellungsgespräch eingeladen worden war, hoffte ich: Diesmal ist alles anders. Aber es kam wie immer: Ich bin nur befristet eingestellt worden. Jetzt arbeite ich schon wieder ohne sichere Zukunftsperspektive. Wie soll das weitergehen? Ich verstehe das auch nicht: Nachteile gibt es doch nicht nur für mich, sondern auch für meinen Arbeitgeber: Bei jedem Wechsel muss ein Neuer eingearbeitet werden, und der Neue muss alles von Grund auf lernen. Und wenn er wieder geht, gehen die Erfahrungen und die Kontakte, die er gesammelt hat, für die Firma verloren. Das schadet doch auch der Firma!

TD   c   Wie ist die Situation in Ihrer Heimat? Welche Erfahrungen haben Sie persönlich oder Menschen, die Sie kennen, gemacht? Berichten Sie im Kurs.

G4.8 ③ Sprache im Mittelpunkt: Das Passiv

a Wann verwendet man Aktiv, wann Passiv? Lesen Sie die Sätze und ordnen Sie sie den Regeln zu. AB: C2

1. Junge Arbeitnehmer werden meistens nur noch befristet eingestellt.
2. Jetzt arbeite ich schon wieder ohne sichere Zukunftsperspektive.
3. Der Neue muss alles von Grund auf lernen.
4. Früher wurden befristete Arbeitsverhältnisse in der Regel schnell in unbefristete umgewandelt.

> Aktiv: Wichtig ist das „Agens", d.h., wer oder was etwas tut. → Sätze: ....
>
> Passiv: Der Vorgang ist wichtig, nicht das „Agens". → Sätze: ....

b Lesen Sie die Texte in 2a und b noch einmal und ergänzen Sie die Verbformen.

1. In 50% der Fälle ___*werden*___ die Angestellten nicht ___*übernommen*___. (übernehmen)
2. In den 90er-Jahren .... die meisten Arbeitnehmer unbefristet .... (einstellen)
3. Ich .... nur befristet .... (einstellen)
4. Ich .... zum Vorstellungsgespräch .... und hoffte im Anschluss: Diesmal ist alles anders. (einladen)

c Schauen Sie sich die Passivformen in 3b an und ergänzen Sie die Regeln. AB: C3

> 1. Passiv Präsens / Präteritum: konjugierte Form von „werden" + ...
>
> 2. Passiv Perfekt / Plusquamperfekt: konjugierte Form von „sein" + ... + „................".

d Passiv mit Modalverben. Markieren Sie in den Sätzen die Passivformen und kreuzen Sie die richtige Regel an. AB: C4

1. Nach zwei Jahren müssen die Angestellten übernommen werden.
2. Bei jedem Wechsel muss ein Neuer eingearbeitet werden.
3. Die neue Kollegin konnte erst nach einer langen Einarbeitung im Projekt eingesetzt werden.

> Das Passiv mit Modalverben (Präsens, Präteritum) bildet man so:
> **a** Modalverb im Präsens / Präteritum + Partizip Perfekt + „worden".
> **b** Modalverb im Präsens / Präteritum + Partizip Perfekt + „werden".

e Das „sein"-Passiv (Zustandspassiv): Welcher Satz drückt einen Zustand (Z) aus, welcher einen Vorgang (V)? Kreuzen Sie an und ergänzen Sie dann die Regel. AB: C5

1. Sarah wurde drei Monate lang eingearbeitet. Z V
2. Nun ist sie gut eingearbeitet. Z V
3. Als Ingo in die Firma kam, war Sarah schon eingearbeitet. Z V

> Das Zustandspassiv bildet man so: konjugierte Form von „sein" im Präsens / Präteritum + ...

f Was passt jeweils besser: Aktiv oder Passiv? Warum? Sprechen Sie im Kurs.

1. **a** Seit vielen Jahren stellen viele Unternehmen junge Leute nur noch befristet ein.
   b Seit vielen Jahren werden junge Leute nur noch befristet eingestellt.
2. **a** Carla hat in ihrem Praktikum viele Erfahrungen gemacht.
   b Viele Erfahrungen sind von Carla in ihrem Praktikum gemacht worden.

Arbeit gesucht

1 Bewerbung

a   Lesen Sie den Bewerbungsbrief und überprüfen Sie, ob er alle Teile eines Bewerbungsbriefes enthält.

> Betreff | Unterschrift | Anrede | Gruß | Datum | Absender | Empfänger | Bewerbungstext

---

Alexander Winkelmeier . Merkurstraße 138 . 40223 Düsseldorf

AF-BIOTECH
Personalabteilung
Claudia Kunz
Hamburger Allee 97
30159 Hannover

Praktikumsbewerbung: Bereich Marketing

Sehr geehrte Frau Kunz,

nach unserem gestrigen Telefongespräch sende ich Ihnen hiermit meine Bewerbungsunterlagen für ein Praktikum in Ihrem Unternehmen.

Zurzeit studiere ich an der Universität Düsseldorf Betriebswirtschaftslehre mit dem Schwerpunkt Marketing und werde mein Studium voraussichtlich Ende September abschließen. Aufgrund meiner Masterarbeit zum Thema „Produktbezogene Zielgruppenanalyse" und meiner bisherigen Praktika bei der Deutschen Bahn AG und bei Henkel Kosmetik verfüge ich bereits über Erfahrungen im Marketing-Bereich, insbesondere in der Marktforschung.

Da Sie ein Unternehmen sind, das im Marketing ganz neue Wege geht, würde ich meine Kenntnisse gern in Ihr Unternehmen einbringen und während des Praktikums erweitern. Besonders interessiert mich, dass ich als Praktikant aktiv an Marketingmaßnahmen mitarbeiten und Teilprojekte übernehmen kann.

Ich arbeite mich leicht in neue Aufgabenfelder ein, bin es gewohnt, selbstständig zu arbeiten, kann mich aber ebenso gut in ein Team integrieren.

Über die Einladung zu einem persönlichen Gespräch freue ich mich sehr.

Mit freundlichen Grüßen

Anlagen

---

b   Lesen Sie den Bewerbungsbrief in 1a noch einmal und beantworten Sie die Fragen.

1.   Warum möchte Alexander Winkelmeier ein Praktikum bei AF-Biotech machen?
2.   Wie begründet er, dass er für das Praktikum geeignet ist?

c   Untersuchen Sie die Sprache im Bewerbungsbrief in 1a und vergleichen Sie Ihre Ergebnisse im Kurs. **AB: D1**

• Unterstreichen Sie die Ausdrücke, die Sie in jedem Bewerbungsbrief benutzen können.
• Wie könnte man den ersten und den letzten Satz des Briefs anders formulieren?

◉ 61 **d** Hören Sie eine Nachricht der Personalchefin von AF-BIOTECH für Ihre Mitarbeiterin auf dem Anrufbeantworter. Korrigieren Sie folgenden Antwortbrief nach den Angaben der Personalchefin.

Hannover, 19.04.2012

Praktikum: Ihre Bewerbung

Sehr geehrter Herr Winkelmeier,

herzlichen Dank für Ihre Bewerbung. Wir freuen uns über Ihr Interesse an einem Praktikumsplatz.

Unsere Erwartungen an einen Praktikanten werden von Ihnen ja zum Großteil erfüllt: Sie haben ein wissenschaftliches Studium mit Schwerpunkt Marketing abgeschlossen. Sie beherrschen die gängigen MS-Office-Anwendungen (Excel, Word, PowerPoint) und haben, wie Sie geschrieben haben, auch Spaß an der Teamarbeit sowie an selbstständigem Arbeiten. Engagement, Flexibilität und Zuverlässigkeit werden selbstverständlich vorausgesetzt.

Es erwartet Sie eine abwechslungsreiche und verantwortungsvolle Tätigkeit in einem Team. Hier nochmals Ihre Aufgaben: Sie unterstützen das Marketingteam im Bereich Marktforschung, bei der Konzeption und Umsetzung von Marketingmaßnahmen, im operativen Tagesgeschäft (z. B. Direktmarketing, Beschwerdemanagement) sowie bei der Planung und Erstellung von Präsentationen. Dabei erhalten Sie einen Überblick über die täglichen Abläufe und die Möglichkeit, selbstständig und eigenverantwortlich Teilprojekte zu übernehmen.

Dauer des Praktikums: 3 Monate

Wann könnten Sie beginnen?

Mit freundlichen Grüßen

Carola Kunz

---

② Annoncen

a Welche der beiden Anzeigen kann von Alexander Winkelmeier stammen? Begründen Sie Ihre Antwort.

Ich suche ein Praktikum im Bereich Marketing.
Ich biete:
• BWL-Studium mit Schwerpunkt Marketing
• erste Erfahrungen im Online-Marketing
• gute Computerkenntnisse (MS-Office)
• Kommunikationsstärke und Teamfähigkeit
• hohe Motivation und Belastbarkeit
• praxisorientiertes Denken
• Fremdsprachenkenntnisse: Englisch sehr gut (C1), Französisch: gut (B2+), Spanisch: gut (B2)
Sonstiges:
Gerne würde ich in meiner Masterarbeit ein Thema bearbeiten, das sich aus dem Praktikum entwickelt.

Mein Profil:
• abgeschlossenes Studium der Betriebswirtschaftslehre mit Schwerpunkt Marketing / Marktforschung
• Englisch: fließend in Wort und Schrift (C2)
• Französisch: sehr gut in Wort und Schrift (C1+)
• sehr gute Kenntnisse in MS-Office, InDesign
• selbstständig und teamfähig
• flexibel, zuverlässig, engagiert
• belastbar
Ich suche ein praxisorientiertes Praktikum im Bereich Marketing. Besonders interessiere ich mich für die Bereiche Marktforschung und Marketingmaßnahmen, bin aber auch offen für andere Herausforderungen.

b Lesen Sie die Anzeigen in 2a noch einmal und besprechen Sie im Kurs, was typisch für Stellengesuche ist. `AB: D2a`

c Wie sehen solche Anzeigen in Ihrem Heimatland aus? Gibt es Unterschiede? Wenn ja, welche?

d Schreiben Sie eine Anzeige zu einem der folgenden Vorschläge. `AB: D2b–4`

• Praktikumsplatz gesucht   • Ferienjob gesucht   • Tandempartner gesucht

Freude an der Arbeit

1 Spaß bei der Arbeit?

a Schauen Sie sich die zwei Fotos rechts an und überlegen Sie, warum die Personen so zufrieden aussehen.

b Überlegen Sie in Gruppen, ob Arbeit Spaß machen kann oder muss. Besprechen Sie Ihre Ideen im Kurs.

62–64 c Hören Sie nun ein Interview mit Frau Professor Rain. Finden Sie Ihre Ideen wieder?

d Hören Sie das Interview in 1c noch einmal. Welche Behauptung hören Sie sinngemäß? Kreuzen Sie an. **AB: E1**

1. **a** Spaß bei der Arbeit ist vernünftig.
   b Spaß bei der Arbeit ist möglich.
   c Spaß bei der Arbeit ist unbedingt notwendig.

2. **a** „Spaß haben" bedeutet, etwas zielgerichtet tun.
   b Heute halten viele „Spaß haben" für einen wichtigen Aspekt im Leben.
   c Spaß kann man nur in der Freizeit haben.

3. **a** Eine schwierige Verhandlung zu führen, macht Spaß.
   b Um eine Verhandlung zu einem guten Ergebnis zu führen, sind Fachkenntnisse das wichtigste.
   c Seine Stärken bei einer schwierigen Verhandlung einzusetzen, bringt Freude.

4. **a** Freude an der Arbeit hat man, wenn man selbstbestimmt arbeiten kann und nicht zu viel Druck hat.
   b Freude an der Arbeit hat man nur, wenn der Beruf sozial angesehen ist.
   c Freude an der Arbeit hat man nur, wenn es keinen Druck gibt.

5. **a** Bei der Berufswahl soll man sich an dem orientieren, was einem leicht fällt.
   b Bei der Berufswahl soll man sich an dem orientieren, was einem Spaß macht.
   c Bei der Berufswahl soll man sich an dem orientieren, was einen nicht langweilt.

6. **a** Wenn man etwas ungern tut, tut man es auch immer schlecht.
   b Wenn man etwas gern tut, tut man es auch immer gut.
   c Wenn man etwas gut tut, tut man es häufig auch gern.

7. **a** Man soll sich darauf konzentrieren, gute Arbeitsergebnisse zu erzielen.
   b Man soll sich auf seine besonderen Fähigkeiten konzentrieren.
   c Man soll sich darauf konzentrieren, Stolz und Freude zu entwickeln.

2 Druck bei der Arbeit

a Was möchte der Chef, was möchte Ingo? Was könnte der Chef antworten?

> Das Projekt lässt sich nicht in zwei Monaten realisieren. Es ist wahrscheinlich in fünf Monaten zu realisieren.

> Das Projekt muss in zwei Monaten realisiert werden.

> Das Projekt ist aber in kürzester Zeit zu realisieren!!!

> Vielleicht ist es in vier Monaten realisierbar.

> …

b Kennen Sie ähnliche Situationen in der Schule, bei der Arbeit, in der Familie, …? Berichten Sie im Kurs.

○ G 4.8 **3** ## Sprache im Mittelpunkt: Passiversatzformen

a Schauen Sie sich noch einmal den Dialog zwischen Ingo und dem Chef in 2a an. Welche Bedeutung haben die Aussagen? Kreuzen Sie an.

1. Das Projekt lässt sich nicht in zwei Monaten realisieren.

   a Das Projekt kann nicht in zwei Monaten realisiert werden.

   b Das Projekt muss nicht in zwei Monaten realisiert werden.

2. Das Projekt ist aber in kürzester Zeit zu realisieren!

   a Das Projekt kann aber in kürzester Zeit realisiert werden!

   b Das Projekt muss aber in kürzester Zeit realisiert werden!

3. Das Projekt ist wahrscheinlich in fünf Monaten zu realisieren.

   a Das Projekt kann wahrscheinlich in fünf Monaten realisiert werden.

   b Das Projekt muss wahrscheinlich in fünf Monaten realisiert werden.

4. Vielleicht ist das Projekt in vier Monaten realisierbar.

   a Vielleicht kann das Projekt in vier Monaten realisiert werden.

   b Vielleicht muss das Projekt in vier Monaten realisiert werden.

b Markieren Sie in den Sätzen in 3a die Formen, die man für das Passiv mit den Modalverben „können" und „müssen" verwenden kann. Schreiben Sie die Passiversatzformen in die Tabelle. AB: E2 ▷

Passiv	Passiversatzform
mit „können"	
mit „können"	
mit „können" oder „müssen"	

c Ingo träumt von einem Streitgespräch mit seinem Chef. Formulieren Sie die Passivsätze in Sätze mit Passiversatzformen um. Wenn es mehrere Formulierungsmöglichkeiten gibt, probieren Sie sie aus.

Das Projekt muss bis Ende des Jahres abgeschlossen werden.

Fünf Monate können nicht finanziert werden.

Das Projekt kann auch ohne Sie umgesetzt werden.

4 ## Neuorientierung gesucht!

a Ingo hat die Lust an seiner Arbeit verloren. Schreiben Sie ihm eine Mail und versuchen Sie, ihm einen Rat zu geben. Berichten Sie über eigene Schwierigkeiten am Arbeitsplatz und mögliche Lösungen. Oder berichten Sie über die Tipps, die Sie im Interview in 1c gehört haben.

b Suchen Sie einen Partner / eine Partnerin, tauschen Sie Ihre Texte aus und geben Sie sich gegenseitig Tipps, wie man noch besser schreiben könnte. Achten Sie dabei auf: Struktur der Mail, Textzusammenhang, Ausdrucksvielfalt, Grammatik- und Rechtschreibfehler.

5F

Erst die Arbeit, dann das Vergnügen

① Bürotheater

a   Bürotypen und Büro-Utensilien. Ordnen Sie die Wörter unten den nummerierten Zeichnungen zu.

der Papierkorb | der Chef / die Chefin | die Kaffeemaschine | das Telefon | der Faulpelz | der Aktenvernichter | die Putzkolonne | der Drehstuhl | der Computer | die Besprechung | die rechte Hand des Chefs / der Chefin | das Schwarze Brett | die Quasselstrippe | die Keksdose für Besucher | der Kopierer

b   Im Büro arbeiten: Welche Typen und Situationen erkennen Sie? Erzählen Sie lustige Situationen aus dem Büroleben oder spielen Sie gemeinsam typische Büroszenen.

② Absprachen und Vereinbarungen – nicht nur im Büro

a   Überlegen Sie sich in Gruppen, was man alles bedenken muss, wenn man etwas vereinbart. Nehmen Sie hierfür folgende Situationen als Beispiel. Machen Sie Notizen und tauschen Sie sich dann im Kurs aus.

- Ihr Kollege erklärt Ihnen, was Sie während seiner Urlaubsreise für ihn erledigen sollen.
- Eine gute Freundin und Sie haben in der gleichen Woche Geburtstag und wollen zusammen eine Geburtstagsparty feiern.

b   Treffen Sie zu zweit Absprachen für eine der folgenden Situationen oder denken Sie sich selbst eine Situation aus. Die Redemittel unten können dabei nützlich sein. Stellen Sie einige Absprachen im Kurs vor. AB: F1 ▶

1. Ihre Nachbarn sind schon etwas älter und brauchen Hilfe bei der Gartenarbeit. Sie sind tagsüber nicht zu Hause, was immer wieder Probleme mit Postsendungen verursacht.
2. Sie sollen in Teamarbeit ein Referat schreiben. Ihr Partner hat noch keine Zeit und möchte, dass Sie schon ohne ihn anfangen.

etwas vereinbaren: Könnten Sie / Kannst du bitte … | Wäre es möglich, dass … | Es ist wirklich wichtig, dass … | Wenn Sie … machen / du … machst, übernehme ich … | Vergessen Sie / Vergiss bitte nicht … | Notieren wir doch mal…
nachfragen: Was verstehen Sie / verstehst du unter…? | Sie möchten / Du möchtest also, dass…? | Gibt es sonst noch etwas, was wir klären müssen?
zum Abschluss kommen: Dann machen Sie / mach es so. | So könnte es gehen. | Ich werde es versuchen. | Fehlt noch etwas? | Haben wir nichts vergessen?

③ Arbeit und Müßiggang

a Lesen Sie die Sprichwörter und sortieren Sie sie: Welche loben mehr die Arbeit, welche mehr die Faulheit, welche räumen beiden Seiten ihren Platz ein? AB: F2 ▷

Lob der Arbeit: Sprichwort Nr. ....

Lob der Faulheit: Sprichwort Nr. ....

Beide haben ihren Platz: Sprichwort Nr. ....

1 Erst die Arbeit, dann das Vergnügen!

3 Was du heute kannst besorgen, das verschiebe nicht auf morgen.

6 Wer nicht richtig faulenzen kann, kann auch nicht richtig arbeiten.

2 Genieße froh die Tage, des Augenblickes Gunst; richtig dosierte Faulheit ist ein Stück Lebenskunst.

4 Müßiggang ist aller Laster Anfang.

7 Nach getaner Arbeit ist gut ruh'n.

9 Für den Fleißigen hat die Woche sieben Heute, für den Faulen sieben Morgen.

5 Nichtstun ist die schwierigste Tätigkeit und zugleich diejenige, die am meisten Geist erfordert.

8 Fleiß bringt Brot – Faulheit Not.

10 Arbeit, Müßigkeit und Ruh schließt dem Arzt die Türe zu.

b Lesen Sie in 3a noch einmal die Sprichwörter, in denen die Faulheit kritisiert wird. Warum wird die Faulheit kritisiert? Welche Aspekte werden genannt?

c Sammeln Sie Sprichwörter zu diesem Thema aus Ihrer Heimat. Stellen Sie sie im Kurs vor und vergleichen Sie sie. Welche Unterschiede, welche Parallelen gibt es?

④ Lob der Faulheit

a Lesen Sie den Anfang eines Textes über die Faulheit und schreiben Sie ihn weiter.

Ohne Faulheit kein Fortschritt! Weil der Mensch zu faul war zu rudern, erfand er das Dampfschiff.

Weil er zu faul war zu ...., erfand er ....·

Weil er zu faul war zu ...., erfand er ....·

b Lesen Sie das Gedicht von Lessing. Worin liegt die Komik des Gedichts? AB: F3 ▷

Lob der Faulheit

Faulheit jetzo will ich dir
Auch ein kleines Loblied bringen. –
O – wie – sau – er – wird es mir, –
Dich – nach Würden – zu besingen!
Doch, ich will mein Bestes tun,
Nach der Arbeit ist gut ruhn.

Höchstes Gut, wer Dich nur hat,
Dessen ungestörtes Leben –
Ach! – ich – gähn – ich – werde matt –
Nun – so – magst du – mir's vergeben,
Dass ich Dich nicht singen kann;
Du verhinderst mich ja dran.

Gotthold Ephraim Lessing (1729–1781)

● 65   **c**   Lesen Sie das Gedicht in 4b laut. Achten Sie dabei auch auf die Gedankenstriche. Sie können das Gedicht auch hören.

Streiten oder kooperieren?

1 Wenn zwei sich streiten ...

66 a Hören Sie ein Gespräch. Wie wirken die Gesprächsteilnehmer auf Sie? Kreuzen Sie an. `AB: A1–2`

♀ ♂ selbstkritisch	♀ ♂ kompromissbereit
♀ ♂ rechthaberisch	♀ ♂ streitsüchtig
♀ ♂ unhöflich	♀ ♂ verständnisvoll

b Drei der vier Aussagen sind korrekt. Welche? Kreuzen Sie an.

☐ 1. Ausgangspunkt der Diskussion ist der Verlust des Portemonnaies.

☐ 2. Christian hilft Andrea bei der Suche nach dem Geldbeutel.

☐ 3. Andrea hat Christian dabei geholfen, seine Kreditkarte wiederzubekommen.

☐ 4. Andrea wirft Christian und sich selbst vor, unordentlich zu sein.

c Welchen Rat würden Sie Andrea und Christian geben, wie sie den Streit beilegen können? Überlegen Sie mit einem Partner / einer Partnerin und vergleichen Sie dann Ihre Vorschläge im Kurs.

2 Was bringt Sie auf die Palme?

a Welche der Zeichnungen A bis F oben passt zu welchem Ausdruck? Notieren Sie. `AB: A3`

☐ 1. Das bringt mich echt auf die Palme.

☐ 2. Da ist er einfach explodiert.

☐ 3. Warum gehst du denn immer gleich in die Luft?

☐ 4. Da hat sie vor Wut gekocht.

☐ 5. Bist du sauer auf mich?

☐ 6. Da ist mir der Kragen geplatzt.

b Erstellen Sie eine Zeichnung zu einer Redewendung aus Ihrer Heimat. Die anderen raten, wie sie heißen könnte.

c Welche Konfliktsituationen sind Ihnen in Ihrem Leben besonders in Erinnerung geblieben? Berichten Sie.

3 Alles klar?

a Wie würden Sie in folgenden Situationen reagieren? Arbeiten Sie mit einem Partner / einer Partnerin.

A. Bei Ihrer Geburtstagsfeier fällt einem Ihrer Gäste unabsichtlich der Teller mit Oliven auf den Teppichboden.

B. Sie rufen eine gute Freundin an. Gleich zu Beginn des Telefongesprächs sagt sie: „Ich bin heute nicht zum Reden aufgelegt."

C. Sie wollen einer Freundin gemeinsam mit einem Freund ein Geburtstagsgeschenk machen. Heute ist die Geburtstagsfeier. Ihr Freund wollte das Geschenk besorgen, hat es aber vergessen.

67-69 b Hören Sie die Dialoge A bis C. Wie schätzen Sie die Reaktionen ein?

	wenig verständnisvoll	einigermaßen verständnisvoll	sehr verständnisvoll
Dialog A	☐	☐	☐
Dialog B	☐	☐	☐
Dialog C	☐	☐	☐

c Nehmen Sie zu den Reaktionen in den Dialogen A bis C Stellung. Haben die Personen angemessen reagiert?

d Hören Sie die Dialoge A bis C in 3b noch einmal. Welche der Sätze 1 bis 10 werden sinngemäß verwendet? Kreuzen Sie an.

☐ 1. Das ist mir jetzt wirklich peinlich. [v] [w]

☐ 2. Jetzt ist es sowieso zu spät. [v] [w]

☐ 3. Das tut mir echt leid. [v] [w]

☐ 4. Sei mir bitte nicht böse. [v] [w]

☐ 5. Reiß dich zusammen! [v] [w]

☐ 6. Ist schon in Ordnung. [v] [w]

☐ 7. Das ist ja furchtbar. [v] [w]

☐ 8. Das ist doch nicht so schlimm. [v] [w]

☐ 9. Das kann doch jedem passieren. [v] [w]

☐ 10. Reg dich doch nicht so auf! [v] [w]

e Wie schätzen Sie die Wirkung der Sätze 2 und 5 bis 10 in 3d allgemein ein? Kreuzen Sie an: „v" = verständnisvoll, „w" = weniger verständnisvoll.

f Hören Sie die Dialoge A bis C in 3b noch einmal, achten Sie auf die Intonation und üben Sie die Sätze in 3d.

4 Wie verständnisvoll sind Sie?

a Lesen Sie die Situationen und suchen Sie sich mit einem Partner / einer Partnerin eine Situation aus. Überlegen Sie sich, wie verständnisvoll Sie reagieren möchten, und schreiben Sie einen Dialog auf. [AB: A4]

Ein Freund wollte Sie über das Wochenende besuchen. Sie haben sich dafür das ganze Wochenende frei gehalten. Am Donnerstag sagt er seinen Besuch ab, weil sich bei ihm unerwartet Freunde aus Kanada angemeldet haben.

Sie möchten heute Abend in Ihrer WG gemeinsam kochen. Ihre Mitbewohnerin wollte einkaufen. Als Sie am Abend nach Hause kommen, hat Ihre Mitbewohnerin noch nichts eingekauft.

Ein Freund hat sich Ihr Auto geliehen und hat beim Einparken ein anderes Auto geschrammt.

b Spielen Sie Ihren Dialog im Kurs vor. Die anderen hören zu und erörtern, ob / wie Sie Verständnis gezeigt haben.

Konfrontation oder Verständigung?

1 Wenn die Fetzen fliegen

a Worum könnte es in einem Zeitungskommentar mit der Überschrift „Wenn die Fetzen fliegen" gehen? Tauschen Sie sich im Kurs aus.

b Lesen Sie den Kommentar einmal schnell und besprechen Sie in Gruppen, ob sich Ihre Vermutungen darin wiederfinden. AB: B1

Wenn die Fetzen fliegen

1 [A] Die Hamburger werden immer streitsüchtiger. Das geht aus den neuesten Hochrechnungen der Justizbehörde hervor. Danach klagen immer mehr Bürger vor dem Amtsgericht und vor den Sozial-
5 gerichten. Die Fakten sind alarmierend:

[B] Nach der Statistik hatte allein das Amtsgericht in den ersten drei Quartalen dieses Jahres 50.441 neue Zivilverfahren. Zum Vergleich: Noch vor drei Jahren waren es 44.774.

10

2 [C] Diese Zahlen belegen, was wir alle wissen: Alle Menschen streiten – wortreich, schweigend, strategisch, impulsiv, laut, unfair. Meist schließen wir einen Kompromiss, um einen Disput – zumindest vorerst –
15 auf Eis zu legen. Doch es gibt auch Situationen, die von vornherein viel Konfliktpotential in sich tragen.

[D] So können uns, laut Dr. Neumann, Diplompsychologe aus Hamburg, gerade Ereignisse wie Ge-
20 burtstage, Jubiläen oder Beerdigungen besonders feindlich stimmen. Ein Fest wie Weihnachten zum Beispiel, das man in der Regel mit Nächstenliebe und Kompromissbereitschaft verbindet, ist in seinen Augen hervorragend als Rahmen für einen
25 heftigen Wortwechsel geeignet, denn: „Zu Weihnachten erhofft man sich viel voneinander, es soll so richtig schön und harmonisch sein. Werden diese übertriebenen Vorstellungen nicht erfüllt, kracht es schneller als gedacht."
30

3 Aber nicht immer werden Differenzen offen ausgetragen. [E] Die direkte Auseinandersetzung, der ganz große Krach scheint in unserer Gesellschaft eher unerwünscht zu sein. Wer kann sich nicht erinnern, als Kind ein wohlgemeintes „Wer schreit, hat 35 Unrecht" oder „Der Klügere gibt nach" aus dem Mund der Eltern gehört zu haben?

[F] Dabei haben Streitigkeiten sowohl im Privat- als auch im Berufsleben auch ihr Gutes. Sie zeigen nämlich, an welchem Punkt es Probleme gibt. Oft 40 erzeugen erst Konflikte den notwendigen Druck für Veränderungen. Außerdem lernen wir uns selbst unter Stress und Konkurrenzdruck am besten kennen. Denn wir sehen, was uns verletzt oder ärgert, welche Rolle wir in Konfliktsituationen übernehmen. 45 Gleichzeitig bieten Meinungsverschiedenheiten die Chance, Offenheit, Schlagfertigkeit, Einfühlungsvermögen und Verhandlungsgeschick zu schulen. Und um sich bei einem Streit nicht vor seinem Gegenspieler zu blamieren, zwingt man sich dazu, Entschei- 50 dungen sorgfältiger zu überdenken. So findet man oft bessere, kreativere Lösungen.

4 Am Ende bleibt die Frage: [G] „Wie streite ich am besten?" Am wichtigsten ist es, so der Psychologe 55 Neumann, auf Sprache und Ton zu achten und eine positive Atmosphäre zu schaffen. „Denn wer laut wird und immer nur seinen eigenen Standpunkt durchsetzen will, trägt zur Eskalation bei."

[H] Um eine gemeinsame Lösung zu finden, sollten 60 die Streitenden darauf verzichten, sich gegenseitig die Schuld zu geben; viel besser wäre es, dem anderen mitzuteilen, was man sich wünscht."

Anne Roth

c   Notieren Sie alle Nomen im Kommentar in 1b, die eine Auseinandersetzung beschreiben.

der Disput, ...

d   Hauptaussagen erkennen: Im Kommentar in 1b sind jeweils zwei Wortgruppen pro Textabschnitt hervorgehoben.
Welche ist die Hauptaussage des Abschnitts? Einigen Sie sich in Gruppen auf eine Lösung und begründen Sie Ihre Wahl
im Kurs.

Textabschnitt 1	Textabschnitt 2	Textabschnitt 3	Textabschnitt 4
A B	C D	E F	G H

⚷ 2 Textzusammenhang erkennen

DSH a   Lesen Sie die Kurzfassung der ersten zwei Absätze des Kommentars in 1b. Unterstreichen Sie die Wörter bzw. Satzteile
im Text, auf die sich die markierten Wörter beziehen. AB: B2

> Die Hamburger werden immer streitsüchtiger. Das geht aus den neuesten Statistiken hervor. Danach klagen immer
> mehr Bürger vor Gericht: Letztes Jahr waren es über 50.000 neue Zivilverfahren. Im Vergleich dazu waren es noch vor
> drei Jahren 44.774. Diese Zahlen belegen: Alle Menschen streiten gern und oft. In der Regel versuchen wir, einen
> Kompromiss zu schließen, aber manchmal fällt uns das besonders schwer. Zum Beispiel an Weihnachten. Denn da
> erhofft man sich, dass alles so richtig schön und harmonisch ist. Wird dies nicht erfüllt, gibt es leicht Streit.

b   Wenn es die markierten Wörter nicht gäbe, was würde an ihrer Stelle stehen? Wieso ist der Text in 2a in der jetzigen
Form besser lesbar?

c   Formulieren Sie die markierten Wörter bzw. Satzteile um und verbessern Sie so den Stil in der Kurzfassung der
Abschnitte 3 und 4 des Kommentars in 1b.

> Nicht immer werden Differenzen offen ausgetragen. Denn [1] Differenzen offen auszutragen scheint in unserer
> Gesellschaft eher unerwünscht zu sein. Im Gegensatz zur öffentlichen Meinung haben Streitigkeiten aber auch ihr
> Gutes. [2] Streitigkeiten zeigen nämlich, an welchem Punkt es Probleme gibt. Denn oft erzeugen erst Konflikte den
> notwendigen Druck für Veränderungen. Außerdem lernen Menschen sich unter Stress und Konkurrenzdruck am besten
> kennen und schulen so gleichzeitig Einfühlungsvermögen und Verhandlungsgeschick [3] der Menschen. In der
> Auseinandersetzung findet man zudem oft bessere Lösungen. [4] Für das Finden besserer Lösungen ist es aber wichtig,
> dass man sich richtig streitet. Der Psychologe Neumann weist [5] auf die Tatsache hin, dass man aber zunächst lernen
> muss, mitzuteilen, was man sich wünscht.

DSH 3 Eigene Meinung ausdrücken

Schreiben Sie einen Text zum Thema „Streiten – gut oder schlecht?" (ca. 180 Wörter).
Gehen Sie dabei auf folgende Punkte ein. AB: B3

- Schreiben Sie eine kleine Einleitung zum Thema.
- Was spricht für den Standpunkt, dass Streit schlecht ist und man ihn vermeiden sollte?
- Was spricht für die Ansicht, dass Streit helfen kann?
- Geben Sie Ihre persönliche Meinung zum Thema wieder.

Streit um jeden Preis

1 Ich würde gern mal mit Ihnen sprechen ...

● 70 a Hören Sie zunächst die Ansage zu einem Gespräch. Worum geht
es? Was vermuten Sie, wie wird das Gespräch verlaufen?

● 71 b Hören Sie nun das Gespräch und beantworten Sie die Fragen.

> 1. Welches Problem hat Frau Wald?
> 2. Welches Problem hat Herr May?

Ⓟ DSH c Hören Sie das Gespräch in 1b noch einmal und machen
Sie Notizen zu den Argumenten von Frau Wald und
Herrn May.

Argumente von Frau Wald	Argumente von Herrn May

d Geben Sie die Argumente von Frau Wald und Herrn May schriftlich wieder und kommentieren Sie sie dabei.
Die Redemittel helfen Ihnen. `AB: C1–3c`

> **Einleitung:** In dem Gespräch geht es um Folgendes: ...
> **Hauptteil:** Frau X ist der Meinung, dass ..., Herr Y aber argumentiert, dass ... | Das Argument von Frau X / Herrn Y
> überzeugt (mich) mehr, denn ... | Ich halte dieses Argument für besser, weil ... | Ich kann der Argumentation von
> Frau X / Herrn Y eher folgen, weil ...
> **Schluss:** Meiner Ansicht nach sind die Argumente von Frau X / Herrn Y insgesamt besser, weil ... | Zusammenfassend
> lässt sich die Situation folgendermaßen bewerten: ... | Deshalb ist Frau X / Herr Y im Recht. | Daher sollten die
> beiden ... | Also wäre es sicher gut, wenn ...

e Tauschen Sie Ihre Argumentation mit einem Partner / einer Partnerin und korrigieren Sie sich inhaltlich und sprachlich.
Die Tipps im Arbeitsbuch helfen. `AB: C3d`

● G 3.7, 4.10 2 Sprache im Mittelpunkt: Irreale Bedingungssätze – Gegenwart / Vergangenheit

a Lesen Sie die Sätze und ordnen Sie sie zu.

> 1. Herr May müsste nicht zu Hause arbeiten,
> 2. Hätte Herr May genug Geld,
> 3. Frau Wald müsste keinen Anwalt kontaktieren,
> 4. Wenn Frau Wald nicht so oft gestört würde,

> A. wenn Herr May nicht so laut wäre.
> B. könnte er eine Werkstatt mieten.
> C. würde sie sich nicht beschweren.
> D. wenn es keine Kurzarbeit gäbe.

> 1. [D]
> 2. [ ]
> 3. [ ]
> 4. [ ]

b Wie sieht die Realität zu den Sätzen in 2a aus? Notieren Sie. Was passiert mit den in 2a markierten Wörtern?
Wie verändert sich Satz 2? Sprechen Sie im Kurs. `AB: C4`

> 1. *Es gibt Kurzarbeit, daher muss Herr May zu Hause arbeiten.*
>
> 2. ....
>
> 3. ....
>
> 4. ....

c Vergleichen Sie die Sätze in 2a und b. Markieren Sie dafür die Verbformen und was die Sätze sonst unterscheidet.
Was fällt auf? Kreuzen Sie an.

> 1. Mit irrealen Bedingungssätzen (Konditionalsätzen) macht der Sprecher eine Aussage über etwas Unwirkliches.
>   • Das bedeutet, dass die Bedingung im Nebensatz [a] erfüllt ist. [b] nicht erfüllt ist.
>   • Das bedeutet auch: [a] Die Folge wird realisiert. [b] Die Folge wird nicht / nur vielleicht realisiert.
> 2. In irrealen Bedingungssätzen steht das Verb im Konjunktiv II
>   [a] nur im Hauptsatz. [b] nur im Nebensatz. [c] im Haupt- und Nebensatz.
> 3. Irreale Bedingungssätze kann man auch ohne „wenn" bilden: Der Nebensatz steht dann [a] vorne. [b] hinten.
>   Das Verb im Nebensatz steht dann auf [a] Position 1. [b] Position 2.

d Was wäre gewesen, wenn ... und was ist wirklich passiert? Lesen Sie die Sätze, markieren Sie die Verbformen und
schreiben Sie dann auf, was in Wirklichkeit geschehen ist.

1. Wenn Herr May nicht zu Frau Wald gekommen wäre und sich entschuldigt hätte, hätte sie den Anwalt kontaktiert.

   Herr May ist zu Frau Wald gekommen und ...   *Sie hat ...*
   ....

2. Hätten die beiden nicht ihren Streit beendet, wäre es zum Prozess gekommen.

   ....

3. Wenn ein Prozess geführt worden wäre, hätte sich das Verhältnis der Nachbarn noch mehr verschlechtert.

   ....

e Ergänzen Sie zuerst die Wenn-Sätze in der Gegenwart Aktiv und Passiv mithilfe der Beispielsätze aus 2a, dann den Rest
der Tabelle mithilfe der Sätze aus 2d. Was fällt auf? Ergänzen Sie die Regeln. AB: C 5–9 ▶

Realität – Indikativ		Irrealität – Konjunktiv II
Aktiv		**Aktiv**
Präsens	Es gibt Kurzarbeit. Herr May hat nicht genug Geld. Herr May ist so laut.	*Wenn es keine Kurzarbeit gäbe*
Präteritum Perfekt Plusquamperf.	Herr May kam und entschuldigte sich. Herr May ist gekommen und hat sich entschuldigt. Herr May war gekommen und hatte sich entschuldigt.	} *Wenn ...*
Passiv		**Passiv**
Präsens	Frau Wald wird so oft gestört.	*Wenn ...*
Präteritum Perfekt Plusquamperf.	Es wurde kein Prozess geführt. Es ist kein Prozess geführt worden. Es war kein Prozess geführt worden.	} *Wenn ...*

> 1. Irreale Bedingungssätze (Konditionalsätze) der Vergangenheit im Aktiv bildet man so: .... oder
>   .... + Partizip Perfekt.
> 2. Irreale Bedingungssätze der Vergangenheit im Passiv bildet man so: „wäre" + ... + „worden".

f Bilden Sie irreale Bedingungssätze. Ergänzen Sie auch eigene Beispiele.

> Streit mit Nachbarin haben | sich gestritten haben | so wütend gewesen sein | ...

Verhandeln statt streiten

1 Konflikte am Arbeitsplatz und anderswo

a Warum gibt es so viele Konflikte zwischen Menschen? Sammeln Sie Gründe.

(P) DSH **b** Lesen Sie den Zeitungskommentar über Konflikte am Arbeitsplatz. Finden Sie einige „Ihrer Gründe" aus 1a wieder? Beantworten Sie dann die Fragen unten. **AB: D1**

> ### Konfliktherd Arbeitsplatz
>
> Ein „beliebter" Ort für Konflikte ist der Arbeitsplatz. Denn schließlich spielt sich dort fast ein Drittel unseres Lebens ab. Und wenn man so viel Zeit mit anderen verbringt, sind Konflikte kaum zu vermeiden. Die Gründe hierfür sind ebenso vielfältig wie im Privatleben, und häufig geht es dabei um ganz banale Dinge: Der Kollege kommt ständig zu spät zur Arbeit, ist sehr langsam und behindert so den gesamten Arbeitsprozess. Die Kollegin macht viele Fehler, weil sie alles an sich reißt und superschnell sein möchte, um mit ihrem Einsatz beim Teamleiter zu glänzen. Der Teamleiter wiederum lobt seine Untergebenen nie und sucht bei Problemen immer nur nach einem Schuldigen. Er möchte nämlich beim Abteilungsleiter gut dastehen, der jedoch seine Versprechen nicht hält und nicht organisieren kann.
>
> Ein weiteres Spannungsfeld ergibt sich daraus, dass Menschen unterschiedlich mit Problemen umgehen. Der eine traut sich nicht, einen Konflikt anzusprechen, und leidet stumm. Ein anderer macht auf ein Problem aufmerksam, aber da dies ohne Konsequenzen bleibt, fühlt er sich im Stich gelassen. Und der Dritte sucht die Auseinandersetzung, stößt auf Widerstand und die Fronten verhärten sich.
>
> Wir wissen heute, dass hinter Konflikten häufig Bedürfnisse oder Ängste von Mitarbeitern und Vorgesetzten stehen, die nicht angesprochen werden oder den Betroffenen manchmal auch gar nicht bewusst sind. Wichtig ist es daher, mithilfe unbeteiligter Dritter den Ursachen der Konflikte auf den Grund zu gehen und Lösungen zu erarbeiten, die die Bedürfnisse der Einzelnen soweit wie möglich berücksichtigen.
>
> Felix Dahm

1. Welche Gründe für Konflikte am Arbeitsplatz werden genannt?
2. Wie gehen Menschen mit den Konflikten um?
3. Welcher Lösungsvorschlag wird am Ende gemacht?

(P) TD **c** Wie geht man in Ihrer Heimat mit Konflikten um? Trägt man diese eher offen aus oder versucht man, sie zu vermeiden? Und Sie selbst, wie verhalten Sie sich?

2 „Ja, aber ..."

a Überlegen Sie sich in Gruppen, wie man bei einem Konflikt am besten vorgeht. Bringen Sie die Begriffe in die richtige Reihenfolge.

> Konflikt erkennen / Argumente abwägen | Lösung festhalten | die Beteiligten anhören | Lösungsvorschläge machen

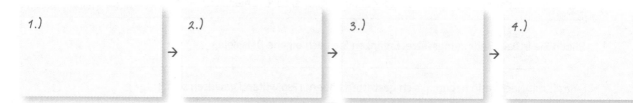

1.) → 2.) → 3.) → 4.)

72 **b** Hören Sie die Diskussion in einer Werbeagentur und vergleichen Sie den Gesprächsablauf mit Ihrer Lösung in 2a. Stimmt der Gesprächsablauf überein?

c Hören Sie die Diskussion in 2b noch einmal und notieren Sie die Argumente der Gesprächsteilnehmer.

Georg – Kontakter: ....

Katja – Werbetexterin: ....

Nico – Grafiker: ....

d Ordnen Sie die Redemittel aus der Diskussion in 2b in die Tabelle ein. `AB: D2` ▸

> Ich sehe nicht ein, dass … | Ich kann auf keinen Fall …, denn … | Das leuchtet ein. | Das wäre eine gute Lösung. |
> Ich schlage vor, dass … | Da muss ich widersprechen. | Da haben Sie / hast du recht. | Das geht auf keinen Fall. |
> Was halten Sie / haltet ihr von folgender Lösung? | Das ist ein guter Vorschlag. | Das könnte ein Ausweg sein. |
> Das klingt sehr gut. | Damit bin ich einverstanden. | Ich habe ein Problem damit, dass … | Gut, dann machen wir
> es so. | Das ist keine Lösung.

Standpunkt darlegen	zustimmen	widersprechen

Lösung vorschlagen	Lösung akzeptieren	Lösung ablehnen

3 Lösungen finden – Kompromisse aushandeln

a Arbeiten Sie zu dritt. Wählen Sie eine der folgenden Situationen aus und verteilen Sie die Rollen: Vertreter bzw. Vertreterinnen zweier gegensätzlicher Interessen und eine Person, die vermittelt.

1. In einer kleinen Firma möchten beide Vertriebsmitarbeiter in den Osterferien gleichzeitig in Urlaub fahren. Einer hat schulpflichtige Kinder und ist daher an die Schulferien gebunden. Der andere möchte mit Freunden verreisen, die nur zu dem Termin können, außerdem ist er in den letzten Jahren wegen der Kollegen noch nie an Ostern verreist. Es verhandeln: die beiden Kollegen und ein Teamleiter.

2. In einer WG von drei jungen Berufstätigen möchte ein Mitbewohner eine Putzhilfe engagieren. Das würde 120 Euro pro Monat kosten. Der andere ist dagegen. Dem dritten ist es egal. Es verhandeln: die beiden Mitbewohner und der dritte Mitbewohner als Vermittler.

3. Im Sprachenzentrum der Universität soll die freie Nutzung des Selbstlernzentrums zeitlich eingeschränkt werden, denn es gibt jetzt weniger Geld, um die Betreuer zu finanzieren. Es verhandeln: ein Sprecher der Studenten, ein Vertreter der Leitung des Sprachenzentrums, ein Fachberater als Vermittler.

b Überlegen Sie sich Argumente und führen Sie dann die Auseinandersetzung. Begründen Sie Ihren Standpunkt und versuchen Sie, am Ende eine Lösung zu finden. Verwenden Sie auch die Redemittel aus 2d.

Gemeinsam sind wir stark

① Kennen Sie die Bremer Stadtmusikanten?

Rekonstruieren Sie im Kurs die wichtigsten Stationen des Märchens. Die Stichworte helfen Ihnen dabei.

> Bauernhof — Esel — zu alt zum Säckeschleppen — weggehen — Plan: Stadtmusikant in Bremen werden — Hund — zu müde zum Jagen — gemeinsam weitergehen — Katze — kann keine Mäuse mehr fangen — Hahn — soll für die Sonntagssuppe geschlachtet werden — zu viert weiterwandern — in der Nacht im Wald ein Räuberhaus entdecken — schreien, bellen, miauen, krähen — Räuber fliehen — glücklich in neuem Zuhause

② Vier Porträts: Die Sorgen und Wünsche der Tiere

Wer sagt was? Ordnen Sie zu.

Sätze Nr. _3 a – d_   Sätze Nr. ....   Sätze Nr. ....   Sätze Nr. ....

1. a. Wenn ich jünger wäre, würde ich weiter die Säcke zur Mühle tragen.
   b. Wäre ich jünger, hätte ich noch genügend Kraft, die Säcke zu tragen.
   c. Wenn ich doch jünger wäre!
   d. Hätte ich bloß genügend Kraft!
2. a. Wenn ich nicht so müde wäre, würde ich schnell wie ein Hase laufen.
   b. Liefe ich schnell wie ein Hase, würde mein Herr mich noch auf die Jagd mitnehmen.
   c. Wenn ich doch nur auf die Jagd dürfte!
   d. Liefe ich doch so schnell wie früher!
3. a. Wenn ich nicht alle Zähne verloren hätte, könnte ich noch Mäuse fangen.
   b. Könnte ich noch Mäuse fangen, hätte ich ein angenehmes Leben.
   c. Wenn ich doch nicht alle Zähne verloren hätte!
   d. Könnte ich doch bloß noch Mäuse fangen!
4. a. Wenn morgen nicht Sonntag wäre, müsste die Bäuerin kein Festessen kochen.
   b. Wollte die Bäuerin keine Suppe kochen, würde ich morgen nicht geschlachtet werden.
   c. Wenn doch nicht Sonntag wäre!
   d. Müsste die Bäuerin nur kein Festessen kochen!

③ Die Bremer Stadtmusikanten – ein Erlebnisbericht

a Schauen Sie sich noch einmal die Stichworte aus 1 an und sammeln Sie in Gruppen Details, mit denen Sie die einzelnen Stationen ausschmücken können.

> Esel = fühlt sich alt und frustriert, will aber noch etwas erleben, ist kommunikativ, …
>
> Wald = finster, gefährlich, einsam, Weg schwer zu finden

b Schreiben Sie das Märchen in Ihrer eigenen Fassung auf. Sie können auch eine moderne Version erfinden.

G 4.10 **④ Sprache im Mittelpunkt: Irreale Wunschsätze**

a Lesen Sie die Sätze in 2 noch einmal und vergleichen Sie jeweils die Satztypen a, b, c und d. Was fällt auf? Notieren Sie die Satznummern.

1. Diese Sätze drücken einen irrealen Wunsch aus: ....

2. Diese Sätze drücken eine irreale Bedingung und Folge aus: ....

> **Tipp**
> Irreale Wunschsätze verstärkt man oft mit den Modalpartikeln „bloß", „doch", „nur".

b Markieren Sie jeweils in den Sätzen c und d in Aufgabe 2 die Verben im Konjunktiv II und „wenn". Was fällt auf? Kreuzen Sie an. `AB: E1`

> Irreale Wunschsätze kann man auf zwei Arten formulieren:
> 1. mit „wenn" am Satzanfang + konjugiertem Verb im Konjunktiv II   **a** auf Position 2.   **b** am Satzende.
> 2. ohne „wenn", mit dem konjugierten Verb im Konjunktiv II   **a** auf Position 1.   **b** am Satzende.

G 3.13 **⑤ Sprache im Mittelpunkt: Irreale Vergleichssätze mit „als" oder „als ob"**

a Die vier Stadtmusikanten im Wald vor dem Räuberhaus. Lesen Sie den Text und markieren Sie die Vergleiche.

Das Haus im Wald ist hell erleuchtet, als ob dort Leute wohnen würden. Tatsächlich: Einige Männer sitzen drinnen am Tisch. Es scheint so, als wären sie reiche Leute, denn auf dem Tisch stehen volle Teller und gut gefüllte Weingläser. Sie sehen aber auch wild und gefährlich aus, als ob sie vor nichts und niemandem Angst hätten. Plötzlich aber stimmen Esel, Hund, Katze und Hahn gleichzeitig ihre „Musik" an und die Männer erschrecken, als wären sie kleine Kinder. Sie laufen so schnell davon, als wäre ihnen der Teufel begegnet. Und die vier Musikanten setzen sich vergnügt an den Tisch zum Essen.

b Sehen Sie sich noch einmal die Vergleiche im Text in 5a an und lesen Sie die Regeln. Eine Regel ist falsch. Welche? Kreuzen Sie an. `AB: E2`

> ☐ 1. Mit „als" oder „als ob" drückt man irreale Vergleiche aus.
>
> ☐ 2. Nach „als" oder „als ob" steht das Verb im Konjunktiv II.
>
> ☐ 3. Nach „als ob" steht das konjugierte Verb am Satzende.
>
> ☐ 4. Nach „als" und „als ob" darf man den Konjunktiv II der Vergangenheit nicht verwenden.
>
> ☐ 5. Nach „als" steht das konjugierte Verb auf Position 2.

⑥ Projekt: Theater spielen

Spielen Sie das Märchen „Die Bremer Stadtmusikanten" im Kurs.

- Verteilen Sie die Rollen: die vier Tiere, die Räuber, die ehemaligen Besitzer der Tiere.
- Überlegen Sie sich, was die einzelnen Figuren sagen bzw. machen könnten.
- Spielen Sie nun das Stück im Kurs.

Pro und Contra

1 Allein nach Berlin oder lieber nicht?

a   Lesen Sie folgende Situation. Welchem Standpunkt würden Sie zustimmen? Überlegen Sie sich Argumente.

Lisa (17) aus Münster möchte in den Osterferien mit ihrer besten Freundin Mara (17) drei Tage nach Berlin fahren. Sie wollen sich die Stadt anschauen und abends ins Kino und auch mal tanzen gehen. Übernachten möchten sie in der Jugendherberge. Lisa jobbt seit letztem Jahr und hat sich etwas Geld zusammengespart, sodass sie die Reise auch selbst bezahlen kann. Lisas Eltern sind dagegen, weil sie der Auffassung sind, dass Lisa zu jung und Berlin zu gefährlich ist, besonders auch weil die Mädchen dort niemanden kennen. Lisa jedoch ist der Meinung, dass sie und ihre Freundin alt genug sind, ohne Begleitung eines Erwachsenen zu verreisen.

b   Sammeln Sie Ihre Argumente in Gruppen und notieren Sie sie auf Zettel. Ordnen Sie dann im Kurs alle Zettel nach pro und contra und nach Argumenten.

c   Lesen Sie nun die Erörterung einer Schülerin zum Thema in 1a und markieren Sie die Pro- und Contra-Argumente. Vergleichen Sie diese mit Ihren Argumenten in 1b. Wo gibt es Gemeinsamkeiten, wo Unterschiede?

Lisa möchte zusammen mit ihrer Freundin Mara ein paar Tage nach Berlin fahren. Sie wollen sich die Stadt anschauen und abends ins Kino oder auch mal in einen Club gehen. Lisa und Mara sind beide 17 Jahre alt und vertreten den Standpunkt, dass sie alt genug sind, ein paar Tage ohne Begleitung eines Erwachsenen zu verreisen. Die Eltern von Lisa sind gegen diese Reise. Sie finden, dass Lisa dafür zu jung ist. Außerdem sind sie dagegen, dass Lisa und Mara nach Berlin fahren, wo sie niemanden kennen und wo ihnen daher leichter etwas passieren könnte. In dieser Situation stellt sich die Frage: Wer hat die besseren Argumente?

Das wichtigste Argument, das gegen die Reisepläne von Lisa spricht, ist die Tatsache, dass Lisa noch nicht volljährig ist. Dies bedeutet nämlich, dass die Eltern noch die Aufsichtspflicht über ihre Tochter haben. Wenn Lisa also während ihres Aufenthalts in Berlin etwas passieren würde, könnten sie gegebenenfalls haftbar gemacht werden. Gegen dieses Argument der Eltern und damit für Lisas Reisepläne spricht, dass Lisa mit ihren 17 Jahren kein kleines Kind oder eine unreife Jugendliche ist, sondern sozusagen schon erwachsen ist. Da Lisa in wenigen Monaten volljährig wird, darf sie spätestens dann ohnehin allein verreisen. Und diese paar Monate machen keinen Unterschied. Daher sollten die Eltern ihrer Tochter schon jetzt die Reise erlauben. Außerdem würden sie Lisa zeigen, dass sie ihr vertrauen, und ihr so die Chance geben, zu zeigen, dass man sich auf sie verlassen kann. Ein anderer wichtiger Einwand der Eltern gegen die Reise ihrer Tochter ist, dass sie Berlin als Stadt zu gefährlich finden, und Angst haben, dass dem Mädchen dort etwas zustößt. Berlin ist im Verhältnis zu einer Stadt wie Münster riesig groß, sehr unübersichtlich und bietet Tausende von Abwechslungen und damit auch Gefahren. Dagegen kann man anführen, dass man Gefahren überall begegnen kann. Auch in kleineren Städten kann man belästigt oder sogar überfallen werden. Entscheidend ist doch letztlich, ob Lisa und Mara so reif sind, dass sie nicht einfach mit Fremden mitgehen, nicht jedes Angebot annehmen, also in der Lage sind, „Nein" zu sagen. Dies müssen sie aber auch zu Hause beherrschen, denn falschen Freunden kann man überall begegnen. Um etwas beruhigter zu sein, könnten die Eltern mit ihrer Tochter vereinbaren, dass sie sich täglich meldet. So wären sie auf dem Laufenden und würden ihrer Tochter gleichzeitig zeigen, dass sie an sie denken.

Wenn man die Argumente, die für und gegen Lisas Reisepläne sprechen, miteinander vergleicht, kann man nur sagen, dass mehr für als gegen die Reise nach Berlin spricht. Meiner Überzeugung nach ist Lisa alt genug, alleine mit Mara eine solche Reise zu unternehmen.

d Markieren Sie in der Erörterung in 1c alle Redemittel, die helfen, die Erörterung zu strukturieren.

e Analysieren Sie nun den Aufbau der Erörterung in 1c.

1. Gibt es eine Einleitung? Wenn ja, worum geht es darin?
2. In welcher Reihenfolge kommen die Pro- und Contra-Argumente? Warum?
3. Gibt es einen Schlussteil? Wenn ja, was enthält er?

② Ich bin doch kein Kind mehr!

a Wie ist Ihre Meinung zu der Aussage „Jugendliche sollten möglichst früh eigene Wege gehen dürfen".
Diskutieren Sie in Vierergruppen.

- Zwei Personen sammeln jeweils vier Argumente für diese Aussage, die zwei anderen jeweils vier Argumente dagegen; schreiben Sie je ein Argument auf eine Karte.
- Dann vereinbart jede Zweiergruppe, welche drei (!) Argumente sie verwenden will.
- Diskutieren Sie nun das Thema zu viert.

⒫ DSH

b Schreiben Sie nun eine kleine Erörterung zum Thema. Lesen Sie zur Vorbereitung die folgenden Hinweise und benutzen Sie die Redemittel unten. AB: F1 ▶

Einleitung:	liefert allgemeine Information zum Thema, schließt mit der zentralen Fragestellung ab
Hauptteil:	Pro-Contra-Argumentation in geordneter Form:
	entweder 1. alle Argumente der Gegenseite
	2. alle eigenen Argumente
	oder 1. Argument der Gegenseite ⎫ im Wechsel
	2. eigenes Argument ⎭
	Argumente begründen, am besten durch ein Beispiel verdeutlichen und Schlussfolgerungen aufzeigen
Schluss:	eigene Stellungnahme mit kurzer Begründung (keine Wiederholung der Erörterung im Hauptteil)

Einleitung:

In dieser Situation stellt sich die Frage: … | Daraus ergibt sich die Frage … | Dies führt zu der Frage …

Hauptteil

pro	contra
für … spricht	gegen … spricht
dafür spricht, dass …	dagegen spricht, dass …
das Hauptargument / wichtigste Argument für … / dafür ist …	das Hauptargument / wichtigste Argument gegen … / dagegen ist …
ein weiteres Argument für … ist …	ein weiteres Argument gegen … ist … / ein weiterer Einwand ist …
die einen befürworten … / sind für … / sind dafür, dass …	die anderen lehnen ab … / sind gegen … / sind dagegen, dass …

Schlussteil:

Ich bin der Meinung / Ansicht / Auffassung / Überzeugung, dass … | Meiner Meinung / Ansicht / Auffassung / Überzeugung nach … | Ich beurteile dieses Problem folgendermaßen / wie folgt: …

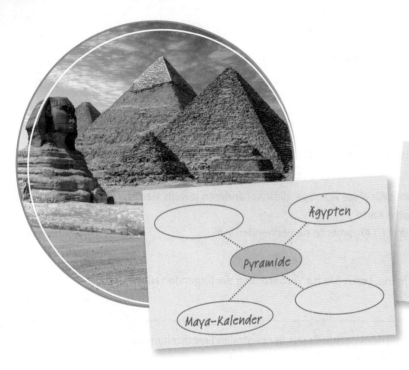

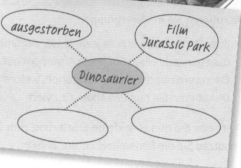

Wissen und Können

① Wissen des Einzelnen – Wissen der Gemeinschaft

a Sehen Sie sich die Assoziogramme oben an, ergänzen Sie sie in Gruppen und vergleichen Sie Ihre Ergebnisse im Kurs. `AB: A1–2`

b Arbeiten Sie mit einem Partner / einer Partnerin und gestalten Sie jeweils ein Assoziogramm.

- Notieren Sie in der Mitte einen Begriff zu einem Thema, über das Sie beide etwas wissen, und ca. zwei Stichworte.
- Tauschen Sie Ihr Assoziogramm mit einem anderen Paar und ergänzen Sie jeweils weitere Stichworte. Besprechen Sie sie dann mit dem anderen Paar.

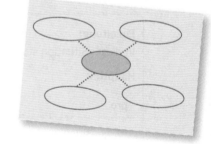

c Besprechen Sie im Kurs, welche Erfahrung Sie bei 1a und 1b gemacht haben.

② Was ist Wissen?

a Wie würden Sie „Wissen" definieren? Sammeln Sie im Kurs.

b Lesen Sie die Lexikoneinträge zum Begriff „Wissen". Welche Unterschiede gibt es zwischen ihnen? Besprechen Sie sie mit einem Partner / einer Partnerin.

A

Wissen (*individuell*): Gesamtheit der Kenntnisse, die jemand (auf bestimmten Gebieten) hat. Wissen (*kollektiv*): das sich ergänzende Teilwissen aller Mitglieder einer Gemeinschaft.

B

Als **Wissen** bezeichnet man Erkenntnisse, die man mit anderen teilt und die als gesichert angesehen werden. Man grenzt Wissen von Erfahrung, Empfinden, Meinen und Glauben ab. Wir unterscheiden mindestens drei Formen des Wissens: „Wissen-dass", „Wissen-von" und „Wissen-wie".

C

Das Wort „**Wissen**" stammt von dem althochdeutschen Wort „wizzan" („gesehen haben") ab. Eine gebräuchliche und populäre Definition von Wissen lautet wie folgt: Wissen bezeichnet das Netz aus Kenntnissen, Fähigkeiten und Fertigkeiten, die jemand zum Lösen einer Aufgabe einsetzt.

ⓟ DSH   c   Lesen Sie die Lexikoneinträge in 2b noch einmal und entscheiden Sie, ob die Aussagen richtig (r)
oder falsch (f) sind. [AB: A3]

1. Es gibt keine allgemein gültige Definition des Begriffs „Wissen".   r   f
2. Wissen ist immer Spezialwissen in einem bestimmten Bereich.   r   f
3. Wissen unterscheidet sich von Erfahrung und Meinung.   r   f
4. Es gibt unterschiedliche Formen des Wissens.   r   f
5. Das kollektive Wissen ist die Gesamtheit des individuellen Wissens.   r   f
6. Es gibt kein Wissen ohne Fertigkeiten.   r   f

③ Wissen und Können – Ein Gespräch mit Prof. Artur Fischer

a   Schauen Sie sich die Fotos an. Was ist darauf dargestellt? Was kann man mit diesen Dingen tun?

🔊 73-74   b   Hören Sie ein Interview mit Prof. Artur Fischer, der mehr als 1.000 Erfindungen gemacht hat,
DSH/TD   und beantworten Sie die Fragen.

1. Was hält Artur Fischer für notwendig, wenn man etwas erfinden möchte?
2. Wie konnte er so viele nützliche Dinge erfinden?
3. Wovon hängt es letztlich ab, ob man ein erfolgreicher Erfinder wird?
4. Welche Voraussetzungen sind sonst noch wichtig?

④ Wie erwirbt man Wissen?

a   Betrachten Sie die Fotos. Welche Formen des Wissenserwerbs stellen sie dar? Sprechen Sie im Kurs.

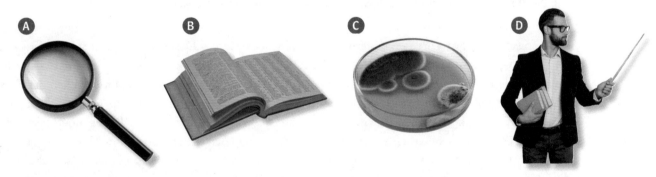

b   Interviewen Sie sich gegenseitig darüber, welches Wissen Sie wie erworben haben (z.B. in Familie, Schule, Ausbildung
oder im täglichen Leben).

> **Fragen stellen:** Worin kennen Sie sich / kennst du dich besonders gut aus? | Können Sie mir sagen,
> wie Sie dazu gekommen sind? / Kannst du mir sagen, wie du dazu gekommen bist?
> **nachfragen:** Könnten Sie / Könntest du das genauer erklären? | Könnten Sie / Könntest du das noch
> einmal erläutern? | Wie haben Sie / hast du das genau gemacht?

Was Tiere wissen

① Tierisch schlau

a   Wählen Sie in Gruppen ein oder zwei Tierarten aus dem Schaubild oben aus und sprechen Sie darüber, welche Formen des Wissens man ihnen zuordnen kann.

b   Sammeln Sie Beispiele für die Wissensformen.

c   Stellen Sie Ihre Beispiele im Kurs vor und sprechen Sie darüber.

② Von Affen, Vögeln und anderen Geistesgrößen

a   Lesen Sie den ersten Teil eines Berichts über Ergebnisse der zoologischen Forschung und überlegen Sie, welcher der folgenden Sätze die Hauptaussage am besten wiedergibt. Kreuzen Sie an.

☐ 1. Tropische Vogelarten, Kraken und Bienen besitzen besondere Fertigkeiten.

☐ 2. Die Wissenschaft sucht nach dem letzten Beweis für die Intelligenz von Affen.

☐ 3. Die Stars der zoologischen Intelligenzforschung haben Konkurrenz bekommen.

Tropische Mangrovenreiher ködern Fische mit Hilfe von Regenwürmern oder Beeren. Kraken-Exemplare lernen zum Beispiel, mit zwei ihrer acht Arme Gläser mit Drehverschluss zu öffnen. Und Bienen wiederum können ihren Artgenossen mit Hilfe von Tänzen zeigen, wo eine Futterquelle liegt. Dass Kopffüßler, Vögel, Bienen und sogar Seesterne über Fähigkeiten verfügen, die Forscher mit dem Ausdruck „kognitive Leistung" beschreiben, gehört zu den erstaunlichen Neuigkeiten der zoologischen Forschung. Denn so, wie man schon vor Jahrzehnten der mentalen Leistung von Menschenaffen auf die Spur kommen wollte, untersuchen die Zoologen heute die kognitive Kompetenz bei einer Vielzahl von Tieren. „Vor zehn Jahren noch war man sich einig, dass Affen für die Intelligenzforschung etwas Besonderes sind", sagt die amerikanische Zoologin Dorothy Cheney. „Doch es gibt keinen Beweis, dass sich ihre Intelligenz von der anderer Tiere grundsätzlich unterscheidet".

b   Überfliegen Sie die drei Textauszüge auf der nächsten Seite. Wovon handeln sie? Notieren Sie die passende Textnummer.

☐ Werkzeuge   ☐ Lernen   ☐ Konstruktion

c   Lesen Sie die Textauszüge noch einmal. Welche der vier Wissensformen in 1a werden beschrieben? `AB: B1`

Anders als Affen und Delfine blieben Kraken lange Zeit von der Wissenschaft unentdeckt. Doch mittlerweile zählt man sie zu den intelligentesten wirbellosen Tieren. In einem Experiment stellten Verhaltensforscher fest, dass sich ein Oktopus ohne größere Anstrengung in einem Labyrinth zurechtfindet. Artgenossen, die in einem Aquarium nebenan gehalten wurden, erwarben dieses Wissen, indem sie den Lernprozess des Versuchstieres durch die Glasscheiben beobachteten.

Der afrikanische Webervogel gilt als der Stararchitekt unter den Vögeln. Für das angeborene Talent gibt es jedoch eine simple Erklärung: Der gefiederte Baumeister kann ein Weibchen nur durch ein kunstvolles Nest gewinnen. Aber anders als bei den meisten Vogelarten hängt es von einem Zweig herunter. Darin besteht die erste Herausforderung: Ein Grashalm muss mit einem Knoten versehen werden. An ihm hängt später das ganze Nest.

Fast die Hälfte seiner Nahrung gewinnt der Spechtfink von den Galapagos-Inseln dadurch, dass er seinen Schnabel geschickt verlängert. Dabei nimmt er einen Kaktusstachel zur Hilfe und zieht damit leckere Käferlarven aus den Astlöchern. Auch ein im Labor aufgezogener Fink zeigte ähnliche Fertigkeiten: Als man ihm ein Insekt in einer Plastikröhre vorsetzte, versuchte er zuerst, den Happen mit dem Schnabel aus dem Röhrchen zu fischen. Als dies erfolglos blieb, griff er zu einem Zweig, um an das begehrte Insekt zu kommen.

◑ G 3.10 ③ **Sprache im Mittelpunkt: Wie man etwas tut – modale Nebensätze und Angaben**

a   Geben Sie kurze Antworten mit den Informationen aus den drei Texten in 2c.

   1. Wie fand sich der Oktopus bei einem Versuch in einem Labyrinth zurecht?

   ....

   2. Auf welche Weise fanden Artgenossen den Weg aus dem Labyrinth?

   ....

   3. Wie kann der afrikanische Webervogel ein Weibchen gewinnen?

   ....

   4. Auf welche Weise gewinnt der Spechtfink einen großen Teil seiner Nahrung?

   ....

   5. Wie versuchte der Spechtfink zuerst, einen Happen aus einem Röhrchen zu fischen?

   ....

b   Markieren Sie in Ihren Antworten in 3a die Wörter, die einen modalen Nebensatz einleiten oder in einer modalen Angabe verwendet werden. Schreiben Sie sie in die Tabelle. AB: B 2–5 ▷

Hinweis	Nebensatz	Präposition
auf ein Hilfsmittel, eine Methode oder eine Strategie		
darauf, dass etwas nicht geschieht oder nicht nötig ist	*ohne dass ...* *ohne ... zu ...*	

c   Wie helfen Sie sich? Beschreiben Sie in zwei oder drei Sätzen, wie Sie bei der Arbeit im Haushalt oder in anderen Alltagssituationen vorgehen.

Wissen teilen

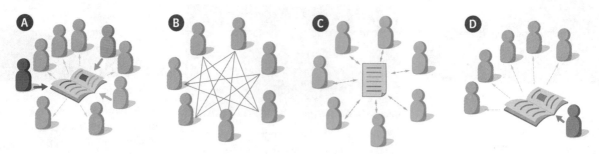

1 Moderne Informationsgesellschaft

a Welche Zeichnung oben stellt welchen Begriff dar? Notieren Sie.

[C] 1. Autorenplattform   [ ] 2. Diskussionsforum   [ ] 3. Blog   [ ] 4. soziales Netzwerk

b Was verbinden Sie mit den Begriffen in 1a? Sammeln Sie in Gruppen und sprechen Sie dabei auch über folgende Fragen.

- Wer schreibt für diese Medien und von wem werden die Informationen gelesen?

- Sind diese Möglichkeiten, Gedanken auszutauschen oder anderen gesammelt zur Verfügung zu stellen, für Ausbildung oder Beruf geeignet? Begründen Sie Ihre Ansicht.

2 Wissen teilen – ein wichtiger Erfolgsfaktor im Unternehmen

(P) TD/DSH **a** Arbeiten Sie zu zweit. Jeder wählt eine Grafik aus und beschreibt sie dem Partner / der Partnerin. Die Redemittel unten helfen. AB: C1–2 ▸

1

Welche Möglichkeiten sind für Sie wichtig, Ihr Fachwissen zu erhalten? Mehrfachantworten sind möglich.

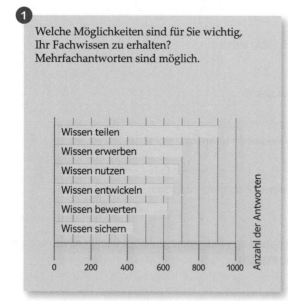

2

Welche Kommunikationsmittel nutzen Sie, um mit anderen Fachleuten Informationen und Wissen auszutauschen? Mehrfachantworten sind möglich.

| E-Mail |
| Internet |
| Datenbanken |
| Telefon |
| Videokonferenz |
| Meetings auf Tagungen |
| Meetings auf Messen |
| Internetforen, Blogs |

0   200   400   600   800   1000   1200   1400

Anzahl der Antworten

Thema nennen: Mein Schaubild gibt Antworten auf die Frage,… | Bei meinem Schaubild geht es um Folgendes: …
Grafik beschreiben: Für die Befragten steht / stehen … an erster Stelle, gefolgt von … | Zu den häufig genannten Aspekten / Kommunikationsmitteln gehören … | Weit weniger wichtig ist / sind …
Schlussfolgerung: Für mich geht aus dem Schaubild klar hervor, dass … | Das Schaubild lässt folgenden Schluss zu: …

b Halten Sie es für wichtig, Ihr Wissen mit anderen zu teilen? Wenn ja, wie machen Sie das? Wenn nein, warum nicht?

c Lesen Sie die Ankündigung einer Fortbildungsveranstaltung zum Web 2.0 und überlegen Sie sich, welche der in Grafik 2 genannten Kommunikationsmittel hier angesprochen werden. `AB: C3`▸

Unternehmen 2.0

Das Internet ist nicht nur eine technische, sondern auch eine soziale Innovation. Denn es hat in den vergangenen Jahren unsere Kommunikationsmöglichkeiten massiv erweitert. Was sind die Inhalte des sogenannten Web 2.0, wie werden diese genutzt und wie können wir sie in Unternehmen praktisch einsetzen?

In unserem Seminar behandeln wir
- Grundlagen und Methoden des Web 2.0
- Einsatz des Web 2.0 in Unternehmen

Zielgruppe:
Das Forum richtet sich an Ingenieure und Führungskräfte aus mittelständischen Industrieunternehmen, die daran interessiert sind, Wissen als wichtige Ressource systematisch zu erfassen, und die ihre Innovationsfähigkeit steigern möchten.

Kosten: 480,- €
Veranstaltungsort: Haus der Wirtschaft

---

d Lesen Sie, was Teilnehmer der Tagung in 2c in einem Diskussionsforum zu der Veranstaltung geschrieben haben, und notieren Sie die Argumente.

◀ ▶　　　　　　　　　　　　　　　　　　　　　　　　　　　　　　　_ □ ✕

Ⓐ Das Wissen – auch das Fachwissen – war noch nie so allgemein zugänglich wie über das Internet. Zusätzlich das Wissen der Mitarbeiter zu sammeln und zu dokumentieren, halte ich schlicht für überflüssig.　　　U. W.

Ⓑ Es reicht wohl nicht, dass ich als erfahrener Ingenieur jeden Tag meine Fachkompetenz in diverse Projekte einbringe. Jetzt soll ich auch noch meine kostbare Arbeitszeit dafür verschwenden, irgendwelche Datenbanken zu „füttern".　　　F. P.

Ⓒ In unserem Fachgebiet erneuert sich das Wissen so rasant, dass wir dringend darauf angewiesen sind, dass jeder den anderen an seinem Teilwissen partizipieren lässt – zum Nutzen aller!!!　　　H. R.

Ⓓ Gestern noch waren wir froh, sowohl unserer Konkurrenz als auch unseren Geschäftspartnern gegenüber einen Wissensvorsprung zu haben. Wer garantiert mir denn, dass uns mit dem Verteilen unseres Wissens nicht irgendein Partner die Show stiehlt – heute kopiert doch sowieso schon jeder jeden.　　　S. D.

Ⓔ Die Tage der Datenbanken sind längst vorbei – mit Videokonferenzen, gemeinsamen redaktionellen Schreibumgebungen im Netz sind wir schon viel flexibler geworden. Die Vernetzung des Wissens läuft doch schon weltweit. Jetzt heißt es: mitmachen, sonst werden wir abgehängt.　　　P. L.

A. Fachwissen allgemein zugänglich, ...

e Wählen Sie zwei gegensätzliche Argumente aus und schreiben Sie einen eigenen Forumsbeitrag. Nehmen Sie darin Stellung und vergessen Sie nicht, Begründungen bzw. Beispiele zu finden.

> **Einleitung:** In den Forumsbeiträgen geht es um Folgendes: ...
> **Hauptteil:** ... ist der Meinung, dass ... | ... führt als Argument an, dass ... | Das Argument ... halte ich für besser, weil ... | Der Meinung von ... kann ich nicht zustimmen, weil ...
> **Schluss:** Ich teile die Ansicht/die Auffassung von ..., denn ... | Grundsätzlich lässt sich sagen, dass ...

f Tauschen Sie Ihren Text mit einem Partner/einer Partnerin. Ist der Text klar strukturiert? Sind die Argumente gut begründet? Ist der Text sprachlich korrekt? Stellen Sie einen Text im Kurs vor. `AB: C4`▸

Das möchte ich können

1 „Können" – was meinen Sie eigentlich damit?

a Lesen Sie die sechs Überschriften von Zeitungsmeldungen unten. Welche der Bedeutungen (A, B, C) sind darin „versteckt"? Es kann mehr als eine Bedeutung sein.

A die Möglichkeit oder die Gelegenheit (nicht) haben

B das Recht oder die Erlaubnis (nicht) haben

C die Kraft, die Fähigkeit (nicht) haben, / etwas (nicht) gut tun, weil man die Fähigkeit (nicht) erworben hat

1. Stefan R.: Mit 50 den Traum von der eigenen Firma realisiert   *A/C*

2. Umbaupläne für das Schloss in letzter Minute gestoppt   ....

3. Tag der offenen Tür im Luft- und Raumfahrtzentrum   ....

4. Gut Kopfrechnen mit neuer Trainingsmethode   ....

5. Sport- und Musikkurse für viele Jugendliche zu teuer   ....

6. Fahrradmitnahme im Bus verboten   ....

b Formulieren Sie die Sätze in 1a mithilfe des Modalverbs „können" um. `AB: D1–2`

1. Stefan R. konnte mit 50 den Traum von der eigenen Firma realisieren.

2. ....

c Was möchten Sie gut können? Wie könnten Sie das lernen? Tauschen Sie sich mit einem Partner / einer Partnerin aus.

2 Lebenslanges Lernen – ein Gespräch mit dem Hirnforscher Prof. Hüther

a Überlegen Sie sich, was die Voraussetzungen für lebenslanges Lernen sind, und diskutieren Sie in Gruppen folgende Thesen.

1. Sture Menschen lernen schwer.
2. Ältere Menschen können nicht gut lernen, weil ihr Gehirn nicht mehr anpassungsfähig ist.
3. Die wichtigsten Voraussetzungen fürs Lernen sind Geduld und Fleiß.
4. Man lernt nur, wenn man von einer Sache begeistert ist.
5. Am besten lernt man in seiner gewohnten Umgebung.
6. Um den Lernerfolg zu steigern, sollte man auch den Körper trainieren.
7. Der Austausch mit anderen Menschen hilft beim Lernen.

b ⏺ 75–76   Ⓟ DSH   Hören Sie das Gespräch mit Prof. Hüther und machen Sie sich Notizen zu den Aussagen in 2a. Achtung: Einige Thesen geben das Gesagte falsch wieder. `AB: D3`

c Vergleichen Sie in Gruppen Ihre Notizen. Hören Sie dann das Gespräch in 2b noch einmal und ergänzen Sie, wenn notwendig, Ihre Notizen.

d Stimmen die Aussagen des Hirnforschers mit Ihren Überlegungen in 2a überein? Sprechen Sie im Kurs.

○ G3.6 **③ Sprache im Mittelpunkt: ein Ziel, einen Zweck ausdrücken –**
Finalsätze mit „damit" und „um … zu"

a Wozu lernen Sigrid Z. (38) und Walter F. (55) noch weiter? Lesen Sie ihre Aussagen und markieren Sie alle Subjekte.

  1. Ich lerne jetzt Spanisch, um mich mit meinen Schwiegereltern unterhalten zu können.
  2. Damit ich jetzt schon ein bisschen üben kann, treffe ich mich hier mit einem Tandempartner.
  3. Ich besuche einen Kurs für Computergrafik, damit die Webseite unseres Vereins mehr Pep bekommt.
  4. Den Kurs mache ich aber auch, um meine grauen Zellen fit zu halten.

b Lesen Sie die Sätze in 3a noch einmal und ergänzen Sie die Regeln. AB: D4 ▸

---

1. Hier wird das Subjekt in Haupt- und Nebensatz genannt:

   Sätze Nr.: .... Nebensatzkonnektor: „................................"

2. Hier wird das Subjekt im Nebensatz nicht genannt. Der Hauptsatz zeigt hier aber, für welche Person das Ziel formuliert ist.

   Sätze Nr.: .... Nebensatzkonnektor: „................................"

3. Bei zwei verschiedenen Subjekten im Haupt- und Nebensatz muss man „................................" verwenden.

4. Bei gleichen Subjekten kann man „................................" oder „................................" verwenden; „um … zu" ist meistens die stilistisch bessere Variante.

○ G3.6 **④ Auch Lernstrategien haben ihren Zweck – kürzer formulieren mit Angaben**

a Lesen Sie, mit welchen Lernstrategien Sie erfolgreicher lernen. Markieren Sie die finalen Angaben.

  1. Vor dem Lesen gilt: Zur schnelleren Aktivierung Ihres Vorwissens sind Assoziationen zu Titel und Thema sehr hilfreich.
  2. Denken Sie beim Hören daran: Für ein Verständnis im Großen und Ganzen ist es nicht notwendig, sich auf jedes Detail zu konzentrieren.

b Führen Sie die beiden angefangenen Sätze zu Ende. AB: D5 ▸

  1. Damit Sie Ihr Vorwissen schneller aktivieren, ...

  2. Um einen Hörtext im Großen und Ganzen zu verstehen, ...

  ....

⑤ Einen Lernratgeber schreiben

a Ordnen Sie die Verben den Nomen zu. Manchmal gibt es zwei Lösungen.

  | erfassen | trainieren | ~~steigern~~ | vergrößern | reduzieren | verbessern |

  1. die Lernmotivation *steigern* ....
  2. die Fehlerzahl ....
  3. den Wortschatz ....

  4. das Hörverstehen ....
  5. die Aussprache ....
  6. den Inhalt ....

b Sammeln Sie im Kurs Lernstrategien oder -techniken, die Sie selbst erfolgreich angewendet haben. Notieren Sie sie in Stichworten unter einer Überschrift (z. B. Wortschatz, Lesen) auf Plakate.

c Formulieren Sie einige Sätze für einen Lernratgeber. Geben Sie dabei den Zweck mit einem finalen Nebensatz oder einer finalen Angabe an.

  Man sollte neue Wörter vor dem Schlafengehen wiederholen, um sie besser zu behalten. ....

Klug, klüger, am klügsten

1 „Macht Musik klüger?" – Einen Artikel aus einem Magazin analysieren

a Worum könnte es in einem Artikel mit der Überschrift „Macht Musik klüger?" gehen? Tauschen Sie sich im Kurs aus.

b Überfliegen Sie auf der nächsten Seite den Artikel „Macht Musik klüger?" aus dem Magazin der Süddeutschen Zeitung und ordnen Sie die Zwischenüberschriften den einzelnen Abschnitten zu. Notieren Sie. `AB: E1`

- ☐ A. Musik beeinflusst das Sozialverhalten positiv
- ☐ B. Einsatz von Musik in der Medizin
- ☐ C. Musik fördert Intelligenz und Sprachgefühl
- ☐ D. Gehirntätigkeit bei Musikern ausgeprägter

c Schlüsselwörter erkennen: Lesen Sie den ersten Abschnitt aus dem Artikel auf der nächsten Seite und überlegen Sie, welche der markieren Wörter bzw. Ausdrücke wichtig sind, um den Inhalt des Artikels zusammenzufassen. `AB: E2`

d Markieren Sie mit einem Partner / einer Partnerin in den anderen drei Abschnitten Schlüsselwörter bzw. -ausdrücke und vergleichen Sie Ihre Auswahl mit der eines anderen Paares.

2 Zusammenfassen und Stellung nehmen

a Fassen Sie den Artikel auf der nächsten Seite mit Ihren Schlüsselwörtern aus 1c und 1d zusammen. Die Redemittel helfen Ihnen.

> In dem Artikel … aus … geht es (hauptsächlich / vor allem) darum, … | Die Hauptaussage des Artikels ist folgende: … | Es wird (außerdem) beschrieben / dargestellt, … | Der Autor hebt Folgendes hervor: … | Der Autor legt nahe / macht deutlich, dass … | Diese Aussage wird durch (einige / zahlreiche) Beispiele aus … belegt. | Der Autor verdeutlicht dies mit einigen Beispielen. | Der Autor endet mit der Feststellung, dass …

In dem Artikel „Macht Musik klüger?" aus dem Magazin der Süddeutschen Zeitung geht es darum zu zeigen, dass Musizieren …

b Bereiten Sie eine Stellungnahme zum Artikel wie folgt vor.

- Sammeln Sie Ideen und ordnen Sie sie.
- Wählen Sie zwei oder drei Hauptgedanken aus.
- Notieren Sie Begründungen und Beispiele zu jedem Gedanken.

c Nehmen Sie nun kurz Stellung zum Inhalt des Artikels und begründen Sie Ihre Meinung.

Zu einigen Hauptaussagen des Artikels möchte ich im Folgenden Stellung nehmen: …

> **Text bewerten:** Das Thema des Artikels halte ich für … | Ich finde diesen Artikel …, weil …
> **Besonderheiten hervorheben:** Besonders bemerkenswert finde ich … | Besonders interessant ist für mich …
> **Kritisches anmerken:** In einem Punkt kann ich dem Autor nicht folgen: … | Der Aussage … kann ich nicht zustimmen, weil … | Hier habe ich Zweifel: …
> **Beispiele anführen:** Dies möchte ich mit folgendem Beispiel verdeutlichen: …

Macht Musik klüger?

1. Manche Botschaften kann Musik genauer ausdrücken als Worte: Liebe, Glück, Schmerz – darin liegt ihre großartige Wirkung. Darüber hinaus belegen neueste Studien am Leipziger Max-
5 Planck-Institut für Kognitions- und Neurowissenschaften, dass aktives Musizieren die Kompetenz im Umgang mit der Muttersprache steigert und die Intelligenz fördert. Für die Studie untersuchte der Doktorand Sebastian Jentschke 24 Kinder
10 von zehn und elf Jahren: eine Gruppe junger Musiker, die zum Großteil im Leipziger Thomanerchor singt, und eine Gruppe junger Nichtmusiker. Beiden Gruppen wurden in einem Versuch Sätze vorgespielt, in denen kleinere Fehler vorkamen.
15 Obwohl alle Kinder aus derselben sozialen Schicht und von Eltern mit ähnlichem Bildungsstand stammten, registrierte das Elektroenzephalogramm (EEG) bei den jungen Musikern stärkere Hirnreaktionen auf die sprachlichen Syntaxverletzungen
20 als in der Kontrollgruppe. Zudem wiesen die jungen Musiker durchschnittlich einen höheren Intelligenzquotienten auf.

2. Der positive Einfluss von Gesang und Instru-
25 mentalspiel auf die geistige Entwicklung von Kindern ist Pädagogen zwar schon länger bekannt; die Leipziger Untersuchung gilt jedoch als erste, die neurophysiologisch belegt, was bisher lediglich zu beobachten war: dass Musik Kinder offenbar klüger
30 macht und auch ihre sozialen Fähigkeiten positiv beeinflusst. Diese Befunde decken sich mit Beobachtungen der Psychologin Maria Spychiger von der Universität Fribourg: Sie berichtet von einem deutlich verbesserten Sozialverhalten der Kinder
35 aus 50 Schulklassen, die im Zuge einer Schweizer Studie zwischen 1989 und 1992 zusätzliche Musikstunden erhalten hatten. „Der Grund ist wohl, dass die Kinder beim gemeinsamen Musizieren geübt haben, aufeinander zu achten", sagt Spychiger.
40

3. Macht Musik also bessere Menschen? Zumindest bessere Hirne. Denn wie Neurologen herausfanden, müssen sich beim Instrumentenspiel beide Hände über die Hirnbrücke hinweg koordi-
45 nieren. Und auch die weiteren simultanen Aktivitäten etwa des Hörzentrums lassen beim Musiker einen Regelkreis entstehen, der nahezu das gesamte Gehirn beansprucht. Beim regelmäßigen Üben entstehen so Verknüpfungen, die sonst wohl nicht

so leicht zustande kämen. Dass im Hirn von Musi-
50 kern mehr los ist als bei Nichtmusikern, bestätigte eine Untersuchung an der Universität Zürich. Dabei wurden die Hirnreaktionen beim Hören von Musik gemessen – und zwar bei professionellen Musikern wie auch bei einfachen Musikliebhabern. Das Er-
55 gebnis war: Bei den Laien waren nur die Bereiche für das Hören und für einige Emotionen aktiv, bei Profi-Musikern dazu auch die Regionen für Sprache, die Bereiche für Motorik und Handbewegungen, für Sehen und bewusstes Steuern von Handlungen.
60 Die Musiker hörten also nicht nur Musik, sondern sahen etwas, stellten sich dazu Handlungsabläufe vor und ordneten das Gehörte in andere Zusammenhänge ein.

65
4. Wegen dieser Wirkung auf das Gehirn hat Musik sich längst in der Sprachtherapie bewährt. Patienten mit geschädigten Hirnarealen, die die Sprache verloren haben, finden oft wieder eine Möglichkeit zur Kommunikation, indem sie
70 sich mit Gesang ausdrücken. Durch Gesang kann dies nämlich leichter gelingen, weil sich diese Ausdrucksform einer größeren Zahl von Hirnarealen bedient als Sprache. Außerdem verhilft Musik autistischen Kindern zur Kontaktaufnahme mit der Um-
75 welt. Und der Leipziger Doktorand Jentschke hofft, dass seine Ergebnisse einmal bei der Behandlung sprachentwicklungsgestörter Kinder helfen werden. Und heute schon unterstützt Musik, die den Patienten berieselt, an manchen Krankenhäusern die
80 Arbeit der Narkoseärzte.
Es hört sich wunderlich an. Aber wenn ein Miles Davis mit der Trompete zaubert, ein Schönberg die Zerrissenheit seiner Zeit beschwört oder ein Robbie Williams von der Leichtigkeit einer Epoche
85 singt, in der es hieß, „It don't mean a thing if it ain't got that swing", dann sind dies nicht nur Worte, sondern es beeinflusst einen auf einer tieferen Ebene.

Philip Wolff

Lernwege

1 Ein Kurzvortrag: Der weite Weg vom Wissen zum Können

77
DSH/TD

a Hören Sie den ersten Teil des Vortrags und beantworten Sie die Fragen.

1. Aus welchem Anlass findet die Präsentation statt?
2. Inwiefern kann es hilfreich sein, den Weg vom Wissen zum Können zu verstehen?
3. Was sollen die Zuhörer in Arbeitsgruppen überlegen?

b Im zweiten Teil zeigt der Redner drei Folien. Leider sind die Folien unvollständig. Ergänzen Sie die fehlenden Wörter.

> Lernebene | Wissen | Können | Entwicklungskrise

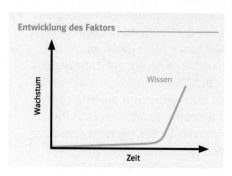

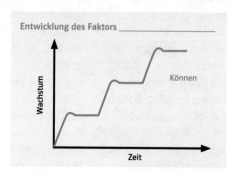

Entwicklungskrise & Lernebene

78–80 **c** Hören Sie den Hauptteil des Vortrags, überprüfen Sie Ihre Vermutungen in 1b und kreuzen Sie die Redemittel an, mit denen der Redner die Veränderungen sinngemäß beschreibt.

☐ 1. Die Kurve steigt langsam an.
☐ 2. Es entwickelt sich kontinuierlich.
☐ 3. Die Entwicklung geht exponentiell nach oben.
☐ 4. Die Kurve fällt steil ab.

☐ 5. Die Kurve verläuft in Sprüngen.
☐ 6. Es folgt ein leichter Abwärtstrend.
☐ 7. Die Entwicklung ist rückläufig.

78–81 **d** Hören Sie jetzt den Hauptteil und den Schluss des Vortrags und beantworten Sie folgende Fragen. AB: F1–2
DSH/TD

1. Wie entwickelt sich Wissen?
2. Wie verläuft der Weg vom Wissen zum Können?
3. Wieso kommt es im Lernprozess zu Entwicklungskrisen?
4. Was kann man gegen den Verlust der Lernmotivation unternehmen?

2 Wie kann ich meine Lernmotivation steigern?

a Welche Beispiele passen zu welcher Überschrift? Ordnen Sie zu.

☐ A. aus Fehlern lernen [1] C. Zwischenziele setzen ☐ E. kreative Arbeitstechniken einsetzen
☐ B. sich belohnen ☐ D. in Portionen lernen

1. Bis zum Wochenende werde ich den Wortschatz von Lektion 1 wiederholen.
2. Heute Morgen lerne ich zwei Stunden und heute Abend wieder zwei Stunden.
3. Wenn ich das Referat fertig habe, gehe ich mit Freunden ins Café.
4. Ich versuche an das, was ich schon weiß, anzuknüpfen, z. B. durch Wortnetze, Skizzen oder Bilder.
5. Ich führe eine Tabelle mit den Fehlern, die ich beim Schreiben am häufigsten mache.

b　Welche der Methoden in 2a nutzen Sie schon, um Ihre Lernmotivation zu steigern? Kennen Sie weitere? Tauschen Sie sich im Kurs aus.

3 Unterwegs im Land des Wissens und Könnens

a　Schauen Sie sich die Karte an und klären Sie mit einem Wörterbuch die unbekannten Begriffe.

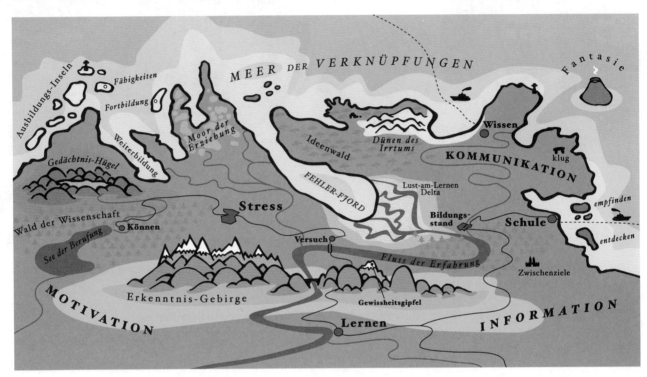

b　Was fällt Ihnen alles zu dieser Karte ein? In welchen Gegenden fühlen Sie sich zu Hause? Sprechen Sie in Gruppen.

c　Geben Sie im Kurs die interessantesten Aussagen aus Ihrer Gruppe möglichst genau wieder.

4 Mein eigener Lernweg

ⓟ telc　a　Bereiten Sie eine Präsentation von ca. drei Minuten vor. Machen Sie sich dazu ein Stichwortkonzept und versuchen Sie, möglichst frei zu sprechen.

- Berichten Sie von einem für Sie bedeutsamen Abschnitt während Ihrer (beruflichen) Ausbildung, Ihres Studiums oder Ihrer Schulzeit.
- Stellen Sie z. B. ausführlich einen Lernerfolg oder einen Wendepunkt auf Ihrem Lernweg dar und wie es dazu kam.
- Wenn Sie wollen, können Sie Ihre Präsentation durch Bilder oder Grafiken bereichern.

> In dieser Kurspräsentation möchte ich … / geht es darum, … | Dies möchte ich mit einigen Beispielen verdeutlichen. | Nach der Präsentation gibt es Gelegenheit zu Fragen / zur Diskussion.

b　Besprechen Sie Ihre Präsentationen im Kurs.

Gesundheit

1 Gesundheit – ein weites Feld

a Welche Assoziationen haben Sie zu den Fotos oben? Welche Fotos gehören Ihrer Meinung nach zusammen? Begründen Sie Ihren Standpunkt.

b Ordnen Sie mit einem Partner / einer Partnerin die Fotos oben folgenden Begriffen zu.

- soziale Einbindung: Fotos .... • psychische Verfassung: Fotos .... • körperliches Befinden: Fotos ....

c Tauschen Sie sich im Kurs über Ihre Zuordnungen in 1b aus und begründen Sie sie. Suchen Sie dann eigene Beispiele für die drei Kategorien.

2 Pfeiler der Gesundheit

a Worin drückt sich (fehlende) Gesundheit aus? Ordnen Sie die Begriffe zu. AB: A1 ▶

> Fitness | Depression | Schmerzen | Ausgeglichenheit | Kraftlosigkeit | Vitalität | Erschöpfung | Burnout | Mangelerscheinung | Zufriedenheit | Übelkeit

psychische Verfassung: ....

körperliches Befinden: ....

b Überlegen Sie sich nun, welche Faktoren die Gesundheit positiv bzw. negativ beeinflussen können, und ordnen Sie die Begriffe in eine Tabelle wie unten ein.

> regelmäßiger Sport | Einbindung in Familie | ausgewogene Ernährung | Erfüllung im Beruf | Einsamkeit | gute Beziehung zwischen Partnern | Freude | Bewegungsmangel | enge Freunde | Stress | Leistungsdruck | Ärger bei der Arbeit | Schlafmangel | Konflikte | ungesunder Lebensstil | Konkurrenzkampf

soziale Einbindung	psychische Verfassung	körperliches Befinden

c   Welche Faktoren in 2b halten Sie für besonders wichtig? Welche fehlen Ihrer Ansicht nach? Begründen Sie.

d   Besprechen Sie die Grundbedingungen für Gesundheit, die die Weltgesundheitsorganisation (WHO) nennt, und vergleichen Sie sie mit den von Ihnen gesammelten Voraussetzungen.

1. ein stabiles Selbstwertgefühl
2. ein positives Verhältnis zum eigenen Körper
3. Freundschaft und soziale Beziehungen
4. eine intakte Umwelt
5. sinnvolle Arbeit und gesunde Arbeitsbedingungen
6. Gesundheitswissen und Zugang zur Gesundheitsversorgung
7. eine lebenswerte Gegenwart und die begründete Hoffnung auf eine lebenswerte Zukunft

❸ Mein Körper und ich

a   Lesen Sie das Gedicht „Noch einmal: Mein Körper" von Robert Gernhardt. Welches Verhältnis zu seinem Körper drückt der Dichter in diesem Text aus?

Noch einmal: Mein Körper

Mein Körper rät mir:
Ruh dich aus!
Ich sage: Mach' ich,
altes Haus!

Denk' aber: Ach, der
sieht's ja nicht!
Und schreibe heimlich
dies Gedicht.

Da sagt mein Körper:
Na, na, na!
Mein guter Freund,
was tun wir da?

Ach gar nichts! sag' ich
aufgeschreckt,
und denk': Wie hat er
das entdeckt?

Die Frage scheint recht
schlicht zu sein,
doch ihre Schlichtheit
ist nur Schein.

Sie lässt mir seither
keine Ruh:
Wie weiß *mein* Körper
Was *ich* tu?

b   Lesen Sie die Kurzbiographie von Robert Gernhardt und vergleichen Sie sie mit dem Gedicht in 3a.
    Wie hat er sich literarisch mit seiner Krankheit auseinandergesetzt?

Robert Gernhardt wurde am 13.12.1937 in Tallinn (Estland) geboren und starb am 30.06.2006 in Frankfurt am Main. Er gilt als einer der wichtigsten zeitgenössischen Dichter deutscher Sprache, denn sein Werk geht weit über die Nonsens-Gedichte und die anderen humoristischen Formen, für die er vor allem berühmt ist, hinaus. Er war ein Meister des spielerischen Umgangs mit traditionellen Formen und Gattungen: Anekdote, Bildgeschichte, Cartoon, Interpretation, Kritik, Humorkritik. Bedichtenswert ist für ihn aber nicht nur das Komische und Lächerliche, sondern auch das Banale und Alltägliche wie etwa der Fußball, Sprachschwierigkeiten im ICE oder Diät-Leiden. Überhaupt nimmt mit zunehmendem Alter und dem spürbar werdenden gesundheitlichen Abbau (1996 eine schwere Herzoperation und seit 2002 Darmkrebs) der Körper und dessen ganz eigene Banalität in Gernhardts Werk immer mehr Raum ein. Im Juni 2006 hat der Krebs den Körper besiegt. Und doch hat Gernhardt das letzte Wort. Denn: „Wer schreibt, bleibt. Wer spricht, nicht."

c   Sammeln Sie weitere Informationen über Robert Gernhardt, visualisieren Sie diese (z. B. an einer Pinnwand) und stellen Sie den Dichter im Kurs vor.

Gesundheitswahn

1 Macht das wirklich gesund?

a Was kann man alles zur Unterstützung seiner Gesundheit tun? Sammeln Sie im Kurs.

b Lesen Sie den Artikel aus einer medizinischen Zeitschrift und entscheiden Sie, welche Punkte positiv (p) und welche skeptisch bzw. negativ (n) beurteilt werden. AB: B1

1. Die Einnahme von Nahrungsergänzungsmitteln [p] [n]
2. Die Wirkung von Sport, wenn er sehr intensiv ausgeübt wird [p] [n]
3. Fasten zur Gesundheitsförderung [p] [n]
4. Der Einfluss des Mittagsschlafs auf die Gesundheit [p] [n]
5. Die Wirkung eines ausgewogenen Lebensstils [p] [n]

Maßnahmen zur Gesundheitsförderung und ihre Wirkung

Der Gesunde hat viele Wünsche, der Kranke nur einen. Eine gute Gesundheit bekommen die meisten als „Kapital" mit auf den Weg, doch jeder geht in seinem Leben sehr unterschiedlich damit um.

5 In Deutschland ist das Gesundheitsbewusstsein sehr stark ausgeprägt. So meinen z.B. 85% der Deutschen, sie müssten ihre Ernährung verbessern. Die Industrie fördert diese Auffassung mit Lebensmitteln, die mit dem Versprechen vermarktet werden, dass sie die Gesund-
10 heit und die Leistungsfähigkeit verbessern. Mehr als ein Viertel der Deutschen schluckte im vergangenen Jahr mit großer Begeisterung Nahrungsergänzungsmittel oder Präparate, um die Vita-
15 min- und Mineralstoffzufuhr zu erhöhen. Neueste Studien belegen jedoch, dass Vitamine oder Mineralstoffe in Form von Tabletten oder Pulvern meist völlig unnütz sind und in manchen Fällen sogar schaden können.
20 Einer der klassischen Gesundheitsratschläge besagt, dass Sport fit und gesund hält. Aber dabei wird leicht vergessen, dass zu viel Sport auch enorme Schäden verursachen kann, wie z.B. Herzbeschwerden oder Kreislaufstörungen. Um etwas für seine Gesundheit zu tun,
25 sollte man daher lieber regelmäßig spazieren gehen, walken oder schwimmen, anstatt einmal in der Woche 20 km zu joggen. Während die einen Sport treiben, um gesund und schlank zu bleiben, fasten die anderen regelmäßig, um so ihren Körper von innen zu reinigen. Entgegen der weit verbreiteten Meinung gilt es inzwi-
30 schen als gesichert, dass längeres, unkontrolliertes Fasten die Gesundheit schädigt und praktisch keine wissenschaftlich erwiesenen Vorteile hat. Eine Aufnahme von weniger als 1.000 Kalorien pro Tag, wie es beim Fasten gegeben ist, lehnen zudem Ernährungswissen-
35 schaftler weltweit ab.

Natürlich gibt es noch viele andere Mittel und Wege, sich seine Gesundheit zu erhalten. Dass das kleine Nickerchen im Büro Produktivität und Kreativität stei-
40 gert, gilt schon lange als erwiesen. Nun bescheinigt eine neue US-Studie dem Mittagsschlaf auch noch eine weitere physische Qualität: Er baut nicht nur Stress ab – er normalisiert auch den Blutdruck. Denn schon wer 30 Minuten lang auf dem
45 Schreibtisch döst, kann seinen Bluthochdruck senken bzw. ausgleichen.

Sieht man also genau hin, erkennt man, dass viele zusätzliche Maßnahmen wenig helfen. Stattdessen sollte man für eine ausgewogene Ernährung, genügend Schlaf,
50 regelmäßige Bewegung und nicht zu viel Stress sorgen. Damit unterstützt man seine Gesundheit am besten.

c Lesen Sie den Artikel in 1b noch einmal, markieren Sie die Tatsachen, Meinungen und Schlussfolgerungen jeweils mit einer anderen Farbe und notieren Sie sie.

Tatsache	Meinung	Schlussfolgerung
gute Gesundheit bekommen die meisten als „Kapital"; jeder geht anders damit um.		

3.11, 3.12 ② Sprache im Mittelpunkt: Adversative und alternative Konnektoren

a Lesen Sie die Sätze aus dem Artikel in 1b und markieren Sie die Konnektoren bzw. Präpositionen, die einen Gegensatz oder eine Alternative ausdrücken.

1. Gesundheit bekommen die meisten als „Kapital" mit auf den Weg, doch jeder geht unterschiedlich damit um.
2. Viele Deutsche schlucken Nahrungsergänzungsmittel. Neueste Studien belegen jedoch, dass dies meist unnütz ist.
3. Einer der klassischen Gesundheitsratschläge besagt, dass Sport fit und gesund hält. Aber dabei wird leicht vergessen, dass zu viel Sport auch enorme Schäden verursachen kann.
4. Man sollte lieber regelmäßig spazieren gehen, anstatt einmal in der Woche 20 km zu joggen.
5. Während die einen Sport treiben, um gesund zu bleiben, fasten die anderen regelmäßig.
6. Entgegen der weit verbreiteten Meinung schädigt längeres Fasten die Gesundheit.
7. Man sollte nicht von morgens bis abends durcharbeiten, sondern ruhig mal Pause machen.
8. Zusätzliche Maßnahmen helfen nur wenig. Stattdessen sollte man für eine ausgewogene Ernährung sorgen.

b Schreiben Sie die markierten Konnektoren bzw. Präpositionen in eine Tabelle wie unten. `AB: B 2–3 a`

	Nebensatzkonnektor	Konjunktion	Verbindungsadverb	Präposition
Adversativ (= Gegensatz)				im Gegensatz zu + D
Alternativ	(an)statt dass	–		statt + G, anstelle von + D

c Ergänzen Sie die Konnektoren bzw. Präpositionen aus der Tabelle in 2b. Manchmal passen zwei.

1. Viele Leute hören nicht auf die Wissenschaft, _sondern_ glauben nur der Werbung.
2. .... vielen Versprechungen sind künstliche Vitamine nicht gesundheitsförderlich.
3. .... die einen regelmäßig künstliche Vitaminpräparate zu sich nehmen, lehnen die anderen dies ab.
4. .... Vitamintabletten sollte man lieber viel Obst und Gemüse essen.
5. Diäten können helfen, ... sollte man nicht weniger als 1.000 Kalorien pro Tag zu sich nehmen.
6. .... fasten, sollte man auf eine ausgewogene Ernährung achten.
7. „Mittagsschlaf ist nur etwas für Kinder", so die öffentliche Meinung. Studien zeigen ...., dass ein Mittagsschlaf die Produktivität steigert.

d Vergleichen Sie die beiden Sätze. Was fällt auf? Ergänzen Sie. `AB: B 3 b–e`

1. Vitamine in Obst und Gemüse sind gesund, in Tablettenform können sie aber / jedoch; dagegen / hingegen schädlich sein.
2. Es ist sicher gut, genau darauf zu achten, wie man sich ernährt. (Je)doch schadet es nicht / Es schadet aber nicht, auch mal unvernünftig zu sein.

> 1. Bei Einschränkungen / Einwänden, d. h., wenn jemand etwas gegen eine Sache sagt, kann man „(je)doch" oder „aber" verwenden. „doch" kann nur am Satzanfang stehen. Satz: ....
>
> 2. Bei Gegensätzen kann man „aber", „(je)doch", „......................", „......................" verwenden. Satz: ....

ⓓ DSH ③ Der Gesundheitswahn und ich

Nehmen Sie schriftlich Stellung zu den Aussagen im Artikel in 1b und stellen Sie Vermutungen an, warum so viele Menschen davon überzeugt sind, gezielt etwas für ihre Gesundheit tun zu müssen.

Arzt und Patient

1 Was einen guten Arzt ausmacht

a „Der ältere Arzt spricht Latein, der junge Arzt spricht Englisch, der gute Arzt spricht die Sprache seiner Patienten." Wie stehen Sie zu dieser Aussage?

b Überlegen Sie in Gruppen, was einen guten Arzt / eine gute Ärztin noch ausmacht? Notieren Sie die wichtigsten Eigenschaften und vergleichen Sie sie im Kurs.

c Im folgenden Zeitungskommentar kommt dem, wie man etwas sagt, eine besondere Bedeutung zu. Welche Faktoren spielen dabei eine Rolle: in der Parabel, in Beispiel 1 und 2, in den Ratschlägen? AB: C1 ▸

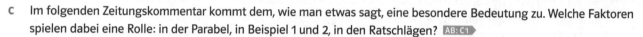

Der „gute" Arzt und der „gute" Patient

Es war einmal ein König, der hatte einen Zahn verloren. Er ließ sofort den besten Zahnarzt des Landes kommen. Dieser untersuchte ihn und stellte dann lapidar fest: „Ihre Zähne sind sehr schlecht, Sie werden
5 deshalb alle, einen nach dem anderen, verlieren." Der König war erbost und schickte den Scharlatan fort. Als er den zweiten Zahn verlor, wurde er unruhig und wollte einen weiteren Spezialisten zu Rate ziehen. Also beauftragte er seine Höflinge, ihm bei der Suche
10 zu helfen. Nach einiger Zeit wurde auch ein Arzt gefunden, der ihn gründlich untersuchte und dann freudig sagte: „Ich habe eine gute Nachricht für Sie: Nun, Sie haben zwei Zähne verloren und Ihre Zähne sind nicht sehr gut. Aber das ist nicht sehr schlimm.
15 Denn an den Zähnen kann man es ablesen – wie bei den Pferden: Sie werden älter als alle Ihre Angehörigen. Sie werden sie alle überleben." Der König war überglücklich und beschenkte ihn reich. Die anderen Zahnärzte wunderten sich: „Eigentlich hast du doch
20 nicht viel anderes gesagt als dein Vorgänger, warum hat er dich belohnt und ihn nicht?" Der Arzt antwortete: „Es kommt eben nicht nur darauf an, was man sagt, sondern wie man es sagt."
Diese kleine Parabel kann verdeutlichen, wie es
25 manchmal um die Kommunikation von Patient und Arzt bestellt ist. Beide gehen mit völlig unterschiedlichen Erwartungen ins Gespräch und wundern sich, wenn es zu unerfreulichen Missverständnissen und Enttäuschungen kommt. Dabei liegen die Schwach-
30 punkte nicht einseitig nur beim Arzt oder nur beim Patienten. Nehmen wir zwei Fälle. Beispiel 1: Eine

Frau muss sich einer Mammografie unterziehen. Die Untersuchung beunruhigt sie so sehr, dass sie total ins Schwitzen kommt. Der Arzt sagt: „Ist es so schlimm?"
35 Dann fügt er nach einer Weile hinzu: „Der Tumor muss raus." Sie ist völlig irritiert und beunruhigt und geht deswegen noch zu einem zweiten Arzt, der ihr nach der Untersuchung sagt: „Wollen Sie das wirklich operieren lassen?" Beispiel 2: Ein Mann kommt zum
40 Augenarzt, weil er alles ein bisschen verschwommen sieht. Der Arzt fragt ihn: „Was führt Sie zu mir?" – „Ich habe ein Problem mit den Augen." – „Welcher Art?" – „Das müssen Sie herausfinden, Sie sind doch der Fachmann."
45 In beiden Fällen wird deutlich, dass Arzt wie Patient sich bemühen sollten, eine gelungene Kommunikation herzustellen. Statt einsilbig und in kurzen Sätzen die Diagnose mitzuteilen, sollte der Arzt kurz und schlüssig und für den Patienten verständlich den
50 Weg dorthin erklären und Risiken und Alternativen der Therapie aufzeigen. Allerdings ist es ratsam, sich nicht hinter Fachwörtern wie „Rhinopharyngitis" oder Andeutungen wie „Verdacht auf Tumor" zu verstecken. Stattdessen sollte der „gute" Arzt vertrauens-
55 würdig und verantwortungsbewusst auftreten. Der „gute" Patient hingegen trägt zum Gelingen eines Arztbesuches bei, indem er sich gut vorbereitet und sich überlegt, was er fragen will. Beim Arzt sollte er dann direkt fragen bzw. nachfragen und auch seine
60 innere Einstellung äußern – vor allem, wenn es sich um schwerwiegende Probleme handelt. In jedem Fall gilt: Immer wenn wir mit anderen Menschen zusammen sind, kommunizieren wir. – Auch wenn wir nichts sagen. Denn man kann nicht nicht kommunizieren.

Nicole Fischer

d Haben Sie selbst erlebt, dass die Kommunikation zwischen Ihnen als Patienten und einem Arzt oder in umgekehrter Rolle nicht gut funktioniert hat? Erzählen Sie.

② Arzt-Patienten-Gespräche

82-83 **a** Sie hören zwei Gespräche. Wie bewerten Sie das Verhalten vom Arzt bzw. Patienten? Gehen Sie dabei jeweils auf folgende Punkte ein.

1. Verwendung medizinischer Fremdwörter
2. Interesse des Arztes am Befinden des Patienten
3. Reaktion des Arztes auf Antworten des Patienten
4. Nachfragen des Patienten
5. Hintergrundinformationen des Arztes zum Patienten

b Hören Sie die beiden Gespräche in 2a noch einmal und notieren Sie, was der Arzt jeweils sagt. Vergleichen Sie die Wege der Gesprächsführung. `AB: C2–5`

1. Arzt: Wie geht's Ihnen heute?
   Patientin: Nicht so gut.
   Arzt: .... Die Oberschenkelhalsfraktur heilt optimal.
   Patientin: Das kann schon sein. Alles fühlt sich aber so an, als ob es abgestorben wäre. Die Hüfte ist noch total taub.
   Arzt: ....
   Patientin: Ich habe dauernd Bauchweh.
   Arzt: ....

2. Patient: … Um ehrlich zu sein, ich habe seit Tagen Magenbeschwerden.
   Ärztin: ....
   Patient: Entweder habe ich ein Stechen so direkt unter dem Brustbein oder es brennt in der ganzen Magengegend.
   Ärztin: .... Oder tun Sie etwas dagegen?
   Patient: Oft trinke ich einen Beruhigungstee, der hilft dann auch.

③ Fragen und Antworten beim Arztbesuch

a Der Arzt / Die Ärztin möchte Genaueres über Ihre Magenbeschwerden wissen. Ordnen Sie die Antworten den Fragen zu. Manchmal sind mehrere Zuordnungen möglich.

1. Welche Beschwerden haben Sie?   ....
2. Wie intensiv sind die Schmerzen?   ....
3. Gibt es Schwankungen?   *A,*....................
4. Haben Sie etwas dagegen unternommen? ....
5. Gibt es in Ihrer Familie Fälle von Magenkrankheiten? ....
6. Wie wirkt sich Ihr gesundheitlicher Zustand auf Ihre Arbeit aus? ....

A. Am Ende der Woche sind die Beschwerden immer stärker.
B. Einmal bin ich zur Akupunktur gegangen.
C. Ich habe manchmal stechende Schmerzen.
D. Ich habe Tabletten genommen.
E. Mein Vater ist an Magenkrebs gestorben.
F. Mir tut oft der Bauch weh.
G. Nachts beruhigt sich immer alles.
H. Oft kann ich mich kaum konzentrieren.
I. Wir sind alle kerngesund in der Familie.
J. Ich musste mich schon oft krankschreiben lassen.

b Wählen Sie mit einem Partner / einer Partnerin eine Krankheit aus und bereiten Sie einen Arztbesuch vor. Notieren Sie Stichworte zu folgenden Punkten. `AB: C6–7`

- Welche Beschwerden haben Sie und wann? (möglichst genau beschreiben)
- Was haben Sie bisher dagegen unternommen? (eventuell Arzneimittelnamen nennen)
- Was möchten Sie den Arzt fragen? (Diagnose, Behandlung, Risiken, Alternativen)

c Spielen Sie nun das Gespräch. Berücksichtigen Sie dabei auch die Punkte in 2a.

8 D

Alternative Heilmethoden

1 Naturheilverfahren – eine Auswahl

a Welche Begriffe passen zu welchen Definitionen? Ordnen Sie zu.

> Akupunktur | Aromatherapie | ~~Ayurveda~~ | Autogenes Training | Farbtherapie | Fußreflexzonenmassage | Homöopathie | Kinesiologie | Osteopathie | Yoga

A

Ayurveda

Lebens- und Gesundheitslehre aus Indien, die das vollkommene Gleichgewicht von körperlichen und geistigen Funktionen anstrebt

B

Behandlung von Beschwerden und Erkrankungen durch farbiges Licht

C

Einatmung ätherischer Öle (Bäder, Massage, Inhalation) zu therapeutischen Zwecken

D

Methode durch Muskeltests Blockaden und Stressreaktionen abzubauen

E

Methode der Selbstentspannung durch Konzentration auf sich selbst

F

Medizinsystem, das davon ausgeht, dass die eingesetzten Mittel in verdünnter Form die Beschwerden heilen, die sie in unverdünnter Form auslösen

G

Diagnose- und Therapieverfahren, das darauf beruht, dass bestimmte Bereiche der Fußsohle mit Organen verbunden sind und diese durch Massage beeinflusst werden können

H

Anstechen bestimmter Punkte mit dünnen Nadeln, um den Energiefluss zu regulieren und dadurch Krankheiten und Beschwerden zu heilen

I

Atemtechnik und Körperübungen zur Entspannung und zum Abbau von Stress

J

Therapiemethode, die mit gezielten Handgriffen zur Lockerung des Muskelgewebes beiträgt, um die Selbstheilungskräfte des Körpers anzuregen

b Wählen Sie eine alternative Heilmethode aus, recherchieren Sie im Internet und bereiten Sie zu dritt einen kleinen Beitrag vor, in dem Sie das Prinzip dieser Methode, ihre Anwendungsbereiche und ihre Risiken genauer vorstellen.

c Welche alternativen Heilmethoden kennt man in Ihrer Heimat? Berichten Sie.

2 Alternativmedizin – der neue Trend

84–85
DSH
a Hören Sie eine Reportage zum Thema „Alternative Heilmethoden – der neue Trend". Notieren Sie die Argumente, die dafür bzw. dagegen genannt werden.

pro alternative Heilmethoden	contra alternative Heilmethoden

b Woran „glauben" Sie? Was nehmen Sie (nicht)? Warum?/Warum nicht? Diskutieren Sie im Kurs.

⊙ G 3.9 ③ Sprache im Mittelpunkt: Folgen ausdrücken – Konsekutivsätze

a Lesen Sie die Sätze aus der Reportage in 2a und markieren Sie die konsekutiven Konnektoren und Präpositionen.

1. Seit 2.000 Jahren versucht die Menschheit, sich mit natürlichen Mitteln zu heilen. Somit können Pflanzenextrakte, Kräuter und ätherische Öle nicht grundsätzlich schlecht sein.
2. Infolge der Technisierung der Medizin greifen immer mehr Menschen auf alternative Heilmethoden zurück.
3. Alternative Heilmethoden genießen den Ruf, natürlich zu sein. Infolgedessen müssen die Heilpraktiker und Kräuterverkäufer auch keine wissenschaftlichen Nachweise erbringen.
4. Viele sind von pflanzlichen Mitteln so überzeugt, dass sie auch giftige Stoffe zu sich nehmen.
5. Alternative Heilmethoden gehen häufig Hand in Hand mit ausführlichen Patientengesprächen. Folglich entsteht oft ein engeres und vertrauteres Verhältnis zwischen Arzt und Patienten.
6. Zudem haben alternative Mittel meist eine schonendere Wirkung als synthetische Medikamente, demzufolge haben sie in der Regel deutlich weniger Nebenwirkungen.
7. Studien belegen inzwischen die Wirksamkeit von Akupunktur, sodass hier auch Schulmediziner von alternativen Heilverfahren lernen können.

b Ordnen Sie die in 3a markierten Mittel der Textkohärenz sowie die folgenden in eine Tabelle wie unten ein.

> also | demnach | derart(ig) ..., dass | infolge von + D | solch ..., dass

Nebensatzkonnektor	Verbindungsadverb	Präposition
	somit,	

c Lesen Sie die Sätze in 3a noch einmal. Was fällt auf? Ergänzen Sie die Regeln. `AB: D1a–b`▸

1. Haupt- und Nebensätze mit einem konsekutiven Konnektor berichten von einer Folge, die sich aus einer
   `a` vorangehenden `b` nachfolgenden Handlung ergibt.
2. Konsekutive Präpositionen leiten Situationen, Handlungen, Vorgänge ein, auf die etwas ....
3. Den Nebensatzkonnektor „sodass" kann man trennen. Dann steht im Hauptsatz „.............................." mit einem
   Adjektiv oder Adverb und am Anfang des Nebensatzes steht „..............................".

d Formulieren Sie folgende Sätze um. Verwenden Sie dazu die Mittel der Textkohärenz in Klammern. Achten Sie auch auf die Wortstellung. `AB: D1c`▸

1. Die Schulmedizin weiß in vielen Bereichen keine Antwort, sodass sich viele Menschen der alternativen Medizin zuwenden. (infolgedessen)
2. Die Schulmedizin ist später als die natürliche Medizin entstanden, somit können Pflanzenextrakte oder Kräuter nicht grundsätzlich schlecht sein. (sodass)
3. Infolge der hohen Akzeptanz von alternativen Heilmethoden müssen Heilpraktiker keine wissenschaftlich gesicherten Nachweise erbringen. (Das hat zur Folge, dass)
4. Akupunktur wirkt gut. Infolgedessen setzt man sie auch in der Schulmedizin ein. (so ..., dass)
5. Viele große Firmen finanzieren Studien zur Wirksamkeit von alternativen Medikamenten, sodass die Ergebnisse nicht immer objektiv sind. (demzufolge)
6. Tee, homöopathische Kapseln oder Tropfen haben eine schonendere Wirkung, sodass sie von vielen besser vertragen werden. (somit)

1. Die Schulmedizin weiß in vielen Bereichen keine Antwort. Infolgedessen wenden sich viele Menschen der

alternativen Medizin zu.

Ausgebrannt: Was die Seele krank macht

1 „Burnout"

a Für welche der folgenden Erklärungen des Begriffs „Burnout" würden Sie
sich spontan entscheiden? Begründen Sie. `AB: E1`

Burnout ist

- der Mythos von stressiger Arbeit als Ursache für Depressionen.
- ein Konzept, das anstrengende Lebensumstände für chronische Müdigkeit
  verantwortlich macht.
- eine Modediagnose für schlechte Einteilung der eigenen Kräfte.

b Lesen Sie den Artikel aus der Zeitschrift „Forum Psychologie". Welche Definition in 1a wird hier bestätigt? `AB: E2`

Burnout
Die neue Volkskrankheit

Sie steht vor der Haustür und sucht nach dem Schlüssel, stellt den kleinen Koffer ab und eine Tüte mit Einkäufen, die sie auf dem Nachhauseweg schnell erledigt hat, geht in den Hausflur, will die
5 Stufen zum ersten Stock hinaufgehen und stellt fest: Sie hat keine Kraft in den Beinen, der Fuß bleibt am Boden. Plötzlich schwinden auch die Kräfte in den Armen, sie kann kaum noch stehen. Sie ist am Ende ihrer Kräfte, so als ob sie gerade einen Marathonlauf
10 hinter sich hätte. Dabei hat sie nur einen normalen 13-Stunden-Tag hinter sich gebracht, war morgens nach Frankfurt zu einer Vorstandssitzung geflogen und abends wieder zurück. Wie so oft schon. Nach außen hin nichts Besonderes. Mit großer Mühe
15 schleppt sie sich in die Wohnung und fällt ermattet aufs Bett. Und schläft 18 Stunden durch, vergisst Termine, Betrieb, ihren Aufgabenkalender, … und gerät in Panik. So etwas ist ihr noch nie passiert. Sie fühlt sich total entkräftet.
20 So wie dieser Frau geht es in unserer heutigen Gesellschaft leider vielen. Sie fühlen sich ausgebrannt, inhaltsleer, erschöpft, antriebslos, ausgepowert. In Unternehmen ist das Phänomen jahrelang darauf zurückgeführt worden, dass Mitarbeiter ihr
25 Arbeitspotenzial nicht sinnvoll und kräfteschonend genug einsetzen würden. In aller Regel war es immer der Fehler des Einzelnen, und der musste auch allein damit fertig werden. Die Firmenchefs und Betriebs-

psychologen wollten nicht zugeben, dass das soziale Umfeld für die Psyche des Mitarbeiters verantwortlich
30 sein könnte. Statt die verstärkt auftretenden Symptome, wie Krankheiten, Abwesenheit am Arbeitsplatz oder Leistungsminderung, ernst zu nehmen, empfahlen sie eine medikamentöse Behandlung, damit die volle Arbeitskraft gesichert werden konnte. Wer
35 emotionale oder körperliche Schwäche zeigte, galt als nicht belastbar und musste ausgetauscht werden.
Nach neuesten wissenschaftlichen Erkenntnissen liegt immer noch keine eindeutige Definition von Burnout vor. Inzwischen geht man aber davon
40 aus, dass das Zusammenspiel vieler Faktoren – z. B. Arbeitsverdichtung, die schnelllebigere Zeit, die eigenen Ansprüche an Beruf und Familie – Ursachen für eine länger anhaltende emotionale oder körperliche Erschöpfung sind.
45 Auch wenn aufgrund dieser Erkenntnis Burnout inzwischen in der Gesellschaft stärker anerkannt ist als früher, wird es immer noch gern „weggeredet". Viele Arbeitgeber versuchen, Burnout-Symptome zu negieren, indem sie nach wie vor die Schuld beim
50 Mitarbeiter suchen und ihm mangelndes Zeitmanagement und fehlende Effizienz vorwerfen. Und auch die Erkrankten selbst tun sich oft sehr schwer damit, ihren Zustand öffentlich zuzugeben. Es bedarf meist medienwirksamer Ereignisse – wie des
55 Rücktritts eines bekannten Fußballtrainers oder berühmten Sängers, um auf das Phänomen aufmerksam zu machen. Kurze Zeit spricht dann alle Welt über das Thema, aber danach gerät es genauso schnell wieder in Vergessenheit.
60 Was kann man nun bei Burnout-Symptomen tun? Zur Vorbeugung sollte man zu allererst auf die

Warnsignale seines Körpers achten, wie z. B. Schlaflosigkeit, Müdigkeit am Tag, ständigen Pessimismus oder eine latente Gereiztheit. Überdenken sollte man zudem, inwieweit man selbst zu einem Burnout beiträgt: Anstatt abends von der Arbeit abzuschalten, schalten wir lieber den Fernseher an und checken nebenbei noch die E-Mails, um dann noch schnell einen Kollegen wegen einer dienstlichen Sache anzurufen. Nicht selten nehmen wir die Berufssorgen auch mit in den Schlaf und können uns kaum noch regenerieren. So neigen wir manchmal selbst dazu, uns das Leben schwer zu machen und scheitern häufig an unseren Anforderungen.

Eine Lösung ist hier aber nicht von der Medizin zu erwarten, sondern hier heißt es, sein persönliches Lebenskonzept zu überdenken und gegebenenfalls seine Prioritäten anders zu setzen.

Anna Berger (17.05.2012)

c   Lesen Sie den Artikel in 1b noch einmal. Welche Standpunkte vertritt der Autor und wie begründet er sie?

2 Einen Leserbrief schreiben

a   Entwerfen Sie als Reaktion auf den Artikel in 1b einen Leserbrief. Machen Sie sich Notizen zu folgenden Punkten.

- Warum schreiben Sie?
- Was würden Sie jemandem raten, der Burnout-Symptome zeigt?
- Wie geht man in Ihrer Heimat mit dem Phänomen „Burnout" um?
- Was denken Sie über das Phänomen „Burnout"?

b   Ordnen Sie die Stichworte aus 2a in das Aufbauschema eines Leserbriefs ein.

Text	Information
Bezug	Genaue Angabe, auf welchen Artikel Sie sich beziehen.
Datum	
Anrede	
Einleitung	Warum schreiben Sie? Warum finden Sie das Thema wichtig / interessant? Stellen Sie einen Bezug zum Artikel her.
Hauptteil	Begründen Sie Ihre Meinung zum Thema: Welche Argumente sprechen dafür / dagegen, Burnout als Krankheit zu bewerten?
	Stellen Sie den Sachverhalt in einen größeren Zusammenhang.
Schlussteil	Was ist Ihre persönliche Meinung? Formulieren Sie Ihre Forderungen / Appelle.
Grußformel + Unterschrift	

c   Schreiben Sie anhand Ihrer Notizen in 2a und 2b einen Leserbrief (ca. 150 – 200 Wörter). Folgende Redemittel helfen Ihnen. AB: E3

Interesse am Artikel zeigen: Ich habe den Artikel … mit großem Interesse gelesen, weil …
dafür sein: Ich halte es für wichtig, das Problem „Burnout" anzusprechen / in die Öffentlichkeit zu bringen, weil … |
Das Thema „…" ist wichtig / aktuell, weil … | Bedauerlicherweise wird / ist …
dagegen sein: Ich halte es für unverantwortlich, zu schnell von „Burnout" zu sprechen, weil … | Bei dem Thema fehlt
es an sachlicher Information.
Beispiele anführen: Dieser Punkt zeigt sich zum Beispiel … | Lassen Sie mich folgendes Beispiel anführen: …
eigener Standpunkt: Abschließend möchte ich sagen, dass … | Ich vertrete den Standpunkt, dass … | Aus meiner
persönlichen Erfahrung kann ich (nur) bestätigen / sagen, dass …
Appell / Forderung: Daher fordere ich … | Daher appelliere ich an …

Lachen ist gesund

① Oh je, meine Winterdepression

a Lesen Sie die Glosse „Winterdepression – Gassi gehen mit dem Schweinehund" vom Arzt und Kabarettisten Eckart von Hirschhausen und sammeln Sie, was der Autor zu folgenden Punkten sagt. `AB: F1`

- Der innere Schweinehund und seine Verbündeten
- Antidepressivum (echter) Hund
- Vorschlag des Autors

(…) Ich liebe die Menschheit, aber liebt die Menschheit auch mich? Und warum ist es so viel einfacher, jemand anderen zu lieben als sich selbst? Nur weil ich mich besser kenne? Wäre ich 5 nicht in meinem Körper gefangen, ich hätte mich nicht nur einmal verlassen.

Auf Dauer können nicht nur wir selbst nicht aus unserer Haut, wir kriegen auch unseren Mitbewohner nicht vor die Tür: den ISH, den inneren 10 Schweinhund. Von wegen: der älteste Freund des Menschen. Gut, ein Wolf ist er nicht mehr, aber richtig domestiziert? Morgens, wenn ich aufstehen will, zwingt er mich, noch etwas liegen zu bleiben.

15 Der ISH hat zudem einen Verbündeten in der Weckerindustrie: die Snooze-Taste. Sie ist die perfekte Art, sich den Start in den Tag zu versauen, besser gesagt zu verschweinehundsen. Du drückst dich vor dem Aufstehen, indem du die 20 vielversprechende Taste drückst, die den Alarm unterbricht – nur um fünf Minuten später mit dem gleichen nervigen Ton daran erinnert zu werden, dass Snoozen auch irgendwann vorbei sein muss – spätestens nach den nächsten fünf Minuten.
25 Zack. Nochmal raufhauen.

Echte ISH-Experten stellen sich die Weckzeit dreißig Minuten vor dem eigentlich geplanten Aufstehen, das entspricht sechsmal Snoozen!

Doch was so schmusig nach mehr Lebensqua-
30 lität klingt, ist in Wirklichkeit der sichere Weg, den ganzen Tag genau diesen verdösten Minuten hinterherzuhetzen. Wer beim Weckerklingeln liegen bleibt, beginnt den Tag mit einer Niederlage. Glück ist eine Überwindungsprämie, der Tag
35 entscheidet sich an der Bettkante. (…)

Gerade in den Wintermonaten fehlt einem eins der wenigen wirksamen Argumente gegen den ISH: Licht. Wer will schon ins Halbdunkel hinein aufstehen? Bei vielen Deutschen wächst sich der Lichtmangel zur handfesten Winterdepression 40 aus. Kein Wunder, denn unser Nervensystem wurde an der Wiege der Menschheit auf Glück geeicht. Doch die stand dummerweise nicht in Nordeuropa, sondern in Äquatornähe.

Aber wer wird nur selten von der „saisonalen 45 Stimmungsstörung" gebeutelt? Hundebesitzer! Warum? Weil sie drei Antidepressiva kostenlos und frei Haus bekommen: Licht, Bewegung und sozialen Kontakt. Einmal um den Block, und du hast selbst bei bedecktem Himmel genug Lux 50 getankt, um deinem Hirn zu verraten: Jetzt ist Tag, komm in die Gänge.

Ein paar Schritte an der Hundeleine, und schon hebt sich dank Licht und Bewegung die Herrchenlaune. Der dritte Faktor, das Soziale: 55 Du hast immer einen, der dir zuhört, und egal, in welchem Zustand du nachts nach Hause kommst, er wedelt mit dem Schwanz. Das kommt bei Mensch-Mensch-Kontakten eher selten vor. (…)

Darüber hinaus lernt man beim Gassigehen viel 60 leichter andere Menschen kennen. Sogar einen wissenschaftlichen Begriff gibt es dafür: Soziologen haben das Phänomen „Dackelkontakt" getauft.

Falls man dennoch lebensmüde werden sollte, hält der Hund einen bei der Stange. Allen anderen 65 würdest du das gönnen, aber Fifi kannst du es nun wirklich nicht antun.

Eigentlich brauchte man keinen echten Hund für all die positiven Effekte. Aber wer geht schon morgens mit dem ISH Gassi? Der liegt einfach 70 neben uns und uns in den Ohren: „Bleib im Bett!"

In genau diesem Moment schlägt die Stunde für den äußeren Schweinehund. Der flüstert nicht, sondern macht eine klar gebellte Ansage: Du
75 stehst jetzt auf, oder ich kack dir auf den Teppich! Das ist beste Verhaltenstherapie. Ein „Dich-aus-dem-Bett-Boxer" oder ein Pekinese auf dem Sofa kann wirksamer sein als viele Jahre auf der Analytikercouch. Warum kommt keine Krankenkasse
80 auf die Idee, dass es viel billiger ist, Stimmungslabilen ein Jahr lang die Hundesteuer zu bezahlen

als einen Tag in der Klinik? Wann kommt der Dackel von der Barmer? Oder der Rottweiler von Ratiopharm? Ist doch eine super Idee! Müsste ich den Kassen eigentlich mal schreiben. Mach ich 85 gleich morgen, direkt nach dem Aufstehen. Ganz sicher. Spätestens übermorgen.

Eckart von Hirschhausen, „Winterdepression -
Gassi gehen mit dem Schweinehund"
Aus: Eckart von Hirschhausen, Die Leber wächst mit ihren
Aufgaben. Komisches aus der Medizin
Copyright © 2008 Rowohlt Verlag GmbH, Reinbek bei Hamburg

b Lesen Sie den Schluss der Glosse in 1a noch einmal. Auf welchen Aspekt seiner Glosse spielt der Autor hier an?

c In welchen Situationen spricht der innere Schweinehund zu Ihnen? Erzählen Sie.

d Zeichnen Sie Ihren inneren Schweinehund und machen Sie eine kleine Ausstellung im Kurs.

2 Was Ärzte und Patienten so sagen

a Lesen Sie die Witze und überlegen Sie, was die Patienten bzw. Ärzte sagen.

A
Eine Patientin kommt zum Arzt, sie sieht sehr schlecht aus. Der Arzt untersucht sie und sagt: „Sie müssen mit dem Rauchen aufhören. Höchstens eine Zigarette nach dem Essen!"
Nach zwei Wochen kommt die Patientin wieder. „Sie sehen ja prächtig aus", ruft der Arzt, „sogar zugenommen haben Sie!" Daraufhin die Patientin: „.........................!"

C
Nach einer langwierigen Untersuchung eröffnet die Ärztin ihrer Patientin: „Sie haben noch höchstens drei Monate zu leben."
Die Patientin bedankt sich für die offene Auskunft, geht und wird nicht mehr gesehen.
Nach einigen Jahren treffen sich Ärztin und Patientin auf der Straße wieder. Die Patientin triumphiert: „Wie Sie sehen, Frau Doktor, ich lebe noch immer!" Daraufhin die Ärztin missbilligend:
„..........................."

B
Ärztin zum Patienten: „Warum rennen Sie aus dem Operationssaal?"
Patient: „Die Schwester hat gesagt: Regen Sie sich nicht so auf, das ist nur eine einfache Blinddarmoperation. Sie werden das schon schaffen!"
Ärztin: „Und was ist daran so schlimm?"
Patient: „Sie hat es nicht zu mir gesagt, sondern ...."

b Vergleichen Sie Ihre Lösungen mit den Originallösungen. Welche sind besser? AB: F 2–3

A: Kunststück, bei zwanzig Mahlzeiten am Tag. B: ..., sondern zur Chirurgin. C: Dann sind Sie falsch behandelt worden.

c Erzählen Sie Witze aus dem Bereich Gesundheit / Medizin aus Ihrer Heimat oder sonstige, die Sie kennen.

9 A Gefühle

1 Was es ist

a Lesen Sie das Gedicht „Was es ist" von Erich Fried und besprechen Sie in Gruppen, was die einzelnen Stimmen sagen.

> ### Was es ist
>
> Es ist Unsinn
> sagt die Vernunft
> Es ist was es ist
> sagt die Liebe
>
> Es ist Unglück
> sagt die Berechnung
> Es ist nichts als Schmerz
> sagt die Angst
> Es ist aussichtslos
> sagt die Einsicht
> Es ist was es ist
> sagt die Liebe
>
> Es ist lächerlich
> sagt der Stolz
> Es ist leichtsinnig
> sagt die Vorsicht
> Es ist unmöglich
> sagt die Erfahrung
> Es ist was es ist
> sagt die Liebe

b Ordnen Sie folgende Begriffe den Bereichen Gefühl oder Verstand zu. AB: A1

> Angst | Ärger | Berechnung | Eifersucht | Einsamkeit | Einsicht | Ekel | Erfahrung | Freude |
> Furcht | Leichtsinn | Liebe | Misstrauen | Mitleid | Neid | Scham | Sehnsucht | Stolz |
> Trauer | Unsinn | Vernunft | Verständnis | Vertrauen | Vorsicht | Wut | Zorn | Zufriedenheit

Gefühl	Verstand
Angst,	

c Welche der Gefühle aus 1b finden Sie positiv? Welche sehen Sie kritisch?

d Was sagt …? Lesen Sie das Gedicht von Erich Fried noch einmal und überlegen Sie, was andere Stimmen sagen könnten. Orientieren Sie sich an den Begriffen in 1b. AB: A2–3

Es ist unmöglich, sagt das Misstrauen.

86–90 **2 Gefühle erkennen**

Hören Sie fünf kurze Aussagen. Notieren Sie in der linken Spalte, welches Gefühl der Sprecher / die Sprecherin jeweils ausdrückt, in der rechten Spalte, wie dieses Gefühl begründet wird.

Gefühl	Grund für das Gefühl
1. *Freude*	*Weil sie eine Jugendfreundin wieder getroffen hat.*
2.	
3.	
4.	
5.	

3 Gefühlvolle Wörter

Ergänzen Sie in Gruppen die Liste mit Wörtern zu „Gefühl". AB: A4

1. Verben, die Gefühle ausdrücken: *lächeln, zittern, …*
2. andere Gefühlsverben: *empfinden, erahnen, …*
3. Gefühlsnomen: *Eifersucht, Glück, …*
4. Gefühlsadjektive: *emotional, gefühllos, …*
5. Gefühlsbeschreibungen: *ein komisches Gefühl, ein angenehmes Gefühl, …*

4 Gefühle nonverbal

a Sehen Sie sich die Fotos oben links an. Beschreiben Sie sie und ordnen Sie sie den Gefühlen in der Tabelle in 4b zu. Sprechen Sie dann mit einem Partner / einer Partnerin über eine Situation, in der Sie dieses Gefühl erlebt haben.

b Wie drücken die Personen auf den Fotos diese Gefühle mit dem Körper aus? Wie können Menschen noch reagieren und wie drücken Sie selbst diese Gefühle aus? Sammeln Sie im Kurs und ergänzen Sie die Tabelle.

Gefühl	Foto	Mimik, Gestik	Körperreaktionen
1. Schüchternheit	*B*	*verlegen lächeln, Kopf senken*	*erröten*
2. Freude			
3. Trauer			
4. Wut			
5. Angst			
6. Mitgefühl			
7. Zufriedenheit			

ⓟ TD c In verschiedenen Kulturen zeigen oder verbergen die Menschen Gefühle auf unterschiedliche Weise. Suchen Sie einige Beispiele und präsentieren Sie sie im Kurs.

Emotionen

1 Positive Gefühle, negative Gefühle

a Arbeiten Sie in Gruppen. Wählen Sie einen der Titel und diskutieren Sie die jeweilige These. Machen Sie Notizen. `AB: B1`

- Positive Gefühle sind wichtig
- Negative Gefühle sind wichtig
- Es ist wichtig, Gefühle zu haben

b Tragen Sie Ihre Überlegungen im Kurs zusammen.

c Lesen Sie den Artikel aus einer psychologischen Fachzeitschrift. Welcher Titel in 1a passt am besten? Notieren Sie.

Was sind Gefühle überhaupt? Momentane subjektive Empfindungen? Verkörperte Informationen? Haben Wut und Trauer oder Freude und Heiterkeit überhaupt einen Sinn? Die Psycho-
5 logie geht davon aus, dass die Gesamtheit unserer Gefühle – positive ebenso wie negative – ein Signalsystem darstellt, das unser Handeln bestimmt, unser Denken aktiviert und uns einen schnellen Zugang zu unseren Vorlieben oder Abneigungen
10 ermöglicht, unabhängig davon, ob sie angeboren oder im Laufe des Lebens erworben sind. Gefühle sind somit komplexe Anpassungsmechanismen, die sich in einigen Merkmalen unterscheiden:

Da sind einmal die negativen Gefühle: Sie en-
15 gen das Spektrum unserer Denk- und Handlungsalternativen ein. Sie blenden alles aus, was nicht unmittelbar zu einer Problemlösung beiträgt. Geist und Körper sind in kritischen Situationen, Konflikten oder Bedrohungen nämlich gezielt auf das
20 jeweils sinnvolle Spektrum von Fähigkeiten oder Handlungsweisen ausgerichtet: Wir drohen oder greifen an, wenn wir wütend auf jemanden sind, wir fliehen, wenn wir Angst vor etwas haben, oder

verkriechen uns aus Scham. Negative Gefühle sind außerdem oft von heftigen körperlichen Reaktionen 25 begleitet, z. B. spannen wir unsere Muskeln an, unser Blutdruck erhöht sich oder wir erröten.

Positive Emotionen wie Freude, Zufriedenheit oder Heiterkeit hingegen lösen kein „Flüchten- oder Kämpfen-Programm" aus und es entstehen auch 30 keine Reflexe wie etwa bei Ekel oder Scham. Da positive Gefühle uns also nicht so sichtbar mobilisieren, wirken sie oft „unscheinbar" und sind daher oft nicht so leicht erkennbar. Aber in ihrer Wirkung sollte man sie nicht unterschätzen. Denn sie nützen 35 in vierfacher Weise: Zum einen begünstigen sie den Aufbau und die Pflege sozialer Beziehungen. Solche Bindungen wiederum erleichtern uns das Leben und stellen in Krisenzeiten eine wichtige Unterstützung dar. Zum anderen fördern sie das Lernen und 40 die Kreativität und sie helfen uns dabei, bei Problemen Lösungen zu finden. Darüber hinaus tragen sie dazu bei, dass wir uns nicht so leicht gestresst fühlen und uns Stress nicht so stark belastet. Dies wiederum wirkt sich positiv auf unsere körperliche 45 Gesundheit aus. Und schließlich stärken sie unsere psychischen Fähigkeiten wie Widerstandskraft und Optimismus und festigen so unsere Persönlichkeit.

Heißt das nun, dass wir permanent guter Laune sein müssen und nur angenehme Gefühle haben 50 dürfen? Nein, denn wie Studien belegen, macht uns eine Prise Ängstlichkeit, Aggressivität oder Selbstzweifel in vielen Bewährungssituationen effektiver und leistungsfähiger. Ein Maximum an Glück ist nämlich nicht nur nicht machbar, es wäre sogar 55 kontraproduktiv. Eine Beziehung z. B., in der es keine Differenzen und damit auch keine Kritik,

keine Enttäuschungen gäbe, ist kaum vorstellbar. Denn in einer solchen Partnerschaft würden auch
60 die positiven Emotionen ihre Wirkung verlieren. Wenn nämlich nie kritisiert oder gestritten wird,

verlieren Lob und Anerkennung ihre Wirkung. Bleibt nur zu sagen: Lassen Sie alle Ihre Gefühle zu, sie machen Ihr Leben reicher und differenzierter!

Ⓟ TD **d** Lesen Sie den Artikel in 1c noch einmal und entscheiden Sie bei jeder Aussage zwischen „stimmt mit Text überein" (j), „stimmt nicht mit Text überein" (n), „Text gibt darüber keine Auskunft"(?).

1. Gefühle sind u.a. dafür verantwortlich, dass wir schneller denken und reagieren können. [j] [n] [?]
2. Ohne Gefühle hat das Leben der Menschen keinen Sinn. [j] [n] [?]
3. Negative Gefühle sind schädlich, weil sie unsere Denk- und Handlungsmöglichkeiten beschränken. [j] [n] [?]
4. Positive Gefühle haben weniger Einfluss auf unsere Psyche und unser Leben als negative. [j] [n] [?]
5. Um Beziehungen zu anderen Menschen aufzubauen, sind positive Gefühle hilfreich. [j] [n] [?]
6. Unter dem Einfluss positiver Gefühle sind wir aufmerksamer. [j] [n] [?]
7. Positiv gestimmten Personen fällt das Lernen schwerer als schlecht gelaunten Menschen. [j] [n] [?]
8. Positive Gefühle können vor Stress schützen und stärken unsere Psyche. [j] [n] [?]
9. Ständig gut gelaunt zu sein, ist nicht notwendig und auch nicht wünschenswert. [j] [n] [?]

e Korrigieren Sie die Aussagen in 1d, bei denen Sie „n" angekreuzt haben.

❷ Kurz und knapp

a Lesen Sie den Artikel in 1c noch einmal und markieren Sie die Sätze oder Redemittel, die ein Argument einleiten oder die den Übergang zum nächsten Argument zeigen.

☞ **b** Erstellen Sie mithilfe der Markierungen in 2a und der Aussagen in 1d und 1e einen Textbauplan.

> *Funktion von Gefühlen: Denken aktivieren, ...*
> ↓
> ...
> ↓

Ⓟ DSH **c** Fassen Sie mithilfe Ihres Textbauplans den Artikel mündlich zusammen. Ihr Partner / Ihre Partnerin vergleicht Ihre Zusammenfassung mit seinem / ihrem Textbauplan. Besprechen Sie dann Ihre Textbaupläne und verändern Sie sie ggf. Erstellen Sie dann gemeinsam eine schriftliche Zusammenfassung. `AB: B2` ▷

Ⓟ DSH ## ❸ Gefühlsleben

Nehmen Sie Stellung zur Aufforderung des Autors am Ende des Artikels in 1c. Ist es wirklich positiv, auch negative Gefühle zuzulassen, oder sollte man sie unterdrücken und sich auf die positiven konzentrieren? Begründen Sie Ihren Standpunkt schriftlich. Die Redemittel helfen Ihnen.

> **Einleitung:** In dem Artikel „..." aus ... wird folgende These aufgestellt: ...
> **Argumentieren:** Ich bin der Ansicht / Auffassung, dass ..., weil ... | Man sollte ... | ... hat den Vorteil / Nachteil, dass ... | Dafür / Dagegen spricht, dass ... | Ein Argument dafür / dagegen ist ...
> **Vergleichen:** Im Vergleich / Unterschied zu ... | Verglichen mit ... | Während ... | Auf der einen Seite ..., auf der anderen Seite ... | Einerseits ..., andererseits ...
> **Schlussteil:** Zusammenfassend lässt sich sagen: ... | Ich vertrete die Meinung / den Standpunkt, dass ... | Meiner Ansicht / Überzeugung nach ... | Ich bin der Überzeugung, dass ...

Stark durch Gefühle

1 „Barfuss" – ein Film von Til Schweiger (2005)

a Lesen Sie den Anfang der Inhaltsangabe des Films „Barfuss" aus dem Internet und überlegen Sie in Gruppen, wie der Film weitergehen könnte. Schauen Sie sich dazu die Fotos unten an und erörtern Sie, ob die jeweiligen Vermutungen zutreffen könnten oder nicht.

Nick Keller (Til Schweiger) ist das schwarze Schaf einer reichen Familie. In den letzten Monaten hatte er sechs Arbeitsplätze und wurde jedes Mal rausgeworfen. Und auch sein Verhältnis zu seiner Familie ist nicht spannungsfrei. Sein Stiefvater Heinrich (Michael Mendl) und sein Bruder Viktor (Steffen Wink) halten ihn für einen völligen Versager. Nur seine Mutter (Nadja Tiller) hat den Glauben an ihn nicht verloren, aber die hat er seit acht Monaten nicht mehr angerufen.

Vom Arbeitsamt wird er als Reinigungskraft in eine psychiatrische Klinik vermittelt. Nachdem er auch dort kein Verantwortungsbewusstsein gezeigt hat, wird er sofort entlassen. Zerknirscht setzt er sich in eine Ecke des Badezimmers und überlegt, was er als Nächstes tun soll. Auf diese Weise kann er in letzter Sekunde verhindern, dass sich die junge Leila (Johanna Wokalek) das Leben nimmt. Aber das hat ungeahnte Konsequenzen: Leila folgt ihrem Retter heimlich und steht abends plötzlich vor seiner Tür – im Nachthemd und barfuß. …

1. a Bestimmt hat Nick Schwierigkeiten damit, dass Leila ihre Gefühle ganz direkt zeigt.
   b Vielleicht verliebt sich Leila in Nick, aber Nick nicht in Leila.
   c Nick lernt wahrscheinlich durch Leila, Gefühle für andere Menschen zu empfinden.

2. a Leila bittet Nick höchstwahrscheinlich, bei ihm bleiben zu können.
   b Leila ist sicher sehr krank, denn sonst würde sie nicht im Nachthemd zu Nick gehen.
   c Leila will eventuell sehr schnell wieder in die Klinik zurück, weil sie sich dort sicherer fühlt.

3. a Nick und Leila reisen möglicherweise quer durch Deutschland.
   b Sie haben auf jeden Fall Probleme auf der Reise.
   c Nick bringt Leila vermutlich sofort in die Psychiatrie zurück.
   d Die Geschichte geht ganz sicher nicht gut aus.

91–93 **b** Hören Sie eine Filmbesprechung zu „Barfuss" und bringen Sie die Phasen des Handlungsablaufs in die richtige Reihenfolge.

☐ A. Einkauf zu zweit   ☐ C. Auf dem Weg zur Hochzeit   ☐ E. In der Klinik

☐ B. Bei der Hochzeit   1 D. Begegnung von Leila und Nick

c Erstellen Sie zunächst einen Notizzettel mit den 5 Punkten aus 1b, hören Sie dann die Filmbesprechung noch einmal und machen Sie Notizen zu jedem der Punkte.

> Handlungsablauf „Barfuss"
> 1. Begegnung von Leila und Nick
>   • Nick: Reinigungskraft in psychatrischer Klinik
>   • verhindert Selbstmord von Leila
>   • Leila heimlich vor Nicks Tür
> 2.
> 3.
> 4.
> 5.

d Vergleichen Sie Ihre Notizen mit Ihren Vermutungen in 1a. `AB: C1–2`

G 4.2, 4.4 **② Sprache im Mittelpunkt: Vermutungen über Gegenwärtiges / Zukünftiges**

a Markieren Sie in den Sätzen in 1a die Wörter (Modalangaben), die zeigen, dass es sich um eine Vermutung handelt.

Ⓟ DSH **b** Mit Modalverben im sog. subjektiven Gebrauch kann man wie mit Modalangaben persönliche Vermutungen ausdrücken. Ordnen Sie die Modalangaben in die Tabelle ein. Die Prozentzahlen helfen Ihnen, eine Vorstellung vom Grad der Sicherheit zu erhalten. `AB: C3–4`

> ~~gut möglich, dass…~~ | bestimmt | vermutlich | eventuell | fast sicher | möglicherweise | sicher |
> vielleicht | höchstwahrscheinlich | auf jeden / keinen Fall | wahrscheinlich | ganz sicher nicht

Sicherheit	ca. 98 %	ca. 90 %	ca. 75 %	ca. 60 %	ca. 50 %
Modalangaben			gut möglich, dass…		
Modalverben	muss kann nicht	müsste	dürfte	könnte	kann

c Formulieren Sie die Vermutungen in 1a um, indem Sie sie mit Modalverben formulieren.

d Auch mit „werden" + Infinitiv (Futur I) kann man Vermutungen äußern. Lesen Sie den Satz und überlegen Sie, in welche Spalte in 2b man „werden" + Infinitiv einordnen kann. `AB: C5`

Der Film „Barfuss" wird (wohl) ein „Happy End" haben.

> **Tipp**
> „werden" + Infinitiv als Vermutung wird meist mit einer Modalangabe verwendet, z. B. „wird wohl".

e Vermutungen vor dem Dreh: Formulieren Sie die Sätze mit Modalverben. Welchen Satz können Sie auch mit „wird wohl" formulieren?

1. Vielleicht hat der Film auch im Ausland Erfolg.
2. Die Produktion des Films ist wahrscheinlich sehr teuer.
3. Die Dreharbeiten dauern bestimmt nicht so lange.
4. Möglicherweise verlieben sich die Hauptdarsteller auch in der Realität ineinander.

Gefühle verstehen

1 **San Salvador (1)**

a Lesen Sie den ersten Teil der Kurzgeschichte „San Salvador" von Peter Bichsel und sammeln Sie in Gruppen Informationen zu folgenden Punkten. Wenn Sie keine Informationen finden, stellen Sie Vermutungen an und begründen Sie sie.

1. Ort der Handlung: *Paul muss zu Hause sein, denn im Text steht: „Nun würde also Hildegard heimkommen" (Z. 19)*

2. Zeit der Handlung: ....

3. Personen: ....

4. Hauptperson: ....

5. Beschäftigung der Hauptperson: ....

6. Gefühle der Hauptperson: ....

7. Überlegung der Hauptperson: ....

San Salvador

Er hatte sich eine Füllfeder gekauft.

Nachdem er mehrmals seine Unterschrift, dann seine Initialen, seine Adresse, einige Wellenlinien, dann die Adresse seiner Eltern auf ein Blatt gezeichnet hatte, nahm er einen neuen Bogen, faltete ihn sorgfältig und schrieb: „Mir ist es hier zu kalt", dann,

5 „ich gehe nach Südamerika", dann hielt er inne, schraubte die Kappe auf die Feder, betrachtete den Bogen und sah, wie die Tinte eintrocknete und dunkel wurde (in der Papeterie garantierte man, dass sie schwarz werde), dann nahm er seine Feder erneut zur Hand und setzte noch seinen Namen Paul darunter.

Dann saß er da.

10 Später räumte er die Zeitungen vom Tisch, überflog dabei die Kinoinserate, dachte an irgendetwas, schob den Aschenbecher beiseite, zerriss den Zettel mit den Wellenlinien, entleerte seine Feder und füllte sie wieder. Für die Kinovorstellung war es jetzt zu spät. Die Probe des Kirchenchores dauert bis neun Uhr, um halb zehn würde Hildegard zurück sein. Er wartete auf Hildegard. Zu all dem Musik aus dem Radio. Jetzt drehte

15 er das Radio ab.

Auf dem Tisch, mitten auf dem Tisch, lag nun der gefaltete Bogen, darauf stand in blauschwarzer Schrift sein Name Paul.

„Mir ist es hier zu kalt", stand auch darauf.

Nun würde also Hildegard heimkommen, um halb zehn. Es war jetzt neun Uhr. Sie

20 läse seine Mitteilung, erschräke dabei, glaubte wohl das mit Südamerika nicht, würde dennoch die Hemden im Kasten zählen, etwas müsste ja geschehen sein. Sie würde in den „Löwen" telefonieren.

Der „Löwen" ist mittwochs geschlossen.

Sie würde lächeln und verzweifeln und sich damit abfinden, vielleicht. ...

b Überlegen Sie sich in Gruppen, wie die Kurzgeschichte weitergehen könnte.

c Präsentieren Sie Ihre Versionen im Kurs und vergleichen Sie sie.

② San Salvador (2)

a Lesen die Fortsetzung der Kurzgeschichte und vergleichen Sie sie mit Ihren Versionen in 1c. `AB: D1`

> 25 Sie würde sich mehrmals die Haare aus dem Gesicht streichen, mit dem Ringfinger der linken Hand beidseitig der Schläfe entlang fahren, dann langsam den Mantel aufknöpfen.
>
> Dann saß er da, überlegte, wem er einen Brief schreiben könnte, las die Gebrauchsanweisung für den Füller noch einmal – leicht nach rechts drehen – las auch den
> 30 französischen Text, verglich den englischen mit dem deutschen, sah wieder seinen Zettel, dachte an Palmen, dachte an Hildegard.
>
> Saß da.
>
> Um halb zehn kam Hildegard und fragte: „Schlafen die Kinder?"
>
> Sie strich sich die Haare aus dem Gesicht.

b Sprechen Sie im Kurs über folgende Punkte.

1. Was bedeutet: „Mir ist es hier zu kalt"?
2. Warum heißt die Geschichte „San Salvador"?
3. Welche Beziehung haben Paul und Hildegard zueinander?
4. Was bedeutet: „Sie strich sich die Haare aus dem Gesicht."?
5. Warum schreibt Paul den Brief und bleibt trotzdem?

c Können Sie Pauls Verhalten verstehen? Kennen Sie dieses Gefühl? Sprechen Sie mit einem Partner / einer Partnerin über Ihre eigenen Sehnsüchte. `AB: D2`

③ Interpretationen zu „San Salvador".

a Fassen Sie die Hauptthese der jeweiligen Interpretation in einem Satz zusammen.

A In seiner Kurzgeschichte „San Salvador" erzählt Peter Bichsel vom Leiden am Alltag. Paul, der Protagonist der Geschichte, leidet als verheirateter Mann und Familienvater unter dem Einerlei des Alltags und der Kälte des Alleinseins. Die innige Beziehung zu seiner Frau Hildegard und auch die von Wärme geprägte Atmosphäre in der Familie gehören der Vergangenheit an. Es bleibt nur noch die Sehnsucht, diesem eintönigen und kalten Alltag zu entfliehen.

B „Mich interessiert, was auf dem Papier geschieht." Diese Grundidee des Erzählens veranschaulicht Peter Bichsel in „San Salvador". Aus einer zufälligen Beschäftigung mit einem Gegenstand, dem Füller, entsteht ein Text. Zwar schreibt Paul „Fluchtsätze" und spielt das Fluchtszenario im Kopf durch. Doch dann bleibt er sitzen und handelt in keiner Weise so, dass wir seine Gedanken ernst nehmen sollten. Paul erlaubt sich etwas, was wir heute kaum noch tun: Er nimmt sich Zeit, seinen Gedanken und Gefühlen nachzuhängen.

b Welche Interpretation finden Sie passend? Begründen Sie Ihre Meinung.

④ Peter Bichsel

Sammeln Sie Informationen über den Autor, visualisieren Sie diese an einer Pinnwand und stellen Sie ihn im Kurs vor.

Fingerspitzengefühl

1 Militärschnitt

a Schauen Sie sich die Fotos oben an und überlegen Sie sich, welche Rolle sie in einer Erzählung spielen könnten.

94–96 b Hören Sie die Erzählung. Notieren Sie nach dem ersten Hören die wichtigsten Informationen zu den W-Fragen.

• Wer? • Was? • Warum? • Wo? • Wann?

c Bilden Sie drei Gruppen, wählen Sie jeweils eine Person aus und notieren Sie das, was diese Person tut oder sagt.

• Susanna • Susannas Ehemann • Kunde

d Tragen Sie im Kurs die Einzelheiten der Erzählung zusammen.

2 Was könnte passiert sein?

a Die Polizei ist am Tatort und stellt Vermutungen an. Welche der Vermutungen stimmen wohl? Kreuzen Sie an. AB: E1

1. Es kann ein Unfall gewesen sein. r f
2. Das Opfer könnte sich selbst verletzt haben. r f
3. Der Ehemann dürfte sehr emotional reagiert haben. r f
4. Die Frau des Friseurs und das Opfer müssen sich vorher sehr gut gekannt haben. r f
5. Die Frau des Friseurs müsste den Unfall beobachtet haben, da sie im Laden war. r f
6. Der Friseur und seine Frau könnten die Tat gemeinsam geplant haben. r f
7. Das Opfer und der Ehemann können sich nicht gekannt haben. r f

b Schreiben Sie die Geschichte neu, indem Sie sie entweder aus der Perspektive von Susanna oder aus der des Kunden, eines Polizisten oder eines Zeugen erzählen. Beschreiben Sie auch deren Gedanken und Gefühle.

▶ G 4.2 ③ Sprache im Mittelpunkt: Vermutungen über Vergangenes

Schreiben Sie die Sätze aus 2a sowie eine weitere Vermutung in eine Tabelle. Ergänzen Sie dann die Regel unten. AB: E2 ▸

	Modalverb		Partizip Perfekt	„haben"/„sein"
Es	kann	ein Unfall	gewesen	sein.
…				

> Vermutungen über Vergangenes: Modalverb („können", „dürfen", „müssen") im Präsens/Konjunktiv II +
> Partizip Perfekt vom Vollverb + Infinitiv von „.........................." oder „..........................".

④ Susanna schreibt an ihre Freundin Carmen

Was berichtet Susanna? Vergleichen Sie die Mail mit Richards Aussagen in 1b. Gibt es Unterschiede? AB: E3 ▸

✉ 🗋 📎 →   ▬ ☐ ✕

Liebe Carmen,
wie geht's dir **denn**? Lange nichts gehört. Und bei mir? Stell dir vor, neulich als Richard zufällig nicht im Friseurladen war, hatte
ich einen total faszinierenden Kunden. Er arbeitet **wohl** beim Militär, denn er wollte so einen ganz kurzen Haarschnitt. Er hat
mir lauter Komplimente gemacht. Na ja, am Ende haben wir unsere Handynummern ausgetauscht. **Eigentlich** dachte ich, dass
er sich nicht mehr melden würde. Denn er hatte mir erzählt, dass er oft im Ausland arbeitet. Wir haben uns dann aber doch
zweimal getroffen. Da hat er mit mir geflirtet und mir beim zweiten Mal gesagt, dass ich die Frau seines Lebens wäre. Zuerst
hat mir das natürlich geschmeichelt, aber dann … Und jetzt meldet er sich ständig und will mich wieder treffen. Neulich habe
ich ihn sogar vorm Laden stehen sehen! Das alles ist jetzt **einfach** nur noch unangenehm. Ich möchte das nicht, ich bin **doch**
schließlich verheiratet und hab ihm das auch gleich gesagt. Und ich habe auch etwas Angst, dass der Typ eines Tages in den
Laden kommt, wenn Richard da ist. Und du weißt **ja**, wie eifersüchtig der ist, auch wenn er dazu keinen Grund hat. Könntest du
mal in deiner „Tippsammlung" nachsehen und mir einen guten Rat geben? Bitte antworte schnell!
Deine Susanna

▶ G 9 ⑤ Sprache im Mittelpunkt: Gefühle unterstreichen

Welche Bedeutung haben die fett gedruckten Modalpartikeln in 4 im Kontext? Kreuzen Sie an. AB: E4 ▸

1. denn: a genaue Nachfrage   b Erstaunen
2. wohl: a Überraschung   b Vermutung
3. eigentlich: a Einschränkung   b Aufforderung
4. einfach: a Betonung des Adjektivs   b Abschwächung des Adjektivs
5. doch: a Widerspruch   b Bestätigung
6. ja: a Warnung   b Bekanntes
7. mal: a freundliche Aufforderung   b direkte Aufforderung

⑥ Über Gefühle schreiben

Schreiben Sie eine Antwortmail an Susanna.

- Äußern Sie Vermutungen, warum sich der Kunde so verhält und was passieren könnte, wenn Richard ihn im Laden sieht.

- Gehen Sie auch auf Susanna ein, indem Sie von einer ähnlichen Situation berichten oder eine solche erfinden.
  Beschreiben Sie auch die Gefühle in dieser Situation.

Gemischte Gefühle

 1 **Bücher: Erfahren Sie mehr über die Welt der Gefühle**

Lesen Sie die Kurzrezensionen aus einem Bücherjournal und lösen Sie die Aufgabe. AB: F1 ▶

Gefühle bestimmen unser Leben ganz wesentlich. Seit den 1990er-Jahren weiß man zudem, dass das Vorhandensein und der bewusste Umgang mit Gefühlen, Emotionen und Stimmungen eine hohe emotionale Intelligenz ausmachen. Infolgedessen gibt es eine Reihe von Veröffentlichungen, die um das Thema „Gefühle" kreisen.

Was denken Sie, welches der sechs Bücher (A–F) wäre für die einzelnen Personen von Interesse? Wenn Sie kein passendes Buch finden, notieren Sie „0".

Welches Buch wäre von Interesse für:

1 Marietta R.: Sie leidet seit Monaten unter der Trennung von ihrem Mann und möchte sich endlich von ihren negativen Gefühlen befreien.

2 Olga S.: Sie sucht einen Ratgeber, um sich besser gegen den psychischen Druck ihres Chefs wehren zu können.

3 Johanna M.: Sie ist Musikerin und würde gern etwas über den Einfluss von Gefühlen auf die Werke großer Komponisten erfahren.

4 Beatrice H.: Sie möchte ihrem sehr ängstlichen 5-jährigen Sohn durch Geschichten die Furcht nehmen.

5 Holger V.: Er macht eine Ausbildung zum Familientherapeuten und möchte Genaueres über die Bedeutung der Gefühle in der Psychologie lernen.

A

Gefühlsmanagement
von Andreas Stein
Fast jeder kennt das: In bestimmten Situationen wollen wir sachlich bleiben und doch kommen Emotionen hoch. Gefühle bestimmen nämlich letztendlich unser Handeln und unsere Entscheidungen. Nur wer dieser Tatsache ins Auge sieht und sie im Alltag berücksichtigt, kann seine tägliche Arbeit bewältigen und im Beruf bestehen. Ein Buch für alle, die lernen wollen, wie sie erfolgreich mit den eigenen Gefühlen und den Gefühlen ihrer Mitmenschen umgehen.

B

Drohen mit Gefühlen – die Gefahr der emotionalen Erpressung
von Patricia Sleet
„Wenn du jetzt gehst, habe ich keinen Sohn mehr.", „Wenn du das tust, ist es aus mit uns.", „Wenn Sie sich nicht stärker engagieren wollen, wird es für eine weitere Zusammenarbeit schwierig." – Wer kennt sie nicht, die emotionalen Erpressungsversuche. Die „Erpresser" – Partner, Freunde, Eltern, Vorgesetzte – wissen genau, wo sie ansetzen müssen, um ihr Opfer zu „überzeugen". Die bekannte Psychologin Patricia Sleet veranschaulicht mit zahlreichen Fallbeispielen, wie solche Erpressungen funktionieren und wie man sich der Manipulation entziehen kann.

C

Psychologie der Emotionen
von Matthias Hösch
Wer mit den eigenen Gefühlen und mit den Emotionen anderer Personen klug umgehen will, muss zunächst die oft recht komplizierten Vorgänge dahinter verstehen lernen. Besonders für Pädagogen und Personen aus anderen sozialen Berufen ist das Verstehen der Gefühle von grundlegender Bedeutung. Mit diesem Lehrwerk bietet Matthias Hösch allen Interessierten eine verständliche Einführung in die Emotionspsychologie. Es ist praxisnah und leicht verständlich aufgebaut; zahlreiche Fallbeispiele, Abbildungen und Übungen veranschaulichen die neuesten neurophysiologischen Erkenntnisse und geben Auskunft über die Bedeutung von Emotionen im sozialen Umfeld.

Denken Sie positiv. Der Weg zur inneren Freiheit
von Markus Zach

Sind Sie innerlich erschöpft? Wollen Sie sich von belastenden oder krank machenden Gefühlen befreien? Oder wollen Sie durch mehr Ausstrahlungskraft besser überzeugen und die verborgenen Führungsqualitäten in Ihnen wecken? Mit dem Ratgeber von Markus Zach lernen Sie Übungsmethoden kennen, die Ihnen helfen, Ihre inneren Kräfte zu mobilisieren und so Ihre Emotionen zu verändern: Ausgeglichenheit und Ausstrahlung durch mehr positive Gefühle ist das Erfolgsrezept.

Die Botschaften der Musik
von Natalie Lerhoff

Musik erzeugt Gefühle, löst emotionale Reaktionen aus und beeinflusst die Gefühlswelt des Hörers. Während sich die Musiktherapie diese Tatsache schon lange zunutze macht, interessiert sich die wissenschaftliche Musikpsychologie erst in neuester Zeit für die Frage, was Menschen während des Hörens von Musik empfinden. Dieses Buch gibt einen Überblick über die neuesten Forschungsergebnisse und über die aktuelle Diskussion. Somit richtet es sich nicht nur an Musikpsychologen und -therapeuten, sondern auch an Eltern, Pädagogen und alle anderen am Thema Interessierten.

Der kleine Hase wird mutig
von Klara Rösner

Der kleine Hase fürchtet sich vor dunklen Kellern, großen Kindern und Gespenstern. Deshalb spielt er lieber mit dem kleinen Maxi. Aber als der Wolf Maxi holen will, ist der kleine Hase kein Angsthase mehr, sondern zeigt, wie viel Tapferkeit in ihm steckt. Eine bezaubernde Geschichte für unsere Kleinen, die fasziniert und Mut macht.

2 Gefühlshoch – Gefühlstief

a Ordnen Sie die Redemittel in eine Tabelle wie unten ein. `AB: F2`

> ~~Das hat mir wahnsinnig gut getan.~~ | Ich bin / war echt sauer. | Das hat mir wehgetan / tut mir weh. | Das ist / war unglaublich / toll. | Ich bin / war völlig verärgert / wütend. | Ich bin / war tief enttäuscht / tieftraurig. | Das hat mich sehr gefreut. | Ich bin / war völlig überrascht / gerührt / begeistert. | Das hat mich sehr verletzt / traurig gemacht. | Das ärgert mich total / hat mich total geärgert.

positiv überrascht sein	traurig sein	verärgert sein
Das hat mir wahnsinnig gut getan.		

b Wählen Sie eine der folgenden Situationen. Bereiten Sie zu zweit einen kleinen Dialog (Bericht und Reaktion) vor, verwenden Sie dafür auch die Redemittel in 2a und im Arbeitsbuch. Präsentieren Sie Ihre Dialoge dann im Kurs.

1. Sie arbeiten erst seit zwei Wochen in einer Firma und dachten, dass niemand weiß, dass Sie heute Geburtstag haben. Aber die Kollegen und der Chef haben eine kleine Party mit Essen und Getränken vorbereitet und Ihnen etwas geschenkt. Sie erzählen Ihrer Frau / Ihrem Mann davon.

2. Sie sind traurig, weil Ihr Freund / Ihre Freundin eine Menge Hobbys hat und sehr viel ohne Sie unternimmt. Sie reden mit einem Freund / einer Freundin darüber.

3. Ihr Kind ist schwer krank und Sie wollen sich deshalb freinehmen. Ihr Chef sieht das aber nicht ein und möchte auch noch, dass Sie Überstunden machen, um Ihr Projekt pünktlich abzuschließen. Sie sind völlig verärgert und sprechen mit einem Kollegen / einer Kollegin.

Raus in die Welt

① Menschen in der Welt

a Schauen Sie sich die Fotos an. Sprechen Sie in Gruppen, warum und / oder mit welchem Ziel Leute ins Ausland gehen und welche Folgen damit verbunden sind. Notieren Sie Ihre Ideen in einer Tabelle. Verwenden Sie auch die Redemittel unten.

Gründe	Ziele	Folgen
bekommt in der Heimat keinen Studienplatz,	internationaler Studienabschluss,	bessere berufliche Perspektiven im Heimatland,

> Ich glaube / nehme an / denke / vermute / bin mir sicher, dass… | vielleicht / möglicherweise / vermutlich / (höchst)
> wahrscheinlich / bestimmt / sicher(lich) / … | kann / könnte / wird (wohl) / dürfte / müsste / muss / kann nicht …

b Tauschen Sie sich im Kurs über Ihre Ergebnisse in 1a aus und ergänzen Sie ggf. Ihre Tabelle.

② Persönliche Erfahrungen im Ausland

a Lesen Sie die drei Kurzberichte auf der nächsten Seite und markieren Sie alle Textstellen, in denen es um Gründe, Ziele oder Folgen geht. Vergleichen Sie diese dann, indem Sie sie mit eigenen Worten wiedergeben. `AB: A1`

A

Karin Schneider (33) und ihr Mann Dirk (35) aus Berlin verließen Deutschland vor vier Jahren. „Mangel an Flexibilität und festgefahrene Karriereaussichten" hatten dazu geführt, dass sie in Deutschland immer unzufriedener wurden, bis sie sich schließlich dazu entschlossen, nach Australien auszuwandern. „Wir wollten ein neues Leben! Zwar mussten wir in Australien noch einmal ganz von vorne anfangen. Aber wir haben es geschafft! In den vier Jahren, die wir nun hier leben, haben wir uns so weit hochgearbeitet, dass wir jetzt etwa das Dreifache verdienen. – Auf gar keinen Fall würden wir wieder nach Deutschland zurückgehen!"

B

Oskar Wiesner (56) hatte sein Leben als Angestellter in einer Möbelfabrik satt. Er wollte in Kolumbien noch einmal neu anfangen und eine Schreinerei aufmachen. „Wer im Ausland seine Erfahrungen und sein Fachwissen einbringt und wer über genügend Kapital verfügt, um die Aufbauphase unbeschadet zu überstehen, der wird auch sein Glück finden", war sein Motto. Nur leider kam er am Anfang überhaupt nicht mit der Mentalität seiner Kunden zurecht. Er ist in Kolumbien nun sein eigener Chef, aber immer noch dabei, seine Schulden abzuzahlen.

C

Vor fünf Jahren verließen Jutta Schultinger und ihr Mann Klaus Deutschland, um endlich ihren langjährigen Traum vom Leben in Kanada zu verwirklichen. „Mein Mann und ich haben anfangs Arbeiten angenommen, die weit unter unserer Ausbildung lagen, um uns über Wasser zu halten. Zum Glück haben wir und die Kinder in der Nachbarschaft und im Kollegenkreis relativ schnell Freundschaften geschlossen, und bei sämtlichen Behördengängen trafen wir auf Verständnis und Entgegenkommen. Und obwohl es in Kanadas Großstädten genauso turbulent zugeht wie in Europa, lebt man hier doch sehr viel freier und unkomplizierter."

b Waren Sie, ein Verwandter / eine Verwandte oder ein Freund / eine Freundin schon einmal länger im Ausland? Berichten Sie schriftlich von dieser Erfahrung. Gehen Sie, wenn möglich, auch auf die Gründe und Ziele des Auslandsaufenthalts ein und beschreiben Sie, was sich aus dem Aufenthalt entwickelte. `AB: A2`

③ Erst mal ins Ausland?

`97-99`
`DSH/TD`
a Klaus, 25, der zwei Jahre in Mexiko gelebt und studiert hat, unterhält sich mit zwei WG-Mitbewohnerinnen über seine Auslandserfahrung. Hören Sie das Gespräch und machen Sie Notizen zu folgenden Fragen. `AB: A3`

1. Welche Erwartungen hatte Klaus an seinen Auslandsaufenthalt?
2. Welche Vorteile nennt er?
3. Welche Nachteile nennt er?
4. Was sollte man auf keinen Fall tun?
5. Wem würde er einen längeren Auslandsaufenthalt empfehlen?
6. Welche Möglichkeiten nennt er, ins Ausland zu gehen?

`P` `TD` b Wägen Sie Vorteile und Nachteile eines längeren Auslandsaufenthaltes gegeneinander ab. Wählen Sie dazu einen konkreten Kontext, z. B. Auswandern, Praktikum, Au-pair im Ausland, Entsendung von der Mutterfirma o. Ä. Machen Sie dazu Notizen und halten Sie einen kleinen Vortrag. `AB: A4`

> Ein … hat viele Vorteile / Nachteile: z. B. … | Es ist ein großer Vorteil / Nachteil von …, dass … | Ein weiterer Vorteil / Nachteil … besteht in … / darin, dass … | Darin sehe ich einen Vorteil / Nachteil. | Darin besteht ein Vorteil / Nachteil. | Vorteilhaft / Nachteilig an … ist / sind aber auch … | Ich bin der Ansicht, dass die Vorteile / Nachteile insgesamt überwiegen. | Meines Erachtens gibt es mehr / weniger Vor- als Nachteile.

Studieren im Ausland

1 Deutsche Studenten ins Ausland?

P DSH a Lesen Sie einen Zeitungskommentar über eine aktuelle Studie zur Auslandsmobilität deutscher Studierender und machen Sie Notizen zu folgenden Punkten. AB: B1a

1. Wie viele Studierende in Deutschland gehen für ein Semester ins Ausland?
2. Welche Gründe werden dafür genannt, nicht ins Ausland zu gehen?
3. Welchen Widerspruch gibt es zwischen Erwartungen und Realität?

Zum Studieren mal ins Ausland oder lieber nicht?

Auch in Deutschland wurden im Zuge der Vereinheitlichung europäischer Studienabschlüsse Bachelor- und Masterstudiengänge eingeführt. Eines der Kernziele dieser europaweiten Studienreformen war
5 es, den Studierenden in Zeiten der Globalisierung verstärkte Anreize für Auslandssemester zu bieten. Die Bereitschaft zu einem Auslandsstudium ist dennoch bisher nicht gestiegen. In dieser Hinsicht hat die Reform die Erwartungen zunächst nicht er-
10 füllt, wenn auch eine aktuelle Studie nahelegt, dass sich der Anteil der Studierenden, die während des Studiums ins Ausland gehen, mittelfristig erhöhen könnte. Nach wie vor aber entschließt sich nur etwa ein Drittel aller Studierenden in Deutschland zu
15 einem Auslandssemester, obwohl dies auch im Hinblick auf eine spätere berufliche Tätigkeit große Vorteile mit sich bringt.
Zwar halten die meisten Studierenden Auslandsaufenthalte für sehr wichtig, aber das bedeutet noch
20 lange nicht, dass sie sich selbst auch dafür entscheiden. Woran liegt das? Als wesentliche Hürde werden die Regelstudienzeit und die starke Strukturierung des Studiums empfunden. Der damit verbundene Zeitdruck führt zu Angst vor Zeitverlust. Dazu tragen aber
25 auch Probleme bei der Anerkennung von Studienleistungen aus dem Ausland bei. Eine weitere Hürde stellt der finanzielle Mehraufwand dar, der laut Studie als maßgeblich empfunden wird.

Trotz vieler Stipendienprogramme und Darlehensangebote müssen die meisten Studenten, die ins Aus- 30
land gehen, von ihren Eltern zusätzlich unterstützt werden. Es erstaunt folglich nicht, dass Studenten aus sozial schwächer gestellten Elternhäusern weniger oft im Ausland studieren. Ihr Anteil ist aber steigend. Und nicht zuletzt entscheiden sich einige gegen einen 35
Auslandsaufenthalt, weil sie sich nicht aus ihren familiären, freundschaftlichen und partnerschaftlichen Beziehungen lösen möchten, obwohl diese Trennung nur vorübergehend ist.
Die Studie hat außerdem ergeben, dass bei den 40
Bachelorstudenten doppelt so viele Frauen wie Männer ins Ausland gehen. Der Grund hierfür liegt u. a. in den gewählten Studienfächern, denn in naturwissenschaftlichen und technischen Studienfächern, die weniger zur Mobilität anregen, sind im Vergleich 45
zu kultur- und geisteswissenschaftlichen Fächern in Deutschland weniger Frauen als Männer immatrikuliert.
So gibt es einen starken Widerspruch zwischen den Erwartungen der Gesellschaft bzw. der potentiellen 50
Arbeitgeber und dem, was die Studierenden am Ende tun. Trotzdem sollte man nicht nur ins Ausland gehen, damit es im Lebenslauf schön aussieht. Egal ob Timbuktu oder New York – Studierende sollten sich nur für einen Auslandsaufenthalt und ein Land 55
entscheiden, wenn es sie begeistert.

Lena Bach

P TD b Besprechen Sie in Gruppen, wie die Situation in Ihrer Heimat ist. Gehen viele Studierende während ihres Studiums ins Ausland oder bleiben sie eher im Heimatland? Warum?

c Welche Gemeinsamkeiten bzw. Unterschiede haben Sie festgestellt? Berichten Sie im Kurs. AB: B1b

> Im Unterschied / Gegensatz zu … | Während Studenten in … | Dagegen / Jedoch … | In … und in … |
> Nicht nur …, sondern auch … | In … ist es so ähnlich / genauso wie in … | Im Vergleich zu … | Verglichen mit …

○ G 3.8 **②** # Sprache im Mittelpunkt: Konzessive Haupt- und Nebensätze

a   Lesen Sie zuerst die Erklärung und markieren Sie dann in den Sätzen unten die konzessiven Konnektoren bzw. die Präposition in einer Farbe und die unwirksamen Gegengründe in einer anderen.

> Konzessive Satzverbindungen drücken einen Grund aus, der nicht die Wirkung hat, die man „normalerweise"
> erwartet, sodass etwas entgegen einer Erwartung geschieht bzw. folgt. Deshalb sagt man auch: Sie drücken einen
> „unwirksamen Gegengrund" aus.
> z.B. Man hat die Anreize für ein Auslandsstudium erhöht (aus diesem Grund hat man erwartet, dass mehr Studenten
> im Ausland studieren), dennoch ist die Bereitschaft dafür nicht gestiegen (entgegen dieser Erwartung tun die
> Studenten es nicht).

1. Nur ein Drittel aller Studierenden in Deutschland entschließt sich zu einem Auslandssemester, obwohl dies in beruflicher Hinsicht große Vorteile mit sich bringt.
2. Zwar finden die meisten Auslandsaufenthalte sehr wichtig, aber nur relativ wenige entscheiden sich dafür.
3. Vielen Arbeitgebern ist es wichtig, dass die Bewerber Auslandserfahrung haben. Trotzdem sollte man nicht nur wegen seines Lebenslaufs ins Ausland gehen.
4. Trotz vieler Stipendienprogramme müssen Studenten oft von ihren Eltern unterstützt werden.

b   Sehen Sie sich Ihre Markierungen in 2a an. Was fällt auf? Ergänzen Sie die Regeln. `AB: B 2`

> 1. Der unwirksame Gegengrund steht in Nebensätzen mit „................................". Dieser Nebensatz kann vor oder
>   .... dem Hauptsatz stehen.
> 2. Der unwirksame Gegengrund steht in Hauptsätzen oder Satzteilen mit „................................". Diese stehen vor
>   dem Hauptsatz bzw. Satzteil mit „aber".
> 3. Hauptsätze mit „dennoch" oder „................................" beziehen sich auf einen Hauptsatz davor. In diesem
>   Hauptsatz steht der unwirksame Gegengrund.
> 4. Die Präposition „................................" leitet einen unwirksamen Gegengrund ein.

○ G 3.17 **③** # Sprache im Mittelpunkt: Zweiteilige Konnektoren

a   Markieren Sie in den Sätzen alle Wörter, die Satzteile oder Sätze inhaltlich verbinden. `AB: B 3 a–b`

1. Während eines Auslandssemesters kann man sowohl eine Sprache lernen als auch interkulturelle Erfahrungen sammeln.
2. Viele Studenten möchten entweder im Bachelor- oder im Masterstudium ins Ausland gehen.
3. Für ein Auslandsstudium braucht man nicht nur genügend Geld, sondern auch eine gute Beratung.
4. Viele Studenten halten weder Probleme bei der Anrechnung der Studienleistungen noch die höheren Kosten von einem Auslandsstudium ab.
5. Ein Ziel bei der Einführung von einheitlichen Studienabschlüssen war zwar der einfachere Zugang zum Auslandsstudium, aber bis heute ist dieses Ziel noch in weiter Ferne.
6. Je länger man sich im Ausland aufhält, desto mehr interkulturelle Erfahrungen kann man sammeln.

b   Ordnen Sie mit einem Partner / einer Partnerin den zweiteiligen Konnektoren die folgenden Bedeutungen zu. `AB: B 3 c–d`

> nicht a und nicht b | beides | zwei Entwicklungen in Abhängigkeit voneinander | unwirksamer Gegengrund |
> beides, aber der zweite Punkt ist wichtiger | a oder b

1. sowohl … als auch: ....
2. entweder … oder: ....
3. weder … noch: ....

4. je …, desto: ....
5. zwar …, aber: ....
6 nicht nur …, sondern auch: ....

Wege ins Ausland

1 Nichts wie weg, aber wie?

a Welche Möglichkeiten gibt es für junge Leute, für eine bestimmte Zeit ins Ausland zu gehen? Sammeln Sie in Gruppen und tauschen Sie sich dann im Kurs aus.

b Was ist Eurodesk? Lesen Sie den Infotext und kreuzen Sie an, welche Definition richtig ist.

Nützliche Links zum Thema „Wege ins Ausland"

http://www.wege-ins-ausland.org
http://www.rausvonzuhaus.de
http://www.eurodesk.de
http://www.wwoof.de
http://www.stepstone.de
http://europa.eu

  a Eurodesk ist ein europaweit etabliertes Netzwerk von Agenturen, das Jugendliche bei der Organisation von Auslandsaufenthalten aller Art unterstützt.

  b Eurodesk ist ein europäisches Informationsnetzwerk, das mit 33 National-agenturen und 900 regionalen Servicestellen Auslandsaufenthalte für Jugendliche organisiert.

---

eurodesk

Wir über uns

Eurodesk ist ein europäisches Informationsnetzwerk mit Nationalagenturen in 33 Staaten und über 900 lokalen Servicestellen. In Deutschland arbeitet Eurodesk mit über 40 regionalen und lokalen Partnern zusammen.
Ziel des Netzwerkes ist es, Jugendlichen und Multiplikatoren der Jugend-arbeit den Zugang zu Europa zu erleichtern.
Wir beraten alle Jugendlichen, die gerne für längere Zeit ins Ausland gehen wollen. Egal ob Au-pair, Freiwilligendienste, Jobs und Praktika, Schulaufent-halte u. a. Wir selbst vermitteln bzw. entsenden nicht, informieren Sie aber umfassend über die verschiedenen Programme.

Kontakt:
Eurodesk Deutschland

Godesberger Allee 142-148
53175 Bonn
Hotline: 0228/9506-250
E-Mail: eurodeskde@eurodesk.eu
www.eurodesk.eu

 100–101 **c** Hören Sie einen Auszug aus dem Telefongespräch der Studentin Martina Jung mit einem Mitarbeiter von Eurodesk und notieren Sie, welche Möglichkeiten genannt werden, während eines Studiums ins Ausland zu gehen.

P telc/
TD/DSH **d** Hören Sie das Gespräch in 1c noch einmal und entscheiden Sie, ob die Aussagen richtig (r) oder falsch (f) sind.

1. Die Studentin Martina Jung steht kurz vor dem Abschluss ihres Studiums.   r
2. Eurodesk kann nicht die Qualität aller Organisationen in seinem Netzwerk überprüfen.   r f
3. Am wichtigsten ist es Martina, dass sie ihre Sprachkenntnisse verbessern kann.   r f
4. Der Berater rät von einem Praktikum ab, weil Martina nicht genügend Zeit hat.   r f
5. Er empfiehlt Martina, mit einem Freiwilligendienst ins Ausland zu gehen, weil sie dafür keine Vorkenntnisse braucht.   r f
6. Die Freiwilligenprogramme dauern ein Jahr.   r f
7. Wenn man bei WWOOF arbeiten will, muss man sich lange vorher bewerben.   r f
8. Bei WWOOF muss man die Unterkunft bezahlen.   r f

e Hören Sie das Gespräch ein drittes Mal und korrigieren Sie anschließend, wo nötig, die Aussagen in 1d in ganzen Sätzen.

1. Nein, Martina ist erst im 3. Semester.

2 Nichts wie weg, aber wohin?

a Wenn Sie in einem anderen Land arbeiten oder leben wollten, wohin würden Sie gerne gehen?
Tauschen Sie sich im Kurs aus.

b Lesen Sie die Kurztexte von der Webseite www.stepstone.de zu den Arbeitsmöglichkeiten in den USA, in Norwegen und
in Neuseeland. Machen Sie Notizen zu folgenden Punkten.

1. Gründe, im jeweiligen Land zu arbeiten
2. Bereiche, in denen Mitarbeiter gesucht werden
3. Was man sonst noch beachten muss

Arbeiten in den USA

Nach wie vor sind die USA für viele das Land ihrer Träume. Es liegt an den unternehmerischen Frei-
heiten, dass Geschäftsideen in den USA sehr viel schneller und leichter umgesetzt werden können
als in vielen anderen Ländern. Auch gibt es weniger Schranken und Konventionen hinsichtlich erforder-
licher Ausbildungswege. Somit sind und bleiben die Vereinigten Staaten ein attraktives Land für alle,
die von einer großen Karriere träumen. Doch zur Realisierung dieses Traums sind große Hürden
zu nehmen. Man kann nicht einfach in die USA fliegen und dort einen Job suchen, denn der Aufenthalt
ist nur mit Visum möglich. Man muss also „hartnäckig" sein und von zu Hause aus alle Mittel nutzen, um eine Arbeitsstelle in den
USA zu finden. Die besten Chancen auf dem Arbeitsmarkt haben hoch qualifizierte Fachkräfte mit Berufserfahrung, insbesondere
im Bereich der IT, des Gesundheitswesens und der Forschung. Die Beherrschung der englischen Sprache in Wort und Schrift ist
ein Muss für die Arbeitssuche. ≫ Weiter

Arbeiten in Norwegen

Norwegen ist aufgrund seiner international ausgerichteten starken Wirtschaft als Einwanderungsland äußerst attraktiv. Zudem
liegt die Erwerbsquote im internationalen Vergleich sehr hoch. Und auch mittelfristig sind die Perspektiven für das Land gut. Denn
in bestimmten Wirtschaftszweigen herrscht ein erstaunlicher Arbeitskräftemangel, besonders im Tourismus sowie im Gesund-
heitswesen. Außerdem werden stets Handwerker, Techniker und Ingenieure für die verarbeitende Industrie und das Baugewerbe,
aber auch Geologen und Geophysiker gesucht. Wer kein Norwegisch spricht, kann mitunter auch mit guten Englischkenntnissen
auskommen, dies hängt von Branche und Region ab, in der man arbeiten möchte. Um eine Arbeit anzunehmen, benötigt man eine
Aufenthalts- und eine Arbeitserlaubnis. ≫ Weiter

Arbeiten in Neuseeland

Die atemberaubende landschaftliche Schönheit Neuseelands zieht jährlich Tausende von Touristen an, und viele reizt die Vorstellung, am anderen Ende der Welt zu arbeiten. Die Lebensqualität in Neuseeland ist hoch. Und den Neuseeländern wird eine
gewisse Gelassenheit und Ruhe nachgesagt, die viele Auswanderer suchen. Aber Neuseeland lässt nur eine bestimmte Zahl
an Einwanderern ins Land. Wie gut die Chancen sind, einen Job zu finden, hängt vor allem von der beruflichen Qualifikation ab.
Die neuseeländische Regierung sammelt die Anträge und bewertet diese nach einem Punktesystem, das vor allem die aktuellen
Belange der neuseeländischen Wirtschaft berücksichtigt. Daneben spielen auch familiäre Verbindungen nach Neuseeland oder
Sprachkenntnisse eine Rolle. Mitunter haben Handwerker und IT-Spezialisten gute Aussichten, aber auch Fachkräfte in der Dienst-
leistungsbranche. ≫ Weiter

---

c Ein guter Freund / Eine gute Freundin möchte für einige Zeit im Ausland arbeiten, vielleicht sogar auswandern, und ist auf
der Suche nach Informationen. Helfen Sie ihm / ihr.

- Bilden Sie eine Arbeitsgruppe für jedes in 2b genannte Land und recherchieren Sie bei StepStone. Die Webseite
www.stepstone.de gibt Informationen zu verschiedenen Ländern: „jobs weltweit", dann Tipps „Bewerben im Ausland"
und weiter „Arbeiten im Ausland". Falls Sie keinen Internetzugang haben, kann Ihnen Ihr Kursleiter / Ihre Kursleiterin
die Informationen ausdrucken.

- Welches sind die wichtigsten Voraussetzungen, um im jeweiligen Land zu arbeiten (z.B. Visum, Aufenthaltsgenehmigung, Arbeitserlaubnis, Steuern, …)? Was ist noch von Bedeutung (z.B. Verhaltensregeln, Interkulturelles, …).
Notieren Sie.

d Fassen Sie die Informationen anhand Ihrer Notizen mündlich zusammen und informieren Sie die anderen Gruppen.

Vorbereitungen

1 Viel zu tun, bevor es losgehen kann

a Ein längerer Auslandsaufenthalt rückt näher. Was ist vorher bei Behörden und Ämtern zu erledigen, was im privaten Bereich? Sammeln Sie in Gruppen zehn Punkte. Die schnellste Gruppe gewinnt.

b Tauschen Sie sich im Kurs aus und sortieren Sie die Punkte nach sehr wichtig, wichtig, weniger wichtig.

2 Ein Anruf bei der Gesellschaft für internationale Zusammenarbeit

a Lesen Sie, was Frau Seemann sagt, und überlegen Sie, was Jens Bremer jeweils fragt bzw. antwortet. Notieren Sie.

1. GIZ, Seemann, guten Tag. *Guten Tag, hier Jens Bremer. Bin ich hier richtig …*

2. Ja, genau. Was kann ich für Sie tun?

3. Darf ich fragen, wie alt Sie sind?

4. … Ausbildung beendet. Das ist gut. Haben Sie denn schon Berufspraxis?

5. Das macht nichts. – Wie steht es mit Fremdsprachen?

6. Und wohin zieht es Sie am meisten?

7. Tja, da wollen alle hin. Wenn ich Ihnen einen Tipp geben darf: In asiatischen Ländern finden Sie leichter ein Praktikum. Wie lange wollen Sie denn raus?

8. Dann wären z. B. Japan oder China genau das Richtige für Sie. Da gibt es das Heinz Nixdorf Programm zur Förderung der Asien-Pazifik-Erfahrung deutscher Nachwuchsführungskräfte.

9. Das Programm möchte im Geiste seines Gründers, des Unternehmers Heinz Nixdorf, die Kreativität und unternehmerischen Anlagen der Nachwuchskräfte stärken und sie Marktkenntnisse dort sammeln lassen, wo die Wirtschaft große Dynamik entfaltet – nämlich in Asien.

10. Genauere Informationen können Sie über uns erhalten. Haben Sie was zu schreiben?

11. Also: GIZ, Friedrich-Ebert-Allee 40, 53113 Bonn, Tel: 0228 / 44600, Fax …

12. www.giz.de, dort finden Sie sicher auch noch andere interessante Informationen.

13. Ich wünsche Ihnen viel Erfolg.

14. Wiederhören.

🔘 102–103
ⓟ DSH

b Hören Sie das Telefongespräch. Notieren Sie, was Jens Bremer sagt. Vergleichen Sie die Lösung mit Ihren Notizen in 2a.

c Ordnen Sie die Teile des Telefongesprächs in 2b in einem Ablaufdiagramm. Was macht Gesprächspartner A, was Gesprächspartner B? Manche Teile passen für beide oder mehrfach, ein Teil kommt in 2b nicht vor. AB: D1

> ein Anliegen nennen | ~~sich melden und Gesprächspartner begrüßen~~ | das Gespräch beenden | nach dem Grund des Anrufs fragen | antworten | die Ergebnisse zusammenfassen | fragen

Gesprächspartner A	Gesprächspartner B
sich melden und Gesprächspartner begrüßen	*sich melden und Gesprächspartner begrüßen*
↓	↓
…	…

3 Ein Freund / Eine Freundin möchte nach Deutschland kommen

a Welche Voraussetzungen muss man nach Ihren Kenntnissen erfüllen, um als Ausländer ein Visum, eine Arbeitserlaubnis bzw. eine Aufenthaltsgenehmigung für Deutschland zu bekommen? Sammeln Sie im Kurs.

b Telefonieren Sie nun mit einem Mitarbeiter des Ausländeramts und erkundigen Sie sich genauer nach den Voraussetzungen für einen Arbeitsaufenthalt. Bereiten Sie mit einem Partner / einer Partnerin den Dialog schriftlich vor. Orientieren Sie sich dabei an folgendem Ablaufschema.

Sie	Ausländeramt
Melden Sie sich und fragen Sie, wer zuständig ist.	Melden Sie sich. Sie selbst sind zuständig. Fragen Sie nach den Wünschen.
Fragen Sie nach den Bedingungen für Aufenthalts- und Arbeitserlaubnis für einen ausländischen Freund.	Verweisen Sie höflich auf die Homepage des Amtes.
Sie haben keinen Computer. In der Arbeitszeit ist es nicht erlaubt, im Internet zu recherchieren.	Akzeptieren Sie die Erklärung. Fragen Sie nach, worum es genau geht.
Ein ägyptischer Freund will als Gastwissenschaftler arbeiten. Visum? Welche Unterlagen?	Visum zur Stellensuche bei der deutschen Auslandsvertretung in Ägypten beantragen.
Voraussetzung für so ein Visum?	Gültiger Pass.
Frage nach Aufenthaltsdauer mit diesem Visum.	Berechtigung, sich zur Stellensuche ein halbes Jahr in Deutschland aufzuhalten.
Wie geht es weiter, wenn man eine Stelle gefunden hat?	Ausstellung einer „Blue-Card" bei Jahreseinkommen ab 44.800 € (bei Mangelberufen 34.900 €).
„Mangelberufe"? Bitte um Erklärung.	Berufe, für die große Nachfrage besteht, derzeit Ingenieure.
Wann Möglichkeit zur Einbürgerung?	Nach 8 Jahren, aber schon nach 3 Jahren (bei guten Deutschkenntnissen nach 2 Jahren) Niederlassungserlaubnis für sich und Familie bei Nachweis eines gültigen Arbeitsvertrages.
Bedanken und verabschieden Sie sich.	Reagieren Sie darauf. ·

c Spielen Sie das Gespräch vor. Die anderen hören zu und verfolgen, ob die Gesprächspartner die Anweisungen in 3b umgesetzt und passende Redemittel verwendet haben.

4 Auf ins Ausland – „Noch zu erledigen"

Schreiben Sie einen Brief zu einem der unerledigten Punkte. Die Redemittel unten helfen Ihnen. Achten Sie auch auf die formale Gestaltung des Briefes. AB: D2

1. Impfungen und ärztliche Untersuchung √
2. Jugendzentrum informieren: ehrenamtliche Tätigkeit absagen – Bitte um Verständnis
3. Wohnung kündigen: begründen – Bitte um Bestätigung
4. Mobiltelefon: Bitte um Angebot für Vertrag im Zielland bzw. um Informationen über Kündigungsbedingungen

Hiermit möchte ich Ihnen mitteilen, dass … | Da ich eine Tätigkeit im Ausland aufnehmen werde, … | …, weil ich ins Ausland gehe. | Ich möchte Sie bitten, … | Ich wäre Ihnen sehr dankbar, wenn … | Ich bedaure (sehr), dass … | Hiermit kündige ich … zum (Datum). | Könnten Sie mir bitte mitteilen, … | Für eine kurze Bestätigung wäre ich dankbar. | Ich bitte um Ihr Verständnis.

Ankommen

1 Wohnraumsuche

a Welche Möglichkeiten für befristetes Wohnen kennen Sie aus den deutschsprachigen Ländern? Welche Möglichkeiten gibt es in Ihrem Heimatland?

b Sie suchen für Ihren Aufenthalt in Nürnberg einen möblierten Wohnraum. Dabei stoßen Sie auf die Webseite einer Mitwohnzentrale. Füllen Sie dazu folgendes Formular aus.

Angaben zur Person:

Name / Vorname: ....

Adresse: ....

Telefon: .... Mobil: .... E-Mail: ....

Passnummer: .... Geburtstag / -ort: ....

Arbeitgeber: .... seit / ab wann: ....

Studium wo / was: .... seit / ab wann: ....

Gesuchtes möbliertes Objekt:

Zimmer ☐   Appartement ☐   ....-Zimmer-Wohnung ☐   Haus ☐

Zeitraum ab: .... bis: ....

Personen gesamt: .... davon .... Kinder / Alter: .... max. Mietpreis inkl. Nebenkosten: .... €

Wie sind Sie auf die Mitwohnzentrale aufmerksam geworden? ....

Grund Ihres Wohnraumgesuchs: ....

Zusätzliche Bemerkungen: ....

2 Wohnraum gefunden – der Mietvertrag

a Ordnen Sie mit einem Partner / einer Partnerin folgende Überschriften den Paragraphen des Mietvertrags zu. Nehmen Sie ggf. ein Wörterbuch für die Fachausdrücke zu Hilfe.

> Beendigung des Mietvertrags | Haftung | Hausordnung | Kaution | Mietvertrag u. -dauer |
> Nutzungsbedingungen | Miete | Rückgabe des Zimmers | Sonstiges | Übernahme des Zimmers

§ 1   *Mietvertrag u. -dauer*   Der Mieter erhält vom 01.10.2012 bis zum 30.09.2013 das Zimmer Nr. 87. Einer Verlängerung kann nur in begründeten Fällen stattgegeben werden.

§ 2   ....   Die Grundmiete beträgt monatlich 210,– € zuzüglich 40,– € Nebenkosten. Der Gesamtbetrag ist jeweils monatlich am ersten Werktag zu entrichten.

§ 3   ....   Für den Fall, dass das Zimmer übermäßig abgenutzt wird oder Nebenkosten nachgefordert werden müssen, wird eine Sicherheitsleistung von einer Monatsmiete erhoben.

§ 4   ....   Durch den Abschluss dieses Vertrages erkennt der Mieter die im Wohnheim geltenden Vorschriften an und verpflichtet sich, für ihre Einhaltung zu sorgen.

§ 5   ....   Der Mieter übernimmt das gereinigte, unrenovierte Zimmer vom Vermieter. Er ist für die Renovierung des Zimmers selbst verantwortlich.

§ 6   ....   Das Zimmer wird ausschließlich zum Wohnen zur Verfügung gestellt und darf nicht zu gewerblichen Zwecken genutzt werden. Eine Untervermietung ist nicht gestattet.

§ 7 .... Für vom Mieter oder seinen Besuchern verursachte Schäden haftet der Mieter.

§ 8 .... Der Vertrag kann von beiden Seiten schriftlich bis spätestens zum 3. Werktag eines Monats zum Monatsende gekündigt werden. Das Wohnheim kann den Vertrag bei einem schwerwiegenden Verstoß gegen die Hausordnung oder bei einem Mietrückstand von zwei Monaten fristlos kündigen.

§ 9 .... Der Mieter hat das Zimmer in gereinigtem, unrenoviertem Zustand zu übergeben und vom Hausmeister abnehmen zu lassen. Alle am Inventar oder an den Wänden entstandenen Schäden müssen beseitigt werden.

§ 10 .... Der Mieter muss sich polizeilich an- und abmelden.

(P) DSH **b** Lesen Sie den Mietvertrag in 2a noch einmal und beantworten Sie die Fragen.

1. In welchem Fall kann der Mietvertrag verlängert werden?
2. Warum muss man eine Kaution hinterlegen?
3. Wozu verpflichtet sich der Mieter mit Abschluss des Vertrags?
4. Zu welchem Zweck wird das Zimmer vermietet?
5. Für welche Schäden haftet der Mieter?
6. Aus welchen Gründen kann das Wohnheim den Mietvertrag fristlos kündigen?
7. Wie muss man das Zimmer beim Auszug hinterlassen?

(O) G 5.2 **3 Sprache im Mittelpunkt: Partizip I und II als Attribute**

a Lesen Sie den Vertrag in 2a noch einmal und markieren Sie alle Partizipien I und II. Tragen Sie sie anschließend im Textzusammenhang in eine Tabelle ein. `AB: E1`

Partizip I	Partizip II
§ 4: die im Wohnheim geltenden Vorschriften	§ 1: in begründeten Fällen

b Sehen Sie sich die beiden Sätze an. Wie sind sie im Mietvertrag jeweils verkürzt worden? Besprechen Sie die Veränderungen.

1. Nur in Fällen, die man begründen kann, kann der Mietvertrag verlängert werden. → Nur in begründeten Fällen kann der Mietvertrag verlängert werden.

2. Die Vorschriften, die im Wohnheim gelten, sind einzuhalten. → Die im Wohnheim geltenden Vorschriften sind einzuhalten.

Tipp
Partizip I = Infinitiv + „d", z. B. suchend

c Schauen Sie sich die Beispiele in 3a und 3b an. Was fällt auf? Kreuzen Sie an.

1. Die Partizipialkonstruktion, d.h. die verkürzte Information, steht zwischen:
   a dem Nomen, auf das es sich bezieht, und dem Verb.
   b dem Artikelwort bzw. der Präposition und dem Nomen, auf das es sich bezieht.
2. Die Partizipien erhalten Endungen wie **a** Artikelwörter. **b** Adjektive. **c** Nomen.

(P) DSH **d** Analysieren Sie folgende Ausdrücke. Was bedeuten die Partizipialkonstruktionen? `AB: E2`

1. die im Wohnheim geltenden Vorschriften   *die Vorschriften, die im Wohnheim gelten* ....

2. das gereinigte Zimmer ....

3. vom Mieter verursachte Schäden ....

4. bei einem schwerwiegenden Verstoß ....

5. alle entstandenen Schäden ....

6. der vom Mieter unterschriebene Vertrag ....

Kultur hier und da

① Erste Eindrücke

a Woran denken Sie oder erinnern Sie sich, wenn Sie sich die ersten Tage oder Wochen in einem fremden Land vorstellen? Ergänzen Sie dazu das Assoziogramm.

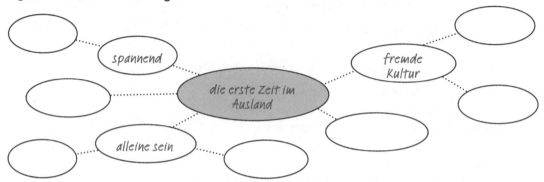

b Sprechen Sie in Gruppen über Ihre Eindrücke, Erlebnisse, Beobachtungen und Gefühle. `AB: F1`

> Als ich zum ersten Mal … | Besonders (positiv/negativ) ist mir in … aufgefallen, dass … | Beeindruckt hat/haben mich … | Über…/Darüber, dass …, war ich sehr erstaunt. | Dass …, war für mich fremd/ganz neu. | An … konnte ich mich gar nicht gewöhnen. | Alles/Alle … erschien(en) mir … | Ich fühlte mich …, wenn/als … | Schwierig war(en) für mich … | Weder … noch … haben mir zugesagt. | Sowohl … als auch … hat/haben mir gefallen.

② Zeit der Anpassung

a Lesen Sie den Auszug aus dem Brief einer Brasilianerin an ihre Deutschlehrerin zu Hause. Welche Erfahrungen beschreibt sie?

> … Im Herbst, als ich hier ankam, war ich total begeistert. Alles so sauber, ordentlich, die Straßen mit schönen Steinen gepflastert. Dann die Natur: bunte Blätter, blauer Himmel – ein Traum! Die Menschen in den Cafés, fast wie bei uns. Aber jetzt: Einen Monat lang hat es nur geregnet. Um vier wird es schon dunkel. Stellen Sie sich vor: Jetzt sind es –15 Grad. Minus! In unserer Kühltruhe sind es –18 °C! Da können Sie sich ja vorstellen, wie ich mich fühle. Und genau so kalt finde ich die Menschen. Im Bus schaut jeder vor sich hin, keiner spricht mit dem anderen – am liebsten möchte ich den ganzen Tag im Bett bleiben! …

b Lesen Sie den Brief in 2a noch einmal und schauen Sie sich die Grafik an. Finden Sie die Erfahrungen der Brasilianerin in der Grafik wieder?

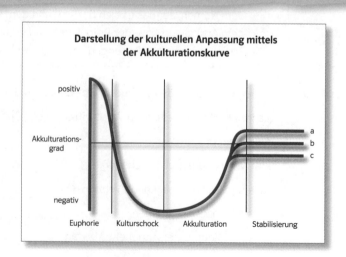

TD/DSH **c** In den Textteilen A bis D werden die Phasen der Anpassung an eine neue Kultur beschrieben. Benennen und nummerieren Sie die Phasen mithilfe der Grafik in 2b. AB: F2

☐ A. In dieser Phase passt sich der / die Fremde an die neue Kultur an. Er gewöhnt sich an die neuen Gegebenheiten und seine Stimmung wird langsam wieder besser. Sie heißt: ....

☐ B. Es verändert sich in diesem Zeitabschnitt die Stimmung: Die lokale Küche, das Klima, das Verhalten der Menschen, eigentlich die ganze Kultur, empfindet die betreffende Person als unangenehm und fremd. Deshalb spricht man von einem ....

☐ C. Jetzt wird deutlich, wie der Einzelne mit den als fremd wahrgenommenen Umständen zurechtkommt, denn dies variiert von Individuum zu Individuum. Man nennt diese Phase ....

☐ D. Hochstimmung kennzeichnet die Erlebniswelt des Neuankömmlings. Der Kontakt mit der neuen Kultur weckt Interesse und löst Optimismus aus. Dies ist eine bereichernde Erfahrung. Deshalb sagt man, es ist die Zeit der

....

d Berichten Sie schriftlich von eigenen Erfahrungen oder denen einer anderen Person im Ausland. Tauschen Sie die Texte mit einem Partner / einer Partnerin und benennen Sie die darin beschriebenen Phasen mithilfe der Akkulturationskurve in 2b.

③ Ferne Nähe

(P) TD **a** In der folgenden Tabelle ist die Zahl der Berührungen von Personen angegeben, die nachmittags in einem Café zusammensitzen. Sprechen Sie in Gruppen darüber.

Land	Häufigkeit der Körperberührungen
Bogotá (Kolumbien)	190
Lyon (Frankreich)	115
Richmond (USA)	5
London (England)	0

b Wie spiegelt sich dies zum Beispiel bei der Begrüßung, Verabschiedung oder beim Gespräch in Kulturen, die Sie kennen, wider? Sammeln Sie Beispiele und berichten Sie dann im Kurs. Vielleicht können Sie diese Beispiele auch in kurzen Szenen darstellen.

c Schreiben Sie einen, nach Möglichkeit humoristischen, Ratgeber für Personen, die in Ihrem Heimatland leben möchten. Was muss die Person wissen, womit muss sie rechnen, worauf sollte sie vorbereitet sein? Sammeln Sie Ideen, wenn möglich mit einem Partner / einer Partnerin aus Ihrer Heimat.

d Verfassen Sie nun, jeder für sich, einen Ratgeber. Tauschen Sie ihn dann mit Ihrem Partner / Ihrer Partnerin und korrigieren Sie Ihre Texte gegenseitig.

e Hängen Sie die Texte im Kurs auf. Gehen Sie herum und lesen Sie die Ratgeber der anderen. Besprechen Sie dann im Kurs, was Ihnen besonders aufgefallen ist.

Natur

1 Natur

Denken Sie eine Minute lang bei geschlossenen Augen an „Natur": Welche Bilder, Geräusche, Gerüche, Gefühle kommen Ihnen dabei in den Sinn? Machen Sie sich dann Notizen und tauschen Sie sich anschließend zu zweit darüber aus.

2 Klingende Natur

104 **a** Hören Sie die Musik. Welche Assoziationen haben Sie?

b Welches der Bilder A bis D passt am besten zur Musik? Warum? Tauschen Sie sich in Gruppen aus.

3 Die Jahreszeiten

a Welcher Gedichtauszug passt zu welcher Jahreszeit? Begründen Sie Ihre Zuordnung. Arbeiten Sie zunächst mit einem Partner / einer Partnerin und stellen Sie dann Ihre Zuordnung im Kurs vor. AB: A1–2

> *Die Welt wird schöner mit jedem Tag,*
> *Man weiß nicht, was noch werden mag,*
> *Das Blühen will nicht enden.*
>
> Ludwig Uhland (1787–1862)

> Die weiße Wüste kam zugleich
> aus dem Norden und aus dem Osten,
> breitete sich aus,
> fraß sich durch unsere Gegend,
> durch unsere Stadt.
> Lähmte alles.
>
> Karl Krolow (1915–1999)

> Die Winde pfeifen, hin und her bewegend
> Das rote Laub, das von den Bäumen fällt,
> Es seufzt der Wald, es dampft das kahle Feld,
> …
>
> Heinrich Heine (1797–1856)

> Schönes, grünes, weiches Gras.
> Drin liege ich.
> Inmitten goldgelber Butterblumen!
>
> Arno Holz (1863–1929)

Da grünt und blüht es weit und breit
Im gold'nen Sonnenschein.
Am Berghang schmilzt der letzte Schnee,
Das Bächlein rauscht zu Tal,
...

Annette von Droste-Hülshoff (1797–1848)

Die Blätter fallen, fallen wie von weit,
als welkten in den Himmeln ferne Gärten;
...

Rainer Maria Rilke (1875–1926)

Nicht ein Flügelschlag ging durch die Welt,
still und blendend lag der weiße Schnee.
Nicht ein Wölkchen hing am Sternenzelt,
keine Welle schlug im starren See.

Gottfried Keller (1819–1890)

Ein Schweigen in schwarzen Wipfeln wohnt.
Ein Feuerschein huscht aus den Hütten.

Georg Trakl (1887–1914)

Es färbte sich die Wiese grün,
Und um die Hecken sah ich's blühn,
Tagtäglich sah ich neue Kräuter,
Mild war die Luft, der Himmel heiter.

Novalis (1772–1801)

Es kommt eine Zeit
da hat die Sonne
alle Arbeit getan
Die Äpfel sind rot
Die Birnen sind gelb
und die Marktfrauen rufen
Pflaumen schöne Pflaumen

Elisabeth Borchers (*1926)

b   Arbeiten Sie zu viert: Jeder / Jede beschäftigt sich mit einer anderen Jahreszeit. Sammeln Sie, was Sie mit dieser
Jahreszeit verbinden. Gestalten Sie ein Plakat zu Ihrer Jahreszeit und präsentieren Sie es dann in Ihrer Gruppe.

- Was ist typisch / charakteristisch für die Natur in dieser Jahreszeit?
- Was ist typisch / charakteristisch für das Verhalten und die Aktivitäten von Menschen und Tieren in dieser Jahreszeit?
- Gibt es bei der jeweiligen Jahreszeit Unterschiede zwischen den deutschsprachigen Ländern und Ihrem Herkunftsland?
- Wie ist Ihre persönliche Einstellung zu dieser Jahreszeit?

4 Norbert

105   a   Hören Sie die Geschichte „Norbert" und machen Sie Notizen zu folgenden Punkten.

1. Wann und wo spielt die Geschichte?
2. Wer ist Norbert?
3. Was macht er und was machen die anderen am Anfang der Geschichte?
4. Was macht er und was machen die anderen im weiteren Verlauf der Geschichte?
5. Welche Einstellung haben die anderen Norbert gegenüber am Anfang und welche am Ende?

b   Arbeiten Sie zu viert: Erzählen Sie die Geschichte reihum anhand Ihrer Notizen. Einer / Eine beginnt mit dem ersten Satz,
der / die Zweite setzt mit dem nächsten Satz fort usw.

c   Kennen Sie eine Geschichte, in der Jahreszeiten oder die Natur eine Rolle spielen? Erzählen Sie im Kurs.   AB: A3

Von der Natur lernen

1 Die Natur als Lehrmeister

Wenn der Mensch Lösungen für technische Probleme sucht, orientiert er sich immer mehr an den teilweise genialen Lösungen der Natur. Was wissen Sie darüber? Sprechen Sie im Kurs.

2 Natur und Technik

a Ordnen Sie die Begriffe den Fotos zu, und beschreiben Sie dann mit den Begriffen die abgebildeten Tiere, Pflanzen, Objekte bzw. Phänomene. AB: B1a

> Dornen | Ente | Flecken | festklammern | Häkchen | Löwenzahn |
> Klette | Netz | Samen | Schlange | Schwimmhaut | Spinne |
> spitz | schweben | stechen | schwimmen | tarnen | weben

A ....

....

B ....

....

C ....

....

D *Dornen,* ....

....

E ....

....

F ....

....

b Was glauben Sie? Für welche technischen Entwicklungen dienten die Tiere, Pflanzen, Objekte bzw. Phänomene auf den Fotos als Modell?

c Ordnen Sie die Fotos oben den folgenden Erklärungen zu. AB: B1b

☐ 1. Stacheldraht ist ein Allerweltsprodukt. Niemand macht sich Gedanken darüber. Woher stammt die Idee zu dieser einfachen und doch wirkungsvollen Methode der Feindabwehr?

☐ 2. Der Klettverschluss ist ein textiler Verschluss, den man nur zusammendrücken oder aufreißen muss. Er besteht aus zwei Nylonstreifen, von denen einer Häkchen, der andere Schlaufen hat.

☐ 3. Das Zeltdach des Olympiaparks in München: ein architektonisches Glanzstück und eine technische Meisterleistung. Das 74.800 qm große Dach ist aus in sich vernetzten Stahlseilen gebildet.

☐ 4. Soldaten haben ein gutes Mittel zur Tarnung: Kleinteilige Farbflecke auf Uniformen bewirken, dass die Körperkonturen schwer vor ähnlichfarbigem Hintergrund zu erkennen sind.

☐ 5. Vor mehr als 400 Jahren gelang der erste Fallschirmsprung. Heutzutage sind Fallschirme technisch sehr ausgereift.

☐ 6. Um im Wasser schneller vorwärts zu kommen, zieht der Mensch Schwimmflossen an.

d   Kennen Sie weitere Beispiele für technische Entwicklungen, bei denen die Natur Vorbild ist oder war?
    Überlegen Sie im Kurs.

③ Die Natur als Ingenieur: Was ist Bionik?

106 a   Hören Sie den ersten Teil einer Radioreportage zum Thema „Bionik". Vergleichen Sie die Informationen mit Ihren
         Vorkenntnissen aus den Aufgaben 1 und 2.

TD/DSH b   Hören Sie Teil 1 der Reportage noch einmal und machen Sie Notizen zu folgenden Punkten. AB: B2

       1. Warum ist die Natur ein Vorbild?
       2. Bedeutung des Wortes „Bionik"?
       3. Beispiele für Bionik.

④ Der Klassiker der Bionik: Der „Lotuseffekt"

a   Kennen Sie den Begriff „Lotuseffekt"? Erklären oder vermuten Sie (mithilfe der Fotos und der Wörter), woher der Begriff
    stammt und was er bedeuten könnte.

- immer sauber
- selbst reinigen
- Mikroskop
- winzige Wachskristalle
- raue, genoppte Struktur
- mikroskopisch kleine Noppen
- Schmutzpartikel
- Wassertropfen
- wenige Kontaktstellen
- nicht anhaften können
- abperlen

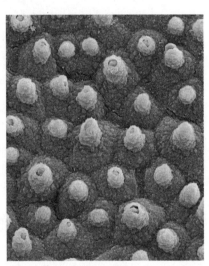

107 b   Hören Sie jetzt den zweiten Teil der Radioreportage zum Thema „Bionik". War Ihre Erklärung in 4a richtig?

TD/DSH c   Hören Sie Teil 2 der Reportage noch einmal und machen Sie Notizen zu folgenden Punkten. Vergleichen Sie dann mit
         einem Partner/einer Partnerin Ihre Notizen und ergänzen Sie sie. AB: B3

       1. Wie funktioniert der Lotuseffekt?
       2. Wie wenden die Bioniker ihn heute an?
       3. Welches künftige Anwendungsgebiet für den Lotuseffekt wird genannt?

⑤ Informationen weitergeben

Ihr Kollege konnte die Radioreportage zum Thema „Bionik" nicht hören. Er hat Sie nun gebeten, ihn darüber zu
informieren. Schreiben Sie eine Mail zu folgenden Punkten. AB: B4

- Was hat Bionik erstens mit Natur, zweitens mit Technik zu tun?
- Fassen Sie die wichtigsten Informationen der Reportage zusammen.
- Wie fanden Sie die Radiosendung? Begründen Sie Ihre Einschätzung.

Naturkatastrophen

1 Naturschauspiel oder -katastrophe?

Klären Sie in Gruppen die Bedeutung der folgenden Begriffe und besprechen Sie dann: Worum handelt es sich jeweils bei den Beispielen, um ein Naturschauspiel oder eine -katastrophe? Begründen Sie Ihre Zuordnung. **AB: C1** ▸

> Erdbeben | Vulkanausbruch | Geysir | Eisberg | Hochwasser | Sandsturm | Polarlicht |
> Lawine | Dürre | Tsunami | Sonnenfinsternis | Blizzard | Hurrikan | Gewitter | Erdrutsch |
> Ebbe und Flut | Waldbrand | Sonnenuntergang | Regenbogen | Eiskristalle

2 Selbst erlebt?

a   Eine australische Kollegin hat auf die Anzeige rechts geantwortet und Ihnen ihren Brief zur Korrektur gegeben.

- Lesen Sie den Brief sorgfältig durch.
- Schreiben Sie die richtige Form an den Rand. (Beispiel 1)
- Wenn die Wortstellung falsch ist, schreiben Sie das Wort zusammen mit dem Wort, mit dem es vorkommen soll, in der richtigen Reihenfolge an den Rand. (Beispiel 2)

Naturereignisse oder -katastrophen selbst erlebt? Berichte gesucht

Für meine Seminararbeit in Psychologie suche ich persönliche Berichte über Erlebnisse mit Naturereignissen oder -katastrophen. Diskretion garantiert. Bitte schicken Sie Ihren Bericht unter Z19563 an den Verlag.

Sehr geehrter Herr …/Sehr geehrte Frau …,
in Ihrer Anzeige im „Wochenblatt" suchen Sie Berichte von Leute,
die haben eine Naturkatastrophe erlebt. Ich kann Ihnen von dem
schreckliches Erlebnis mit dem Hochwasser in unserer Stadt berichten.
Der Fluss hat innerhalb von wenigen Stunden zu einem riesigen
Strom angewachsen und hat alles mit ihm fortgerissen: Yachten und
Boote, Autos und Busse, alles kreuz und quer. Das Wasser strömte
unaufhörlich durch den Straßen und floss über die Sandsäcke, die wir
zum Schutz unserer Häuser hatten aufgebaut. Wer nur materiellen
Schaden erlitt, konnte froh sein. Kinder verloren seine Eltern, Eltern
mussten zusehen, wie das eigene Kind von der Strömung fortgerissen
wurde. Es war ganz schrecklich!
Ich habe heute noch Probleme, wenn ich soll das Erlebte beschreiben.
Ich bin jedoch sehr gern bereit, mit Sie darüber zu sprechen, wenn
ab 18.00 Uhr Sie anrufen.
Mit freundliche Grüßen
Sandy Craft

1. *Leuten*
2. *erlebt haben*
3. ....
4. ....
5. ....
6. ....
7. ....
8. ....
9. ....
10. ....
11. ....
12. ....

b Antworten Sie auf die Anzeige in 2a. Berichten Sie über ein besonders schönes oder schlimmes Naturereignis, das Sie selbst erlebt haben, oder erfinden Sie eins. Gehen Sie dabei auf folgende Punkte ein. `AB: C2 ▸`

- Wann?
- Wo?
- Was genau haben Sie gesehen, gehört, gefühlt, …?

3 Schon gehört? Katastrophenmeldungen

telc/TD/ DSH **a** Hören Sie die Kurznachrichten und entscheiden Sie, ob die Aussagen richtig (r) oder falsch (f) sind.
108–114

1. Der Vulkanausbruch in Indonesien dauert an. `r` `f`
2. Die Monsunregenfälle in Thailand richten keinen Schaden an. `r` `f`
3. Bei einem Unwetter in Deutschland gab es viele Tote. `r` `f`
4. In Deutschland herrscht eine Dürrewelle. `r` `f`
5. In Portugal gibt es zurzeit schreckliche Waldbrände. `r` `f`
6. In Österreich konnte sich eine Urlaubsgruppe aus einer Lawine retten. `r` `f`
7. Eine Kältewelle in Russland fordert viele Todesopfer. `r` `f`

DSH **b** Hören Sie die Kurznachrichten in 3a noch einmal und beantworten Sie in Stichworten die W-Fragen zu den einzelnen Meldungen. `AB: C3 ▸`

Wo?	Was?	Wann?	Folge?
1. Java	Vulkan Merapi	am Wochenende	Menschen in Notquartieren
2.			
3.			
4.			
5.			
6.			
7.			

c Korrigieren Sie die falschen Aussagen in 3a anhand Ihrer Notizen in 3b. `AB: C4 ▸`

4 Kurznachrichten

a Welche Merkmale sind typisch für Kurznachrichten? Was ist charakteristisch für Nachrichtensprecher? Schauen Sie sich dazu Ihre Notizen in 3b an und hören Sie ggf. noch einmal die Nachrichten in 3a. Sammeln Sie im Kurs.

b Wählen Sie zu dritt drei Kurzmeldungen aus 3b. Formulieren Sie die Kurzmeldungen mithilfe der Stichworte in der Tabelle aus und machen Sie eine kleine Nachrichtensendung daraus. Üben Sie, den Text deutlich und wie in einer Nachrichtensendung zu sprechen. Alternativ können Sie auch eigene Berichte erfinden.

c Präsentieren Sie nun Ihre Nachrichtenbeiträge. Sie können Ihre Nachrichtenbeiträge auch im Kurs aufnehmen. Welche Gruppe hat am besten / authentischsten gesprochen?

Klimawandel

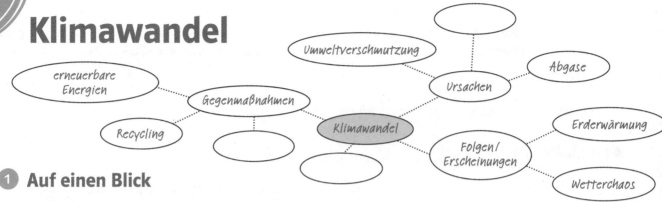

① Auf einen Blick

Tauschen Sie mithilfe der Mind-Map Ihr Wissen zum Thema „Klimawandel" aus.
Ergänzen Sie die Mind-Map und klären Sie unbekannte Begriffe.

② Meinungen und Kommentare

Lesen Sie die Kommentare aus einem Online-Forum zum Thema „Klimawandel" und markieren Sie jeweils in einer anderen Farbe, welche Position in der aktuellen Frage (1 oder 2) die Verfasser vertreten. AB: D1a

---

◀ ▶   ▁ ☐ ☒

Schreiben Sie uns Ihre Meinung. Regelmäßig formulieren wir eine aktuelle Fragestellung, über die Sie online diskutieren können.

Die aktuelle Frage: Klimawandel?

Jedes Jahr verwüsten Hurrikans ganze Landstriche. Wirbelstürme und Überschwemmungen treiben hunderttausende Menschen in die Flucht. Sind Naturkatastrophen (1) Vorboten eines von Menschenhand verursachten Klimawandels oder (2) ganz natürliche Phänomene?

Kommentare

Ⓐ Wohl selten zuvor bewegte die Furcht vor den verheerenden Folgen der von uns selbst verschuldeten Erderwärmung so viele Menschen wie in diesen Tagen. Diese Entwicklung scheint für manche Wissenschaftler ein Ansporn zu sein, plakativ eine Gegenposition zu vertreten. Der Meteorologe Hans v. Storch meint z. B., dass die Angst vor dem Klimawandel ein „Hype" sei, der irgendwann durch eine andere Angst ersetzt werde. Und der Meteorologe Ulrich Cubasch spricht davon, dass unser Wissen über den Klimawandel nicht auf Erfahrung beruhe, sondern allein auf Computersimulationen, die in einer Ersatzrealität Ursachen für die Klimaänderung benennen und Prognosen über das künftige Klima erstellen. Solche Aussagen aber sind wissenschaftlich nicht zu halten und politisch fatal.
    Tabea Blum

Ⓑ Hurrikans, Taifune, Gletscherschmelze ... Alle 3 Jahre ‘ne Jahrhundertflut. Zufall? Da finde ich es geradezu zynisch, wenn der Glaziologe Heinz Miller sagt, dass die Flutkatastrophen der letzten Jahre nichts mit dem Treibhauseffekt zu tun hätten. Und von Storch schreibt, auf die Dauer helfe es der Forderung nach Klimaschutz nicht, wenn jede Wetterkatastrophe zu seiner Begründung dienen müsse. Wenn wir unser Verhalten nicht VOLLSTÄNDIG ändern, dauert es nicht mehr lange, bis die Natur sich der ungeliebten Spezies „Mensch" entledigt. Wenn ich mit Tempo 200 auf eine Mauer zurase, bremse ich und diskutiere nicht!
    Ein Naturwissenschaftler

Ⓒ Leute, orientiert euch an den messbaren Fakten und nicht an Weltuntergangsfantasien. Und auch wenn es banal klingt, das Klima war noch nie konstant, und beständig ist nur die Veränderung. Heinz Miller schreibt, dass sich das Klima im Laufe der Geschichte schon oft auch ohne Einwirkungen des Menschen drastisch verändert habe. Weiter legt er dar, dass die Natur keine Katastrophen kenne, sondern nur wir Menschen, weil wir unseren vermeintlichen Schutz verlieren würden. Machen wir uns also lieber Gedanken darüber, wie wir mit diesen Veränderungen umgehen und deren Folgen abmildern können.
    Joachim Scheirich

D Der Mensch hat nicht so viel Macht. Er ist nicht die Ursache, aber er unterstützt eine Entwicklung, die irgendwann auch ohne ihn stattfinden wird: einen Klimawechsel. Und die Folgen werden sich bald zeigen. Der Mensch ist nur Gast, der Boss ist und bleibt die Natur.   Barbara Meierhold

E Alles Aberglaube! Die Natur hat schon mehrfach ohne uns Eiszeiten, meterhohe Schwankungen des Meeresspiegels, Polverschiebungen etc. zustande gebracht. Es spricht für die Arroganz der Menschen, dass sie aus ein paar Jahren Wetterbeobachtung langfristige Trends ableiten und sich dann auch noch selbst als Ursache dafür sehen. Wir sollten uns lieber um uns selbst Sorgen machen, denn eines wird auf der Erde mit Sicherheit überleben: die Natur. Die ist weitaus widerstandsfähiger, als wir glauben. Bei den Menschen bin ich mir nicht so sicher.   Helmut Gräter

○ G 4.9 ③ Sprache im Mittelpunkt: Konjunktiv I in der indirekten Rede

a Lesen Sie die Kommentare A, B und C in 2 noch einmal. Unterstreichen Sie die Äußerungen, die nicht von den Verfassern stammen, sondern von den Wissenschaftlern Cubasch, Miller und v. Storch.

b Ergänzen Sie die Lücken mit den passenden Verben aus den Äußerungen.

	Indirekte Rede
Ulrich Cubasch spricht davon,	• dass unser Wissen über den Klimawandel nicht auf Erfahrung ...., sondern allein auf Computersimulationen.
Heinz Miller schreibt,	• dass sich das Klima im Laufe der Geschichte schon oft auch ohne Einwirkungen des Menschen drastisch verändert .... • dass die Natur keine Katastrophen ....
Hans v. Storch meint,	• dass die Angst vor dem Klimawandel ein „Hype" .... • auf die Dauer .... es der Forderung nach Klimaschutz nicht, wenn jede Wetterkatastrophe zu seiner Begründung dienen ....

Ⓟ DSH c Was haben die Wissenschaftler gesagt? Formulieren Sie die Sätze in 3b in die direkte Rede um.

d Vergleichen Sie die Sätze in der indirekten Rede mit denen der direkten und tragen Sie die Verbformen in die Tabelle ein.

	sein	haben	müssen	kennen	helfen
indirekte Rede: Konjunktiv I					
er / sie / es	sei				
direkte Rede: Indikativ					
er / sie / es	ist				

e Ergänzen Sie die Regel zum Gebrauch der indirekten Rede. AB: D1b–4

Im formelleren schriftlichen und mündlichen Sprachgebrauch werden die Aussagen von Dritten in der
.... Rede wiedergegeben. Das signalisiert eine Distanz: Man gibt eine Information weiter,
ist aber .... unbedingt selbst der gleichen Meinung. Das Verb steht dann oft im ....

Ⓟ DSH f Geben Sie den Kommentar D in 2 in der indirekten Rede wieder. AB: D5

④ Klimawandel

Wie ist Ihre Meinung zum Thema Klimawandel? Diskutieren Sie im Kurs über die Kommentare in 2.

11 E

Energie aus der Natur

1 Erneuerbare Energien – Chance für die Zukunft?

a Arbeiten Sie zu zweit: Person A schaut sich die Grafik genauer an und Person B den danebenstehenden Text. Welche Informationen bekommen Sie? Tauschen Sie sich aus.

Erneuerbare Energien – Chance für die Zukunft?

Der Vorrat an fossilen Brennstoffen wie Kohle oder Erdöl wird immer geringer. Aus diesem Grund ist der Mensch gezwungen, Energie zu sparen und sie in Anbetracht des Klimawandels auch möglichst umwelt- und klimafreundlich zu erzeugen. Deshalb gewinnen Entwicklung und Ausbau erneuerbarer Energien in Deutschland immer größere Bedeutung, denn Sonnen- und Wasserkraft, Erdwärme, Windenergie oder Biomasse sind im Unterschied zu fossilen Brennstoffen klimafreundlich und dazu unbegrenzt vorhanden.

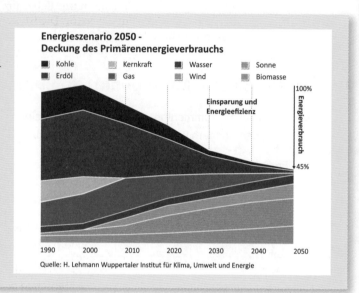

Energieszenario 2050 -
Deckung des Primärenenergieverbrauchs

Kohle · Kernkraft · Wasser · Sonne
Erdöl · Gas · Wind · Biomasse

Einsparung und Energieefizienz

Energieverbrauch

100%

45%

1990 2000 2010 2020 2030 2040 2050

Quelle: H. Lehmann Wuppertaler Institut für Klima, Umwelt und Energie

b Was wissen Sie über das Thema „erneuerbare Energien"? Welche Fragen haben Sie dazu? Arbeiten Sie in Gruppen: Jede Gruppe wählt eine Energiequelle, sammelt Informationen und Fragen und notiert diese auf Plakate.

(P) TD/DSH c Präsentieren Sie Ihre Informationen und Fragen im Kurs. Versuchen Sie, die Fragen der anderen zu beantworten, und ergänzen Sie die Plakate.

2 Windkraft näher betrachtet

a Sie hören ein Radiointerview, in dem es um positive und negative Aspekte der Windenergie geht. Überlegen Sie zunächst in Gruppen, was zu den vier Punkten „Landschaft", „Gesundheit", „Vögel" und „Kosten" gesagt werden könnte. Machen Sie Notizen.

115-116 b Hören Sie nun das Interview und notieren Sie, welche Informationen Sie zu den vier Punkten in 2a bekommen.

c Vergleichen Sie Ihre Informationen untereinander und mit dem, was Sie in 2a gesammelt haben.

3 Mein Interview

a Arbeiten Sie zu zweit. Wählen Sie eine der Energiequellen aus 1a. Bereiten Sie ein Interview vor. Überlegen Sie, wer die Interviewpartner sind, welche Fragen Sie stellen wollen / können und notieren Sie sich Stichworte.

b Suchen Sie sich dann einen neuen Partner. Interviewen Sie sich gegenseitig. Verwenden Sie auch die Interview-Redemittel im Arbeitsbuch. AB: E1

c Sprechen Sie im Kurs darüber, was bei den Interviews gut gelaufen ist und was Sie schwierig fanden.

◯ G 4.2 **④ Sprache im Mittelpunkt: Was so gesagt und behauptet wird**

a   Was passt wozu? Ordnen Sie die Satzteile so zu, dass sie dem Inhalt des Interviews in 2b entsprechen und überprüfen Sie ggf. durch nochmaliges Hören.

1. Im letzten Jahr soll	A. das Gesundheitsrisiko von Windrädern nachweisen können.	1. [F]
2. Windräder sollen	B. wegen der Windkraftanlage krebskrank geworden sein.	2. [ ]
3. Durch Windanlagen sollen	C. schon Tausende von Vögeln gestorben sein.	3. [ ]
4. Annette Lehners aus Michelstadt will	D. die Landschaft verunstalten.	4. [ ]
5. Annette Lehners will	E. beobachtet haben, dass es in seinem Dorf weniger Vögel gibt, seitdem drei Windräder aufgestellt wurden.	5. [ ]
6. Markus Keller aus Lützelbach will	F. der Anteil der erneuerbaren Energien am Strommix in Deutschland bei 19,9 Prozent gelegen haben.	6. [ ]

b   Versuchen Sie, aus dem Kontext herauszufinden, welche Bedeutung die Modalverben „sollen" und „wollen" hier haben. Kreuzen Sie an: a, b oder c. `AB: E2`

> „Er **soll** etwas tun, getan oder erlebt haben."
> bedeutet:
> **a** Man hat ihn gezwungen, etwas zu tun / zu erleben.
> **b** Man sagt, dass er etwas tut oder getan / erlebt hat.
> **c** Man erwartet / hat erwartet, dass er etwas tut / erlebt.
>
> „Er **will** etwas tun, getan oder erlebt haben."
> bedeutet:
> **a** Es war sein Wunsch, etwas zu tun / zu erleben.
> **b** Er bedauert nicht, etwas getan / erlebt zu haben.
> **c** Er behauptet, dass er etwas tut oder getan / erlebt hat.

c   Schreiben Sie die Sätze aus 4a in die Tabelle.

Gegenwart

	Modalverb		Infinitiv (+ 2. Modalverb)
A. Lehners	will	das Gesundheitsrisiko von Windrädern	nachweisen können.

Vergangenheit

	Modalverb		Partizip	haben / sein
Im letzten Jahr	soll	der Anteil der erneuerbaren Energien am Strommix in Deutschland bei 19,9 Prozent	gelegen	haben.

⑤ Sensationspresse: Haben Sie das gelesen?

Arbeiten Sie mit einem Partner / einer Partnerin: Jeder berichtet über zwei Nachrichten. Verwenden Sie „sollen" und „wollen" wie in 4. Erfinden Sie dann weitere Nachrichten. `AB: E3`

Person A: • Eine Autofirma: „Wir haben ein Auto produziert, das nur 1 l Benzin auf 100 Kilometer verbraucht."
   • „Der Ölpreis verdoppelt sich bis zum Jahresende", hieß es gestern in der Zeitung.

Person B: • Siemens hat in der Sahara eine riesige Solaranlage gebaut. Das wurde gestern gemeldet
   • Ein deutscher Forscher behauptet, dass er eine Lösung für unser Energieproblem gefunden hat.

Ernährung – natürlich?

1 Alles Bio?

a Was bedeuten folgende Siegel auf den Verpackungen von Lebensmitteln? Tauschen Sie sich zu zweit aus.

Im Vorjahr gut 5 % mehr Bio-Umsatz in Europa

Der europäische Bio-Markt ist im Vorjahr erneut um 5 % auf nun 18,4 Mrd. € gewachsen. Deutschland blieb mit 5,8 Mrd. € Umsatz nach wie vor Spitzenreiter. Frankreich hat mit einem Umsatz von 3,04 Mrd. € deutlich aufgeholt. Das Vereinigte Königreich blieb trotz Rückgang mit 2,07 Mrd. € auf Platz 3, gefolgt von Italien mit einem Umsatz von 1,5 Mrd. €. Der Umsatz-Anteil der Bio-Produkte am gesamten Lebensmittelmarkt war in Dänemark mit 7,2 %, in Österreich mit 6,0 % und in der Schweiz mit 4,9 % am höchsten. In diesen drei Ländern wurde auch pro Kopf und Jahr das meiste Geld für Bio-Produkte ausgegeben: 139 € von den Schweizern, 132 € von den Dänen und 104 € von den Österreichern. Deutschland lag mit 3,4 % Bio-Marktanteil und Pro-Kopf-Ausgaben von 71 € jeweils im Mittelfeld.

b Welche Informationen bekommen Sie in der Zeitungsmeldung rechts oben über die Bio-Branche?

c Welche Ursachen hat die in der Meldung beschriebene Entwicklung? Notieren Sie Ihre Überlegungen und besprechen Sie sie mit einem Partner / einer Partnerin.

Ⓟ TD d Notieren Sie stichwortartig Ihre Erwartungen an das zukünftige Einkaufsverhalten der Verbraucher und tragen Sie Ihre Ergebnisse sowie die aus 1b und 1c im Kurs vor. Berichten Sie auch, welche Rolle Bio-Lebensmittel in Ihrer Heimat spielen. AB: F1

2 Was Etiketten (nicht) verraten

a Lesen Sie den Titel und Untertitel der Zeitungsreportage in 2b und stellen Sie Vermutungen zum Inhalt an.

b Lesen Sie nun die Reportage und überprüfen Sie Ihre Vermutungen aus 2a. AB: F2

Zutaten in Lebensmitteln oft fragwürdig
Genaues Etikettenstudium notwendig

Seit Juli 2010 gilt sie nun: die neue EU-Richtlinie, nach der Gebäck, Limonaden und Süßigkeiten mit bestimmten künstlichen Farbstoffen folgenden Warnhinweis tragen müssen: „Kann Aktivität und Auf-
5 merksamkeit bei Kindern beeinträchtigen." Es sind Fälle, wie der des 9-jährigen Robin, die zu dieser Gesetzesinitiative geführt haben. Robins Grundschullehrerin hatte dringend empfohlen, den Jungen wegen des Verdachts auf das Aufmerksamkeits-
10 defizit-Syndrom (ADS) in der Universitätsklinik unter-

suchen zu lassen. Mit dem dort praktizierenden Arzt Prof. Michael Nielsen war Robins Familie zum Glück genau an den Richtigen geraten. Denn „Krankheit durch falsche Ernährung" ist ein Schwerpunkt seiner Arbeit. Er untersucht seit Jahren den Zusammenhang 15 zwischen Gesundheitsstörungen und Zusatzstoffen in Nahrungsmitteln.
Auch laut Monika Siebertz von der Hamburger Verbraucherzentrale rangieren Fragen zu chemischen Zutaten in Lebensmitteln bei Anrufen besorg- 20 ter Kunden ganz weit oben. Sie verweist darauf, dass etwa 300 Zusatzstoffe von der EU zugelassen sind: von A, wie dem Farbstoff Azorubin, bis Z, dem in

Kaugummi enthaltene Zinkacetat. Die meisten dieser
25 Stoffe machen die Lebensmittel haltbarer, verändern
ihr Aussehen oder sind schlicht notwendig, damit
die herkömmlichen Zutaten maschinell verarbei-
tet werden können. So weit die offizielle Erklärung
der Hersteller. Doch über einen Aspekt, so Monika
30 Siebertz, schweige sich die Branche aus: Der Einsatz
von Chemikalien steigere nämlich oft auch den Profit
der Unternehmen.

Einen Anschauungsunterricht ganz besonderer
Art in dieser Sache erhalten die Besucher des
35 neu eröffneten Deutschen Zusatzstoffmuseums in
Hamburg. Sie erfahren hier zum Beispiel, dass der
Aufdruck „natürliches Aroma" auf dem Himbeer-
joghurt zwar in der Hinsicht stimmt, dass der Joghurt
keine künstlich erzeugten Zutaten enthält. Aber der
40 Geschmack stammt nicht von Himbeeren, sondern
von einer raffinierten Mischung aus Zedernholz,
Alkohol und anderen Zutaten – denn die sind für die
Hersteller weitaus billiger zu haben als erntefrische
Himbeeren.

45 Auch wenn es einen schon bei der Vorstellung
schüttelt, der Konsum dieser Mixtur ist vermutlich
unbedenklicher als der des zugelassenen Ge-
schmacksverstärkers Glutamat. Dieser besonders
in Fast-Food und Fertiggerichten eingesetzte Stoff
50 wird zunehmend mit Argwohn betrachtet. Dazu Prof.
Nielsen: „Glutamat gelangt ins Blut, schädigt den
Darm und kann zu empfindlichen Nervenstörungen
im Gehirn führen." Eine brisante Entdeckung –
zumal selbst Wissenschaftler noch oft der Ansicht

sind, Glutamat sei völlig harmlos und werde bei der 55
Verdauung vollständig abgebaut.

Für Prof. Nielsen gehören künstlich gewonnene
Zusatzstoffe längst nicht mehr in den Bereich der
Lebensmittel. „Für mich ist etwas, was z. B. so nicht in
der Kartoffel vorkommt, sondern aus Geschmacks- 60
gründen zugesetzt wird, etwas, was eher mit einem
pharmazeutischen Produkt verwandt ist als mit einem
Lebensmittel." Davon ausgehend verlangt er, dass
alle Zusatzstoffe intensiv getestet werden, bevor sie
von den Herstellern eingesetzt werden dürfen. 65

Dieser Forderung würden sich Robins Eltern
sofort anschließen, da ist sich die Lebensmittelche-
mikerin aus Hamburg sicher. Denn aus Unsicherheit
griffen mittlerweile auch sie schon reflexartig zu
Produkten aus dem Bio-Sortiment. Doch vieles, was in 70
Bio-Supermärkten oder bei den Discountern im Ein-
kaufswagen lande, sei auch industriell gefertigt und
komme nicht ohne den einen oder anderen Hilfsstoff
aus. Ebenso machten sich die meisten Konsumenten
oft nicht klar, dass es bei etlichen Erzeugnissen der 75
Öko-Landwirtschaft ja vorrangig um das nachhaltige
Wirtschaften gehe, mittels naturschonender Verfahren
zum Beispiel – und nicht etwa darum, dass der Nähr-
stoffgehalt von Bio-Obst so viel größer sei als der von
Früchten aus konventionellem Anbau. 80

Der Wunsch nach vollständiger Sicherheit bei
Lebensmitteln scheint tatsächlich in weite Ferne ge-
rückt. Ein Leben mit einem Rest an Unsicherheit, auch
in Fragen der Ernährung, ist wohl der Preis, den wir
für unsere moderne Zivilisation zahlen müssen. 85

c   Lesen Sie die Reportage in 2b noch einmal und notieren Sie Tatsachen, Meinungen und Schlussfolgerungen
in einer Tabelle wie unten.

Tatsache	Meinung	Schlussfolgerung
neue EU-Richtlinie: Warnhinweise bei Lebensmitteln mit best., künstl. Farbstoffen,		

ⓟ DSH ③ Was auf den Tisch kommt …

Erörtern Sie auf der Grundlage Ihrer Ergebnisse aus 1 und der Informationen aus der Reportage in 2b schriftlich, welche
Bedeutung heute eine „natürliche Ernährung" haben kann. Wägen Sie dabei Argumente für und gegen ökologisch
erzeugte Lebensmittel ab und nehmen Sie zu dieser Frage persönlich Stellung.

12 A Sprachlos

1 „Mir fehlen die Worte!"

a Ordnen Sie die Fotos oben den Aussagen zu.

Ich bin immer dann sprachlos, wenn etwas völlig Unvorhersehbares passiert. Das kann auch ein positives Ereignis sein, z. B. als ich neulich im Lotto gewonnen habe.

1.

Mich macht es sprachlos, wenn mich jemand im Gespräch aus heiterem Himmel angreift oder verletzt. Dann weiß ich gar nicht, wie ich reagieren soll, ich werde nur kreidebleich und kann erst mal gar nichts sagen.

3.

Ich bringe es einfach nicht übers Herz, jemand anderen offen zu kritisieren. Da sage ich lieber gar nichts, anstatt mich auf eine Konfrontation einzulassen.

2.

Wenn ich völlig überraschend von einer Person gelobt werde, von der ich das nicht erwarte, oder wenn man mir unerwartet etwas ganz Tolles schenkt, dann kann ich im ersten Moment vor Freude überhaupt nichts sagen.

4.

b Welche der Situationen in 1a haben Sie so ähnlich schon einmal erlebt? Gibt es andere, typische Situationen, in denen Sie sprachlos sind? Berichten Sie.

2 „Das ist ja unglaublich!"

117 a Hören Sie ein Gespräch. Zu welcher Aussage in 1a passt es?

b Wie wirkt die Reaktion von Paul auf Sie? Welche Gefühle drückt Paul aus? Markieren Sie. AB: A1

Angst | Bewunderung | Dankbarkeit | Enttäuschung | Erleichterung | Freude | Neid | Neugier | Stolz | Überraschung | Verärgerung | Verständnis | Verzweiflung | Zorn

c   Welche Ausdrücke könnte Paul in dieser Situation auch verwenden? Kreuzen Sie an. AB: A 2–3

☐ 1. Mir fehlen die Worte.
☐ 2. So ein Pech!
☐ 3. Ist nicht wahr?
☐ 4. Hast du auch verdient!
☐ 5. Ich bin sprachlos.
☐ 6. Gott sei Dank, das wurde auch Zeit.
☐ 7. Und?

☐ 8. Echt?!
☐ 9. Zum Glück!
☐ 10. Du machst einen Scherz!
☐ 11. Mir hat es echt die Sprache verschlagen!
☐ 12. Was soll man dazu sagen?
☐ 13. Ich kann dir gar nicht sagen, wie dankbar ich dafür bin.
☐ 14. Wie?! Bist du wahnsinnig?!

3 Ausgesprochen unausgesprochen

118–119 a   Hören Sie den Song „Ausgesprochen unausgesprochen" von Annett Louisan. Was möchte sie mit dem Gegensatzpaar „ausgesprochen unausgesprochen" ausdrücken?

b   Lesen Sie den Songtext und arbeiten Sie in Gruppen heraus, welche „Bilder" Annett Louisan benutzt, um darzustellen, wie man auch ohne Worte etwas sagen kann. AB: A 4

du fragst: „was ist?" ich sage: „nichts"
und ziehe weiter mein Gesicht
du sagst: „dann ist ja alles gut"
ich krieg' die Wut, mir kocht das Blut
hast du den Aufschrei nicht gehört
den meine Körpersprache röhrt
den tiefen Schmerz zwischen den Zeilen
die schwer auf meiner Zunge weilen
ich bombardier' dich mit Photonen
die meine Aggressionen betonen
sie interessier'n dich einen Scheiß
diese Millionen von Details

das alles bleibt …

hab' diesen Punkt, der mich berührt
mit viel Missachtung demonstriert
hab' überdeutlich „nichts" gesagt
und dir damit mein Leid geklagt
hab' dich gewarnt mit keinem Laut
hab' auf dein Feingefühl gebaut
du musst doch wissen, wenn ich schweig
dann ist das auch 'n Fingerzeig
jeder sieht doch weit und breit
wie dieser Blick zum Himmel schreit
das hast du alles nicht gehört
bist du denn wahrnehmungsgestört

das alles bleibt …

ausgesprochen unausgesprochen alles bleibt ausgesprochen unausgesprochen
würd'st du mich wirklich lieben
dann wüsstest du genau wie ich gerade fühle und was ich wirklich brauch'

das alles bleibt
ausgesprochen unausgesprochen zwischen uns

c   Tauschen Sie sich im Kurs über Ihre Ergebnisse in 3 b aus.

Nichts sagen(d)

> Ganz schön heiß heute, nicht?

> Ja, das kann man wohl sagen.

1 Gespräche im Kurs

a Mit wie vielen Leuten haben Sie heute schon gesprochen? Worüber? Welche dieser Gespräche würden Sie als „Small Talk", also als „kurzes unverbindliches Gespräch" bezeichnen? Sprechen Sie in Gruppen.

b Schauen Sie sich die Themen unten an und sprechen Sie darüber in Gruppen. Gehen Sie dabei auf folgende Punkte ein.

- Über welche der folgenden Themen sprechen Sie gerne?
- Über welche würden Sie mit einer fremden Person sprechen?
- Worüber sprechen Sie auf keinen Fall, wenn Sie Small Talk betreiben?

> Wetter | Familienstand und Kinder | Partnerschaftsprobleme | Kritik am Essen | Politik | Haustiere | Krankheit | Beruf | Kultur | Einkommen | Urlaub | Religion | Kunst | Ort des Gesprächs (Stadt, Gebäude) | Sport | Freizeit | Witze über Abwesende

(P) TD c Wie leitet man in Ihrer Heimat ein Gespräch ein? Ist Small Talk dabei wichtig? Warum? / Warum nicht? Tauschen Sie sich im Kurs aus.

2 Reden – nur worüber? – Auszug aus einem Karriereratgeber

a Arbeiten Sie zu zweit. Eine Person liest Textauszug 1, die andere Person Textauszug 2. Stellen Sie jeweils fest, wie der Autor Ihres Textauszugs die Fragen auf der nächsten Seite beurteilt: positiv (p) oder skeptisch bzw. negativ (n)? `AB: B1 ▶`

1

Im Aufzug treffen Sie Ihren Chef – jetzt bloß nicht verbissen schweigen. Auf der Betriebsfeier müssen Sie die Gattin des Chefs unterhalten – was sagen Sie ihr nur? Während der Tagungspause
5 mit dem Referenten nett plaudern – aber worüber? Wie kommt man nun ins Gespräch? Etwas Allgemeines, vielleicht etwas zur aktuellen politischen Lage? Oder lieber etwas Persönliches: „Sind Sie verheiratet? Haben Sie Kinder?" Schlechte Ideen, denn
10 wer so etwas versucht, wird erleben, dass das Gespräch schon zu Ende ist, bevor es begonnen hat. Warum das? Heißt es heutzutage nicht immer, dass nahezu alles erlaubt ist, was gefällt? Warum sich also hier beschränken? Ganz einfach: Beim Small
15 Talk – besonders wenn er dazu dient, mit Menschen in Kontakt zu treten, die man gar nicht oder nur wenig kennt – sind Taktgefühl, Respekt und Höflichkeit gefragt. Wenn Sie dies berücksichtigen und auf Ihren gesunden Menschenverstand hören,
20 werden Sie nicht ins Fettnäpfchen treten! Trotzdem seien hier die absoluten Tabus beim Small Talk in Deutschland erwähnt.

In erster Linie geht es darum, eine Beziehung aufzubauen. Vermeiden Sie deswegen zu große private Vertraulichkeit. Fragen Sie Ihr Gegenüber 25 nicht gleich nach dem Familienstand und der Anzahl der Kinder. Meiden Sie auch Themen wie Partnerschafts- und Familienprobleme, persönliche Schwächen oder Krankheiten. Weiterhin ist es in Deutschland nicht üblich, in einer Small-Talk- 30 Situation über Geld zu sprechen. Und hüten Sie sich zudem vor Themen, die leicht polarisieren können, wie Religion oder Politik. Denn Gespräche darüber enden leicht in einem Streit, sobald unterschiedliche Meinungen aufeinandertreffen. 35

Natürlich gibt es auch bei den Tabuthemen Teilbereiche, über die Sie ausnahmsweise beim Small Talk sprechen können. Nähern Sie sich solchen Themen aber immer nur vorsichtig und achten Sie darauf, wie Ihr Gegenüber reagiert. Und seien Sie 40 bereit, beim geringsten Anflug von Peinlichkeit oder Ärger das Thema geschickt zu wechseln.

Zu Textauszug 1: Wie beurteilt der Autor es,
1. dass manche meinen, fast alles, was gefällt, sei erlaubt? p n
2. wenn man bei der Themenwahl auf den gesunden Menschenverstand hört? p n
3. Themen, die die Privatsphäre betreffen, beim Small Talk auszusparen? p n
4. über Geld zu sprechen? p n
5. Themen, die polarisieren, anzusprechen? p n

2

Bestimmt kennen Sie das. Um Sie herum lauter vergnügte Menschen, die scherzend in Grüppchen zusammen stehen, dazwischen Sie, das Glas fest in der Hand, ein verkrampftes Lächeln auf den Lippen,
5 von Zeit zu Zeit ein verlegenes „Äh-em" und ab und zu ein neidischer Blick auf Ihren Freund Bernd, der heiter von Gruppe zu Gruppe pendelt, den einen begrüßt, mit der Nächsten ein paar Worte wechselt und mit allen befreundet zu sein scheint. Ob
10 auf einer Geburtstagsparty, einer Betriebsfeier oder einer vornehmen Vernissage – Sprachhemmungen sind die Folge falscher Anforderungen an sich selbst. Denn niemand erwartet von Ihnen tiefschürfende Bemerkungen über Wissenschaft, Politik
15 oder Malerei.

Ganz im Gegenteil! Wer im Small Talk bewandert ist, meidet heikle und schwierige Themen. Denn hier ist entscheidend, dass man mit Menschen, die man nur oberflächlich oder auch gar nicht kennt,
20 leicht ins Gespräch kommt und Konversation betreiben kann, ohne die Interessen und Vorlieben des Gegenübers zu kennen. Wie kann das gehen?

Als Erstes: Haben Sie keine Angst, Fremde anzusprechen. Das ist auf einer Party oder ähnlichen
25 Veranstaltungen völlig unnötig, denn die meisten anderen Gäste sind ja in der gleichen Situation. Setzen Sie ein Lächeln auf und fragen Sie, woher Ihr Gegenüber den Gastgeber oder die Gastgeberin kennt. Oder ob er oder sie das erste Mal hier
30 ist. Nicht sehr originell, aber Sie werden auf jeden Fall eine Antwort bekommen. Jetzt müssen Sie nur noch sagen, wie es bei Ihnen aussieht. Dann stellen Sie sich vor: „Übrigens, ich bin ..."

Wie nun weiter? Worüber redet man mit einer Person, von der man nichts weiß außer ihren Na- 35 men – nachdem sie sich vorgestellt hat? Ein sehr guter Anknüpfungspunkt, um das Gespräch fortzuführen, ist Ihr Gesprächspartner selbst! Interessieren Sie sich für den anderen und schon finden Sie Themen im Überfluss! Fragen Sie z.B. einfach mal 40 nach, woher die wunderschöne Kette oder die edle Tasche stammt, die Ihr Gegenüber hat. Oder fragen Sie nach dem Beruf und lassen Sie sich die Tätigkeit erklären. Stellen Sie Fragen und lassen Sie sich Details erzählen. Aber achten Sie darauf, dass Ihr 45 Gespräch nicht in ein Abfragen abgleitet, sondern fragen Sie auch nach Meinungen oder äußern Sie Ihre Ansicht, ohne zu bewerten oder zu belehren. Denn dies kann leicht als Kritik aufgefasst werden.

Wenn Ihr Gegenüber es genauso macht, werden 50 Sie keine Schwierigkeiten haben, die Unterhaltung zu vertiefen. Und wenn der Dialog doch ins Stocken kommt, brauchen Sie nicht in Panik zu geraten. Warten Sie einfach einige Sekunden, ob Ihr Gegenüber den Faden aufnimmt. Wenn nicht, stellen Sie 55 einfach eine neue Frage oder machen Sie eine kleine Bemerkung über das Wetter: „Finden Sie nicht auch, dass es heute wieder sehr kalt ist?" – und schon geht's weiter.

Zu Textauszug 2: Wie beurteilt der Autor es,
1. andere beim Small Talk mit schwierigen Themen beeindrucken zu wollen? p n
2. ein Gespräch zu beginnen, indem man über Naheliegendes spricht? p n
3. sein Gegenüber von sich erzählen zu lassen? p n
4. seinem Gegenüber eine Frage nach der anderen zu stellen? p n
5. Äußerungen seines Gegenübers zu kommentieren? p n

ⓟ GI/DSH **b Informieren Sie Ihren Partner / Ihre Partnerin jeweils über den Inhalt Ihres Textauszugs und nehmen Sie kurz Stellung.**

• Was ist der Inhalt Ihres Textauszugs?
• Nennen Sie Beispiele.
• Wie ist Ihre persönliche Meinung dazu?

Die Kunst der leichten Konversation

1 Small Talk: Die Kunst der leichten Konversation – ein Radio-Feature

a Welcher der folgenden Aussagen über Small Talk würden Sie am ehesten zustimmen, welcher überhaupt nicht? Begründen Sie und nennen Sie Beispiele.

> Small Talk ist die Kunst der leichten Konversation.

> Small Talk ist nur oberflächliches Gerede.

> Ein Psychologe hat gesagt: Small Talk ist „soziales Lausen".

> Small Talk hilft, Beziehungen aufzubauen.

> Small Talk ist besonders wichtig im Geschäftsleben.

> Small Talk spielt in Deutschland keine große Rolle.

> Small Talk ist langweilig.

> Small Talk kann man lernen.

> Warum Small Talk? Könnte man nicht auf Deutsch „plaudern" sagen?

120–123 **b** Hören Sie nun ein Radio-Feature zum Thema „Small Talk" und notieren Sie, aus welchen unterschiedlichen Teilen
ⓅDSH es besteht.

1. Teil: *Einführung ins Thema und Vorstellung der Gäste.*

2. Teil: ....

3. Teil: ....

4. Teil: ....

ⓅDSH **c** Hören Sie das Feature in 1b noch einmal und machen Sie sich Notizen zu folgenden Fragen.
Tauschen Sie sich dann im Kurs aus. AB: C1▸

1. Welche Frage soll in dem Radio-Feature geklärt werden?
2. Welche ist jeweils die wichtigste Aussage der vier befragten Passanten zu Small Talk:
   • junge Frau? • älterer Mann? • Junge? • ältere Frau?
3. Welche positiven Wirkungen kann Small Talk haben?
4. Wie kann man Small Talk trainieren?
5. Welche Themen eignen sich für Small Talk? Welche Themen eignen sich nicht?
6. Was wird zur Rolle des Small Talks in Lateinamerika gesagt?
7. Welche Tipps werden gegeben, wie man ein Gespräch beginnen kann?

2 Small Talk in diesen Situationen – aber wie?

a Sie befinden sich allein neben einer Ihnen unbekannten Person in den folgenden Situationen. Überlegen Sie in Gruppen:
Würden Sie ein Gespräch beginnen? Wenn ja, worüber? Wenn nein, warum nicht?

- im Aufzug auf der Fahrt in das oberste Stockwerk
- in der Warteschlange eines Selbstbedienungsrestaurants
- im Wartezimmer beim Arzt
- im Flugzeug oder im Zug

b Schreiben Sie mindestens zwei Beispiele auf Karten, wie Sie die fremde Person ansprechen könnten.

> Hoffentlich kommen wir pünktlich in Leipzig an.

> Hm, dass Essen sieht aber gut aus.

> Heute dauert es wieder ewig.

c Gestalten Sie im Kurs ein Plakat, auf dem Sie die Karten dem jeweiligen Thema aus 2a zuordnen.

d Wie kann man ein Gespräch in Gang halten? Wie kann man Interesse am Gespräch zeigen? Sammeln Sie im Kurs weitere Redemittel. AB: C2

Gespräch starten / in Gang halten: Ist es das erste Mal, dass Sie …? | Wie ist das bei Ihnen? | Wie lange wollen Sie bleiben? | Waren Sie schon mal hier? | Wie war …?
Interesse zeigen: Wirklich / Tatsächlich / Echt? | Das ist ja großartig! | Das finde ich sehr interessant. | Das klingt ja spannend, erzählen Sie doch mal!

e Wählen Sie mit einem Partner / einer Partnerin eine der Situationen aus 2a aus und überlegen Sie, welche Personen sich in dieser Situation befinden könnten, wie das Gespräch ablaufen könnte, und üben Sie es. AB: C3

f Stellen Sie nun Ihren Dialog im Kurs vor. Die anderen Teilnehmer raten, welche Situation dargestellt wurde.

G2.5 3 Sprache im Mittelpunkt: Das Nachfeld

a Lesen Sie die folgenden Sätze, unterstreichen Sie jeweils das, was im Nachfeld steht, und schreiben Sie die Sätze in die Tabelle.

1. Schweigen kann zu negativen Reaktionen führen, zu Aggressionen und Gesprächsabbruch.
2. Manche Themen sind für Small Talk besser geeignet als andere.
3. Beim ersten Kontakt sollte man nicht ansprechen die Themen Politik und Geld.
4. Small Talk kann man üben – wie jede Fertigkeit.

Position 1	Pos. 2	Mittelfeld	Satzende	Nachfeld
1. Schweigen	kann	zu negativen Reaktionen	führen,	zu Aggressionen und Gesprächsabbruch.
2.				
3.				
4.				

b Formulieren Sie die Sätze in 3a so um, dass der Satzteil vom Nachfeld im Mittelfeld steht und vergleichen Sie die Sätze. Was fällt auf? Kreuzen Sie an.

1. Schweigen kann zu negativen Reaktionen, zu Aggressionen und Gesprächsabbruch führen.
2. ....
3. ....
4. ....

Man stellt Satzteile (z. B. Vergleiche, Präpositionalergänzungen) ins Nachfeld,
a um sie besonders hervorzuheben.   b um sie nicht hervorzuheben.

c Formulieren Sie Sätze um und betonen Sie einen Satzteil, indem Sie ihn ins Nachfeld setzen. AB: C4

1. Ein Gespräch über das Wetter kann mehr als verlegenes Schweigen bewirken.
2. Als Gäste hat der Moderator Herrn Göbel und Frau Lang, die Leiterin des Kulturbüros, eingeladen.
3. Man kann beim Small Talk gut über allgemeine Themen wie Hobbys, Reisen oder Kultur sprechen.

1. Ein Gespräch ...

Mit Händen und Füßen

1 Wortlose Kommunikation

a Sammeln Sie zunächst in Gruppen Gesten. Bearbeiten Sie dann folgende Fragen. `AB: D1`

- In welchen Situationen werden diese Gesten verwendet?
- Finden Sie einige Ihrer Gesten auf den Zeichnungen rechts wieder?
- Welche Gesten sind für Ihre eigene Kultur charakteristisch?
- Welche Gesten werden weltweit verstanden?
- Welche Gesten können missverständlich sein?

b Überlegen Sie im Kurs, welche Rolle Körpersprache bei der Kommunikation spielt.

2 Macht ohne Worte

DSH a Lesen Sie den Artikel aus einer Sonntagszeitung und beantworten Sie die Fragen auf der nächsten Seite. `AB: D2a`

Macht ohne Worte

Wenn Menschen zusammen sind, kommunizieren sie miteinander, auch wenn sie nicht miteinander sprechen. Denn man kann nicht nicht kommunizieren. Wer andere beobachtet, der sieht
5 das sofort. Die einen lächeln, die andern schauen verärgert, wieder andere sehen einen gar nicht an oder nur von oben herab. Alles, was man tut oder unterlässt, ist eine Botschaft. Die nonverbale Kommunikation ist die ursprünglichste Form der menschlichen
10 Verständigung. Sie läuft in vielen Fällen unbewusst ab, was sie gerade deshalb so wirkungsvoll macht. Entscheiden wir doch mit ihrer Hilfe häufig innerhalb von Sekunden, ob wir uns sympathisch sind oder uns lieber aus dem Weg gehen möchten. Unter-
15 suchungen belegen, dass 95 % des ersten Eindrucks, den wir von einem Menschen haben, durch dessen Aussehen, Gestik, Mimik, Kleidung und Sprechweise bedingt sind und nur 5 % durch das, was jemand sagt.

Wie aber können wir sicher sein, dass unsere
20 nonverbalen Signale nicht falsch gedeutet werden? Diese Gefahr scheint jedoch nicht allzu groß zu sein, denn Vergleichsstudien lassen den Schluss zu, dass grundlegende Gefühle wie Freude, Trauer, Angst, Überraschung oder Wut bei allen Menschen
25 ähnliche nonverbale Signale auslösen. So verraten angespannte Gesichtszüge Ärger oder Wut; Lächeln wirkt sympathisch und Tränen signalisieren: Da braucht einer Hilfe.

Daneben gibt es aber auch viele nonverbale Sig-
30 nale, die sich kulturell entwickelt haben und daher unterschiedlich gedeutet werden können. Denn wenn Menschen zusammenkommen, suchen sie etwas, woran sie sich orientieren können, was ihnen im Austausch mit anderen Sicherheit gibt.
35 So entwickelten sich im Laufe der Zeit in verschiedenen Kulturen eigene Systeme von nonverbalen Botschaften. Wer in einer bestimmten Kultur aufwächst, lernt von Kind an die kulturspezifischen Körpersignale zu deuten und richtig einzusetzen.
40 Die Beine übereinanderzuschlagen, ist zum Beispiel etwas, womit Deutsche keine Probleme haben. Im arabischen Kulturkreis hingegen gilt es als Beleidigung, weil auf diese Weise die Schuhsohle zu sehen ist, die als unrein gilt. Und den Daumen
45 emporzurecken, was bei uns so viel bedeutet wie „toll", „super", stellt in Australien eine Beleidigung dar. In Japan wiederum ist dies nichts, worüber man sich aufregen würde, denn es symbolisiert einfach die Zahl „fünf".

50 Wer also aus beruflichen oder privaten Gründen viel mit einer anderen Kultur zu tun hat, sollte in interkulturellen Trainings die wesentlichen Körpersignale verstehen und anwenden lernen, sodass er die entsprechenden Botschaften richtig interpre-
55 tieren kann. Das ist das Beste, was man tun kann, um unangenehme Überraschungen zu vermeiden.

1. Wodurch wird der erste Eindruck bestimmt, den wir von einem Menschen erhalten?
2. Welche Körpersignale sind praktisch universell verständlich?
3. Weshalb können Körpersignale falsch gedeutet werden?
4. Was sollte man tun, wenn man viel mit Menschen einer bestimmten Kultur zu tun hat?

P TD b Lesen Sie den Artikel in 2a noch einmal und entscheiden Sie bei jeder Aussage zwischen „stimmt mit Text überein" (j), „stimmt nicht mit Text überein" (n) und „Text gibt darüber keine Auskunft" (?).

1. Was man nonverbal kommuniziert, das wird besser behalten. `j` `n` `?`
2. Was man verbal kommuniziert, ist meist wirkungsvoller als das Nonverbale. `j` `n` `?`
3. Was in einer Kultur als positiv aufgefasst wird, das kann in einer anderen als beleidigend empfunden werden. `j` `n` `?`
4. Wer viel lacht, den hält man meist für sympathisch. `j` `n` `?`
5. Wer nicht in einer bestimmten Kultur aufgewachsen ist, der kann ihre Körpersignale nicht erlernen. `j` `n` `?`
6. Wem das Verständnis für spezifische nonverbale Signale fehlt, der wird Kommunikationsprobleme haben. `j` `n` `?`

○ G 3.15 ③ Sprache im Mittelpunkt: Relativsätze mit „wer", „was", „wo(r)-"

a Lesen Sie die Sätze aus dem Artikel in 2a und notieren Sie die Satznummern in der Regel. `AB: D2b-3a`

1. Alles, was man tut oder unterlässt, ist eine Botschaft.
2. Nonverbale Kommunikation läuft oft unbewusst ab, was sie gerade deshalb sehr wirkungsvoll macht.
3. Nur 5 % des ersten Eindrucks sind durch das bedingt, was jemand sagt.
4. Wenn Menschen zusammenkommen, suchen sie etwas, woran sie sich orientieren können.
5. In Japan ist dies nichts, worüber man sich aufregen würde.
6. Das ist das Beste, was man tun kann, um unangenehme Überraschungen zu vermeiden.

> Relativsätze mit „was" oder „wo(r)-" + Präposition können sich beziehen auf:
> 1. das Demonstrativpronomen „das", Indefinitpronomen (z. B. nichts, etwas, manches, vieles, alles) oder einen nominalisierten Superlativ. Sätze: ....
> 2. die gesamte Aussage eines Satzes. Satz: ....

b Lesen Sie die Sätze in 2b noch einmal. Was fällt auf? Kreuzen Sie an. `AB: D3b-3g`

> 1. Relativsätze mit „wer" (= jeder, der), teilweise auch mit „was" haben eine verallgemeinernde Bedeutung und stehen oft `a` vor `b` hinter dem Hauptsatz.
> 2. Das Demonstrativpronomen im Hauptsatz kann entfallen, wenn es denselben Kasus wie das Relativpronomen hat. Das betrifft `a` die Sätze 4, 6. `b` die Sätze: 1–3, 5.

④ Pantomime im Hotel

Arbeiten Sie zu viert und spielen Sie Szenen pantomimisch vor. `AB: D4`

- Sie sind im Hotel in einem Land, dessen Sprache Sie nicht sprechen. Entwerfen Sie eine oder mehrere schwierige Situationen an der Hotelrezeption oder wählen Sie aus der Liste im Arbeitsbuch etwas aus.
- Stellen Sie eine oder mehrere Situationen pantomimisch – also nur mithilfe von Gestik und Mimik – vor. Die anderen versuchen zu erraten, um welche Situationen es sich handelt.

Der Ton macht die Musik

1 Sich beschweren

a Was würden Sie in den folgenden Situationen sagen? Wählen Sie mit einem Partner / einer Partnerin eine der folgenden Situationen aus und improvisieren Sie ein kleines Gespräch.

1. Sie haben ein wichtiges Treffen am nächsten Morgen in Berlin und wollen deshalb den Nachtzug von Wien nehmen. Aufgrund technischer Probleme wird der Zug gestrichen und Sie versäumen das Treffen am nächsten Tag. Sie beschweren sich beim Bahnpersonal.

2. Sie wohnen in einer sehr ruhigen Gegend, in der es kaum Verkehr gibt. Für die Zukunft ist jedoch geplant, eine neue Buslinie einzurichten. Die Haltestelle soll genau vor Ihrem Haus gebaut werden. Sie beschweren sich beim Straßenverkehrsamt.

3. Die Preise für das öffentliche Verkehrssystem wurden generell um 20 % erhöht. Das finden Sie ungerecht. Sie beschweren sich am Fahrkartenschalter.

b Welche Unterschiede gibt es zwischen mündlichen und schriftlichen Beschwerden? Wann beschweren Sie sich lieber schriftlich, wann lieber mündlich? Was ist leichter? Warum? Tauschen Sie sich im Kurs aus.

2 Ein Brief an die Beschwerdestelle des Öffentlichen Nahverkehrs in Neustadt

a Lesen Sie den Brief. Wie ist er aufgebaut? Nummerieren Sie die Punkte auf der nächsten Seite in der richtigen Reihenfolge.

16.11.2012

Sehr geehrte Damen und Herren,

vor ein paar Tagen hatte ich ein äußerst ärgerliches Erlebnis in einem Bus, das ich Ihnen im Folgenden kurz schildern möchte.

Am 14. November dieses Jahres habe ich wie immer um 7.30 Uhr mit meiner Tochter im Kinderwagen an der Haltestelle Steinstraße auf den Bus Nr. 36 zum Mozartplatz gewartet. Da es an dem Tag stark regnete, war der Bus ziemlich voll. Als ich in den überfüllten Bus einsteigen wollte, verweigerte mir der Busfahrer den Zutritt. Seine Begründung war, dass er den Vorschriften nach keine Personen mehr mitnehmen dürfe. Dabei hätte der Kinderwagen ohne Zweifel noch leicht Platz gehabt! Nach langer Diskussion mit dem Fahrer, in der dieser ausgesprochen unfreundlich reagierte, blieb mir nichts anderes übrig, als draußen zu bleiben und mir ein Taxi zu nehmen, um zur Kindertagesstätte zu fahren (Kosten: 16,– €). Ich finde das Verhalten des Busfahrers ☐ **ungeheuerlich.** ☐ **unangemessen.**

☐ **Es kann nicht angehen,** ☐ **Es kann nicht im Sinne der Verkehrsbetriebe sein,** dass Personen mit Kinderwagen gegenüber anderen Passagieren benachteiligt werden. Ich möchte dabei betonen, dass sich nicht alle Busfahrer an diese starren Vorschriften halten. Allerdings wird der Kunde in den meisten Fällen nicht wie ein König, sondern eher wie ein notwendiges Übel behandelt. Wenn ich darüber hinaus noch an die überzogenen Buspreise (Wochenticket: 19,70 Euro) denke, empfinde ich das Verhalten des Busfahrers umso mehr als Zumutung.

Ich verlange aus diesen Gründen ausdrücklich die Rückerstattung der Ausgaben für das Taxi. Darüber hinaus ☐ **würde ich mir wünschen,** ☐ **erwarte ich,** dass die Verkehrsbetriebe ihre Kundenpolitik grundsätzlich überdenken.

Mit freundlichen Grüßen

Christiane Ehrenmann

Christiane Ehrenmann

☐ A. erwartete Kompensation, Forderung

☐ B. Problem / Ereignis

☐ C. Begründung für die Beschwerde

b Welche der im Brief hervorgehobenen Formen besitzt jeweils eine stärkere Bedeutung? Kreuzen Sie im Brief an.

c Typisch Beschwerde: Ordnen Sie die folgenden Rubriken den Redemitteln unten zu.
Kennen Sie noch mehr Ausdrücke? `AB: E1a`

> Ausdruck von Ärger | etwas hervorheben | persönliche Einschätzung | etwas verlangen

A
....
Es kann (doch) nicht angehen, dass …
Es kann (doch) nicht wahr sein, dass …
Es kann (doch) nicht im Sinne von… sein, dass …

C
....
Ich finde es ungeheuerlich, dass …
Ich finde es unangemessen, dass …
Ich halte es für eine Frechheit, dass …

B
....
Ich würde mir wünschen, dass …
Ich erwarte, dass …
Meine Forderung lautet deshalb, dass …

D
....
Der Punkt ist für mich, dass …
Entscheidend ist für mich, dass …
Ich möchte betonen / unterstreichen, dass …

P telc **3** ## Einen Beschwerdebrief schreiben

Wählen Sie eine der in 1a aufgeführten Situationen oder ein Erlebnis aus Ihrer eigenen Erfahrung und schreiben Sie
einen Brief an die zuständige Beschwerdestelle. `AB: E1b–1c`

• Bauen Sie den Brief analog zum Schreiben in 2a auf.
• Vergessen Sie nicht die formalen Aspekte eines offiziellen Briefes: Empfänger, Absender, Datum, Betreff,
Anrede und Gruß.

4 ## Sich beschweren – der Ton macht's

124 a Frau Ehrenmann beschwert sich nun auch direkt bei der
Beschwerdestelle des Öffentlichen Nahverkehrs in Neustadt.
Sie hören die erste Gesprächsvariante. Wie ist der Ablauf?
Vergleichen Sie dazu den Briefaufbau in 2a.

125 b Hören Sie nun die zweite Variante des Gesprächs.
Wie unterscheidet sie sich vom Gespräch in 4a? Warum?

c Wählen Sie mit einem Partner / einer Partnerin eine der
Situationen aus 1a aus, die Sie noch nicht behandelt haben,
oder überlegen Sie sich eine neue. Spielen Sie das Gespräch
einmal höflich, sachlich und ein zweites Mal eher aggressiv
im Tonfall.

d Spielen Sie einige Gespräche im Kurs vor. Tauschen Sie sich dann über Ihre Erfahrungen mit den Gesprächsvarianten aus.
Wie hat sich das Gespräch jeweils entwickelt?

Wer wagt, gewinnt

1 Eine mündliche Prüfung simulieren – Teil 1

a „Eigentlich reicht es heuzutage, Englisch zu lernen. Andere Sprachen sind unwichtig, um international kommunikationsfähig zu sein." Nehmen Sie Stellung zu dieser Behauptung und machen Sie sich Notizen.

b Arbeiten Sie zu viert. Einer von Ihnen ist der/die Prüfende, einer der/die Prüfungskandidat/-kandidatin. Der Kandidat legt seine Gedanken dar. Der Prüfende stellt am Ende noch zusätzliche Fragen, der Kandidat gibt Erläuterungen. Zwei Personen sind Protokollanten und schätzen die Leistung des Kandidaten anhand der folgenden Kriterienliste ein.

> **Auf diese Kriterien können Sie achten:**
> 1. Bewältigung der gestellten Aufgabe
>   → sich zusammenhängend zu Thema äußern? Gesprächsbeteiligung?
> 2. Ausdrucksfähigkeit
>   → inhalts- und rollenbezogene Ausdrucksweise? sprachliche Vielfalt? Verwirklichung der Sprechabsicht? Verwendung von Gesprächsstrategien, z. B. um etwas bitten, nachfragen, unterbrechen etc.?
> 3. Flüssigkeit?
>   → flüssige, gut verknüpfte Äußerungen? Sprechtempo?
> 4. formale Richtigkeit
>   → Fehlerhäufigkeit bei Satzbau und Wortbildung?
> 5. Aussprache und Intonation
>   → Wie stark ist die Abweichung von der Standardaussprache?
>
> **Folgende Bewertungen können Sie anwenden:**
> A. Die Leistung ist voll angemessen, sehr gut.
> B. Die Leistung ist angemessen, gut.
> C. Die Leistung ist im Großen und Ganzen akzeptabel.
> D. Die Leistung ist kaum noch akzeptabel.
> E. Die Leistung ist durchgehend nicht akzeptabel.

c Sammeln Sie gemeinsam: Welche sprachlichen Mittel hat der Kandidat für Darlegung und Erläuterung verwendet? Wie hat er ggf. nachgefragt? Notieren Sie.

d Tauschen Sie dann die Rollen und führen Sie das Gespräch noch einmal. Verwenden Sie dabei auch die in 1c gesammelten Redemittel. `AB: F1a–1b`

2 Eine mündliche Prüfung simulieren – Teil 2

a Sie wollen zum Abschluss Ihres Deutschkurses einen Ausflug machen. Überlegen Sie zunächst allein, welches Ziel geeignet wäre und was man dafür vorbereiten muss. Bedenken Sie auch den Zeitrahmen und die Kosten.

b Arbeiten Sie zu viert. Zwei Personen tauschen sich aus und erstellen ein Ausflugsprogramm. Bringen Sie dabei auch Argumente für Ihre Position an bzw. widersprechen Sie Ihrem Partner/Ihrer Partnerin. Zwei Personen sind Protokollanten und schätzen die Leistung der Kandidaten anhand der Kriterienliste in 1b ein.

c Sammeln Sie gemeinsam: Welche sprachlichen Mittel haben die Kandidaten für die Präsentation und Argumentation verwendet? Notieren Sie.

d Tauschen Sie dann die Rollen und führen Sie das Gespräch noch einmal. Verwenden Sie dabei auch die in 2c gesammelten Redemittel. `AB: F1c–1d`

3 Sprachmächtig in der Prüfung

a Sammeln Sie in Gruppen Redemittel, die Ihnen nützen, wenn Sie in der Prüfung etwas nicht verstehen oder nicht wissen, wie Sie sich ausdrücken sollen. Entscheiden Sie sich pro Gruppe für jeweils eines der drei Themen.

- Nachfragen, ob man verstanden wurde, bzw. fragen, ob man etwas richtig verstanden hat
- Um Wiederholung bzw. Erklärungen bitten
- Wörter oder Begriffe umschreiben bzw. ausdrücken, dass man ein Wort nicht kennt

b Tragen Sie die Redemittel im Kurs zusammen. `AB: F1e – 1f`

4 Mein Sprachlernweg: Stationen und Ausblick

a Reflektieren Sie über Ihren bisherigen und den weiteren Lernprozess. Vielleicht schauen Sie sich auch noch einmal Ihre Eintragungen in den Minichecks nach jeder Lektion im Arbeitsbuch an.

1. Mit welchen Bereichen Ihrer deutschen Sprachkompetenz sind Sie zufrieden? Versuchen Sie zu bestimmen, was genau in jedem Bereich Sie schon gut können; z. B. Ich verstehe gut, wenn ich einen Vortrag höre. Ich verstehe oft nicht so gut, wenn mehrere Leute sich unterhalten.

   a. Hören: ....

   b. Lesen: ....

   c. an Gesprächen teilnehmen: ....

   d. zusammenhängend sprechen: ....

   e. Schreiben: ....

2. Wie zufrieden sind Sie insgesamt mit Ihren Lernfortschritten? ....

3. In welchen Bereichen möchten Sie sich noch verbessern? ....

4. a. Persönliche Leistungen, mit denen Sie (sehr) zufrieden sind: ....

   b. Welche Lernerfahrungen waren für Sie besonders wichtig oder anregend? ....

   ....

   c. Interessante interkulturelle Erfahrungen: ....

   d. Anregungen aus Bereichen wie Wissenschaft, Literatur, Musik etc.: ....

5. Was sind Ihre nächsten Ziele? Wozu und wie wollen Sie weiterlernen?

   a. Ich lerne

   ☐ für das Studium ☐ für Beruf und Arbeit

   ☐ zum Vergnügen ☐ ....

   b. Weiterlernen würde ich gern

   ☐ in einem Sprachkurs ☐ durch einen Auslandsaufenthalt

   ☐ im Tandemverfahren ☐ ....

b Schreiben Sie Ihre Antworten auf ein großes Blatt Papier oder ein Plakat. Hängen Sie dann alle Papiere oder Plakate im Kurs auf, gehen Sie herum und beantworten Sie sich gegenseitig Fragen zu Ihren Lernwegen.

参考语法 Referenzgrammatik

说明 Hinweis

本参考语法总结了本书中所涉及的语法现象。该总结更侧重以学生理解为目标，注重语言的实际运用，而非强调语言学意义上的完整性。

本参考语法第 1 节就句子中的组成元素及其功能进行了介绍。第 2 节主要介绍了这些元素在主句及从句中的位置。第 3 节概述了如何用连接词连接文本各部分。第 4 节至第 9 节介绍了德语单词词类及其语义和句法特征。第 10 节总结了几类重要的构词法。

目录 Inhalt

Abkürzungen

A/Akk. = Akkusativ	**D/Dat.** = Dativ	**m** = maskulin	**f** = feminin	**HS** = Hauptsatz
N/Nom. = Nominativ	**G/Gen.** = Genitiv	**n** = neutrum	**Pl** = Plural	**NS** = Nebensatz

1 句子和句子组成元素
Der Satz und seine Elemente

1.1 动词和补足语 Verben und Ergänzungen

句子的组成元素有**主语**、**动词**、**补足语**（**即宾语**）和**说明语**。句子中补足语的格受动词支配。

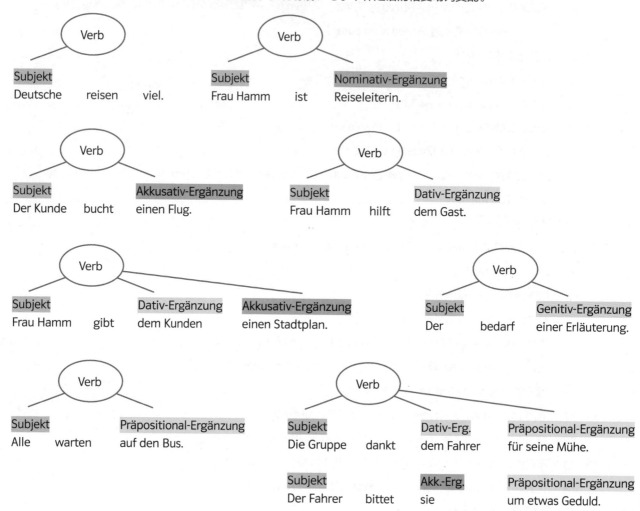

介词补足语中介词是由动词决定的，这些介词大多已失去其原有的意义：

• Alle warten **auf** den Bus.

1.2 动名词搭配 Nomen-Verb-Verbindungen

有些动词（即所谓的功能动词）与名词一起构成固定搭配。动词的意义被弱化，固定搭配的含义主要由名词决定。类似的表达经常出现在科学类文章或新闻类文章中： 2.1

• Ich möchte diese These hier zur Diskussion stellen. (= Ich möchte diese These hier diskutieren.)

• bringen: in Erinnerung bringen (= erinnern), zu Ende bringen (= beenden)
• kommen: zur Sprache kommen (= besprochen werden), ums Leben kommen (= sterben)
• nehmen: einen (guten / schlechten) Verlauf nehmen (= gut / schlecht verlaufen)
• stellen: eine Frage stellen (= fragen), in Frage stellen (= bezweifeln)
• treffen: Vorbereitungen treffen (= vorbereiten), eine Wahl treffen (= wählen)

1.3 说明语 Angaben 2.3, 2.6, 3.4 – 3.12 ▶

补足语由动词决定，而说明语则可灵活插入句子中。说明语在句子中可用来说明事情发生的地点、时间、原因或情形：

- Frau Hamm gibt dem Kunden nach der Begrüßung einen Stadtplan.

上述句子即使去掉说明语 nach der Begrüßung，在语法上也是完整的。

2 句子的语序 Positionen im Satz

2.1 主句的框型结构 Die Satzklammer im Hauptsatz

Satzklammer

Position 1 (Subjekt / Angabe / Ergänzung)	Position 2 (konjugiertes Verb)	Mittelfeld (Subjekt +) Ergänzungen + Angaben)	Satzende (Partizip II, Infinitiv oder Vorsilbe)
1. **Wir**	haben	gestern das Hotelzimmer in Meran	reserviert.
2. Gestern	haben	**wir** das Hotelzimmer in Meran	reserviert.
3. Das Hotelzimmer in Meran	haben	**wir** gestern	reserviert.
4. In Meran	werden	**wir** drei Tage	bleiben.
5. Am Samstag	werden	uns vielleicht **Freunde**	besuchen.
6. Am Sonntag	reisen	**wir** wieder	ab.

位于句子第一位的通常是**主语**（例句1）或**说明语**（例句 2）。如果要重点强调补足语，也可将补足语放在第一位（例句3）。如果主语不占第一位，则会位于句子中场，一般直接跟在动词之后。

在动名词搭配中，名词始终位于句子中场的末尾：

- Er stellt das Thema zur Diskussion.
- Er stellt das Thema heute Abend zur Diskussion.
- Er stellt das Thema heute Abend auf der Versammlung zur Diskussion.
- Er wird das Thema heute Abend auf der Versammlung sicherlich zur Diskussion stellen.

2.2 位于中场的第三格和第四格补足语 Dativ- und Akkusativ-Ergänzungen im Mittelfeld

如果两个补足语都是名词，则通常情况下第三格放在第四格前。
代词放在名词前，即**短词**放在**长词**前。
如果两个都是代词，则第四格放在第三格前。

Position 1	Position 2	Mittelfeld	Satzende
Die Psychologin	hat	den Hörern Ratschläge	gegeben.
Die Psychologin	hat	ihnen Ratschläge	gegeben.
Die Psychologin	hat	sie den Hörern in der Radiosendung	gegeben.
Die Psychologin	hat	sie ihnen kostenlos	gegeben.

如果要重点强调第三格补足语，则可将其放在第四格补足语后。 2.6 ▶

2.3 位于中场的说明语 Angaben im Mittelfeld

说明语可放在句子第一位，也可放在句子中场。位于中场的说明语其位置非常灵活。但也有几条特定的规律：

时间说明语（wann?）一般放在地点说明语（wo?）前，即**时间**在**地点**前：

- Gabi hat letztes Jahr in Italien Urlaub gemacht.

原因说明语（warum?）和情况说明语（wie?）一般放在位于中场的时间说明语和地点说明语的中间：

- Gabi wollte letztes Jahr wegen Paolo unbedingt in Italien Urlaub machen.

易于记忆的语序规则： 位于中场的说明语最常用的顺序是 te ka mo lo：

temporal: wann? (Zeit-Angaben)	kausal: warum? (Kausal-Angaben)	modal: wie? mit wem? (Modal- und Instrumental-Angaben)	lokal: wo? wohin? woher? (Orts-Angaben)
heute, morgen, später, danach, jeden Morgen, …	aufgrund des Interviews, wegen ihrer Verspätung, aus Angst, vor Kälte, …	mit Freude, unter großen Anstrengungen, mit der Hand, gern, sicher, mit Freunden, …	in München, bei uns, dort, dorthin, nach Hause, aus Frankreich, …

从文体上讲，如果文章中每句话都用主语开头，则显得文章不够有文采。因此，句子中场的说明语也可以放在第一位。但这主要取决于说话人或写作人的意图及语言表达的语境。

- Letztes Jahr wollte Gabi wegen Paolo unbedingt in Italien Urlaub machen.
- Wegen Paolo wollte Gabi letztes Jahr unbedingt in Italien Urlaub machen.

te ka mo lo只是一个辅助记忆的方法。还有很多其他的说明语可被放置在中场的不同位置。 2.6, 3.4 – 3.12 ▶

2.4 否定 Negation

全句否定 Satznegation

用 **nicht** 对整个句子的陈述进行否定时，**nicht** 一般放在句子的末尾，放在第四格及第三格宾语的后面：

- Ich verstehe dich nicht.
- Deine Ratschläge helfen mir nicht.

用 **nicht** 否定全句时，**nicht** 总是位于第二个动词部分之前（如第二分词、不定式或可分动词的前缀）：

- Wir haben uns nicht gestritten.
- Du brauchst heute nicht zu kommen.
- Ich kaufe heute nicht ein.

nicht 始终位于谓词补足语之前：

- Die Autoren finden das Thema nicht wichtig.
- Das ist nicht das richtige Buch.

nicht 一般位于介词补足语之前：

- Wir haben uns nicht über ihre Zukunftspläne gestritten.

部分否定 Satzteilnegation

用 **nicht** 也可以否定句子的某一部分。在这种情况下，**nicht** 直接放在被否定的部分之前。在否定的句子成分后面，一般会用连词 **sondern** 对前文所否定的内容进行修正：

- Nicht das Äußere eines Menschen ist das Wichtigste, sondern sein Charakter.
- Ich habe nicht mit ihm gesprochen (, sondern mit seiner Frau).

2.5 句子后场 Das Nachfeld

部分句子成分（如比较说明语、介词补足语）会被后置以达到突出强调的目的。

		Nachfeld
Vergleiche	Er ist schneller als die anderen gelaufen.	
	Er ist schneller gelaufen	als die anderen.
Präpositional-Ergänzungen	Wir haben uns über dein Verhalten und deine Faulheit sehr geärgert.	
	Wir haben uns sehr geärgert	über dein Verhalten und deine Faulheit.
Relativsätze	Gestern wurde die neue Kollegin, die seit einer Woche im Vertrieb arbeitet, vorgestellt.	
	Gestern wurde die Kollegin vorgestellt,	die seit einer Woche im Vertrieb arbeitet.
bestimmte, oft erklärende Zusätze	Er kündigt seinen Rücktritt, d.h. seinen Abschied vom Leistungssport, an.	
	Er kündigt seinen Rücktritt an,	d.h. seinen Abschied vom Leistungssport.

2.6 句子的特殊语序 Besondere Wortstellungen im Satz

德语句子的语序并没有严格按照句法学来排列（例如：主语-动词-补足语），而是也会根据语义学，即句子的含义，来排序。因此，说话人的意图是很关键的：到底要特别强调什么？怎样排列才能与语境更相符？

说明语 Angaben

在中场的说明语顺序有可能不符合 **te ka mo lo** 的规则，而是取决于在文本中想要强调哪些内容。 `2.3`

- Carla wollte **unbedingt in Italien** Urlaub machen. (= unbedingt in Italien)
- Carla wollte **in Italien unbedingt** Urlaub machen. (= unbedingt Urlaub machen)

或者取决于语境：已知信息往往位于中场的靠前位置，而新信息一般位于较靠后的位置：

- Familie Funke ist im Sommer mit Roberto **nach Italien** gefahren. Denn sie wollten **dort** schon lange Robertos Familie kennenlernen.

补足语 Ergänzungen

如果要重点强调第三格补足语，可将其放在第四格补足语之后。此规则仅适用于带冠词的第四格补足语：

- Die Psychologin gibt diese Ratschläge allen unseren Hörern.

重点强调补足语时，也可将其置于第一位：

- Diese Ratschläge gibt die Psychologin allen unseren Hörern.
- Unseren Hörern hat die letzte Sendung besonders gut gefallen.
- Ein wirklich gutes Interview war das!

2.7 疑问句 Die Frage

带疑问词的疑问句（特殊疑问句）Die Frage mit Fragewort (W-Frage)

疑问词位于第一位，变位动词位于第二位。

Position 1	Position 2	Mittelfeld	Satzende
Was	hat	der Reiseleiter	gesagt?

一般疑问句 Die Ja-/Nein-Frage

变位动词位于第一位，主语紧跟其后位于第二位。

Position 0	Position 1	Position 2	Mittelfeld	Satzende
	Haben	Sie	die neue Ausstellung schon	gesehen?
Und	möchten	Sie	noch einen Tag in dem Hotel	bleiben?

2.8 命令式 Der Imperativ

命令句中的动词位于第一位。命令式本身听上去很直接，而加上 **bitte**、**doch**、**mal** 等小品词能使请求显得更为礼貌。　9

Position 1	Position 2	Mittelfeld	Satzende
Komm		endlich nach Hause!	
Seid		doch mal ruhig!	
Bleiben	Sie	bitte	stehen!

另一种更为礼貌地表达请求的方式是第二虚拟式：　4.10

• Würden Sie bitte stehen bleiben?

3 句子组合 Satzkombinationen

3.1 文本连接手段：连接词 Mittel der Textverbindung: Die Konnektoren

句子及句子的各个部分之间可以通过连接词在内容上相互衔接：

> Der Streit zu Weihnachten ist fast vorprogrammiert, denn Weihnachten ist das Fest der Liebe und da soll es so richtig schön, harmonisch und rund sein. Wenn diese überzogenen Vorstellungen nicht erfüllt werden, kracht es schneller als gedacht. Außerdem sind die üblicherweise geltenden Regeln von Nähe und Distanz über die Feiertage außer Kraft gesetzt, weil das ständige Beisammensein Pflicht ist. Rückzug ist also schwierig, aber dauerndes Beieinandersitzen auch, und aus diesem Grund geht man sich schneller auf den Wecker. Zudem möchte man an Weihnachten, dass auf die eigenen Bedürfnisse besonders Rücksicht genommen wird. Deswegen wünscht sich die Mutter, dass die Kinder ihr zuliebe zu Hause bleiben, während die das Gefühl haben, sowieso ständig bei den Eltern herumzusitzen, und wenigstens am Abend ausgehen möchten – somit entstehen Konflikte fast zwangsläufig.

• **连词**可连接两个主句，且在第二个主句中不占位。连词也可连接两个句子成分。　3.2, 3.4, 3.12, 3.17
• **从句连接词（从属连词）**用来引导从句，并与主句建立逻辑关系。　3.3 – 3.15
• **连接副词**既可连接主句，也可连接句子成分。作为副词，它们在主句中位于第一位或中场，一般直接跟在动词之后。如果代词位于中场，则连接副词位于代词之后。　3.4 – 3.12, 3.16, 3.17

3.2 并列复合句"主句—主句"：并列连词"aduso" Satzgefüge „Hauptsatz – Hauptsatz": Die „aduso"- Konjunktionen

用并列连词 **aduso** 可将两个主句连接起来，且不占位。 `3.4, 3.12, 3.17`

Hauptsatz 1	Position 0	Hauptsatz 2
Wir **feiern** gemeinsam,	**aber**	wir **wollen** dieses Jahr nicht streiten.

Konjunktion	Bedeutung	Besonderheit / Beispiel
aber	Einschränkung, Gegensatz	• Wir haben immer in Österreich Urlaub gemacht, aber dieses Jahr fahren wir nach Spanien. **aber** kann auch im Mittelfeld stehen: • Wir haben immer in Österreich Urlaub gemacht, wir fahren aber dieses Jahr nach Spanien. / wir fahren dieses Jahr aber nach Spanien.
denn	Grund	• Wir sollten im Urlaub wandern, denn wir brauchen mal wieder Bewegung.
und	Verbindung, Aufzählung	**und** kann Sätze, Satzteile, Wörter oder Teile von Wörtern miteinander verknüpfen: • Rom ist faszinierend und wir können dort viele Museen besuchen. • Wir kennen nun die Vor- und Nachteile von Gruppenreisen.
sondern	Korrektur	**sondern** folgt immer auf eine Negation im ersten HS: • Dieses Jahr machen wir keinen Strandurlaub, sondern (wir) entdecken die Berge Südtirols.
oder	Alternative	• Buchen wir das teure Hotel oder wollen wir mal wieder campen? • Möchtest du lieber in Italien oder in Griechenland Urlaub machen?

关于标点符号：在 **aber**（不占位）、**denn**、**sondern** 之前必须要加逗号，**und**、**oder** 前一般不加逗号。

3.3 主从复合句"主句—从句" Satzgefüge „Hauptsatz – Nebensatz"

主句在从句前 Hauptsatz vor Nebensatz

Satzgefüge			
Hauptsatz,	**Nebensatz**		
	Nebensatzkonnektor	**Mittelfeld**	**Satzende**
Es ist schön,	dass	Max endlich eine eigene Wohnung	hat.
Ich mag meine Nachbarn,	weil	sie nicht immer alles	wissen wollen.
Es gab oft Streit,	als	ich noch bei meinen Eltern	gewohnt habe.
Es ist oft schwierig,	wenn	Lena mit ihren Eltern	wegfährt.

从句是对主句的补充。从句连接词（从属连词）引导从句。变位动词位于从句的末尾，分词或不定式直接放在变位动词之前。从句中的可分动词前缀与词干不拆分。其中场的语序跟主句的规则一致。

从句在主句前 Nebensatz vor Hauptsatz

Satzgefüge					
Nebensatz			Hauptsatz		
Position 1 im Satzgefüge			Pos. 2 im Satzgefüge		
Position 1: Nebensatz-konnektor	Mittelfeld	Satzende: Verb vom NS	Position 1 vom HS: Verb vom HS	Mittelfeld	Satzende
Als	ich noch bei meinen Eltern	wohnte,	hat	es jeden Abend Streit	gegeben.

如果从句在主句前，主句中的动词则位于第一位。
解释： 在主从复合句中，从句位于第一位。因此，从句逗号之后紧跟主句的变位动词。在这个主句中，动词位于第一位。
关于标点符号： 在从句和主句之间必须加一个逗号。

3.4 原因复合句 (deswegen, weil, …) Kausale Haupt- und Nebensätze

原因复合句用于引出或指明事情发生的原因，并用来回答以下问题：**Warum? Wieso? Weshalb? Weswegen?**

连词 **denn** 引出事情发生的原因： 3.2 ▶

* Wir machen diesmal am Meer Urlaub, denn wir waren schon seit Jahren nicht mehr am Meer.

连接副词 **nämlich** 指出原因，且位于第二个主句中。它在句中从不占第一位，而是始终位于动词之后或中场靠后的位置：

* Wir machen diesmal am Meer Urlaub, wir waren nämlich schon seit Jahren nicht mehr am Meer.

连接副词 **deshalb**、**deswegen**、**darum**、**daher** 位于第二个主句中，放在解释原因的句子之后：

* Wir waren schon seit Jahren nicht mehr am Meer, deshalb / deswegen / … machen wir diesmal am Meer Urlaub.

由 **weil** 和 **da** 引导的从句也表示原因。由 **da** 引导的从句通常放在主句前：

* Da wir schon seit Jahren nicht mehr am Meer waren, machen wir diesmal am Meer Urlaub.

在口语表达中，由 **weil** 引导的从句可作为对问题的回答单独使用，无需再加主句：

* Warum bist du mit dem Zug gefahren? – Weil mein Auto kaputt ist.

在口语中，也会出现类似的表达：Weil … (Pause) mein Auto ist kaputt.

表原因的介词 Kausale Präpositionen

wegen + 第二格（在口语中，尤其是人称代词的时候，要用第三格）/**aufgrund** + 第二格用来表示客观原因：

* Wegen / Aufgrund der gestiegenen Benzinpreise wird das Fliegen teurer.

dank + 第二格（在口语中，尤其是人称代词的时候，要用第三格）表达的原因含有褒义的感情色彩：

* Dank der netten Sitznachbarin wurde Tims Flugangst schwächer.

aus + 第三格多用于表达抽象的原因：aus Interesse, aus Angst, aus Dummheit：

* Aus ökologischen Gründen verzichten wir auf das Fliegen.

vor + 第三格常用于表达一些本能的情绪和身体反应：vor Angst zittern, vor Freude weinen, vor Anstrengung stöhnen：

* Vor Flugangst fing Tim an zu schwitzen.

Überblick:

Nebensatzkonnektor	Konjunktion	Verbindungsadverb	Präposition
weil, da	denn	deshalb, deswegen, darum, daher, nämlich (nur im Mittelfeld)	wegen + G (ugs.: + D), aufgrund + G, dank + G (ugs.: + D), vor / aus + Nomen ohne Artikel

3.5 时间复合句 (danach, nachdem, . . .) Temporale Haupt- und Nebensätze

时间复合句表示事件发生的时间，并用来回答以下问题：**Wann? Seit wann? Bis wann? Wie lange?**

同时性 Gleichzeitigkeit

einmalige Handlung / einmaliger Zustand in der Vergangenheit	• **Als** mein Vater gestern Abend nach Hause kam, war er schlecht gelaunt.
einmalige Handlung / einmaliger Zustand in der Gegenwart / Zukunft	• **Wenn** ich 18 bin, ziehe ich in eine WG.
wiederholte Handlung / wiederholter Zustand in der Gegenwart / Zukunft / Vergangenheit	• (Jedes Mal) **wenn** mein Bruder Geburtstag hatte, gab es die erste Erdbeertorte des Jahres. • (Immer) **wenn** meine Mutter gute Laune hat, dürfen wir länger fernsehen. • **Sooft** uns meine Tante besuchte, brachte sie kleine Geschenke mit.
zwei Handlungen / Zustände gleichzeitig	• **Während** meine Oma das Essen kochte, erzählte sie immer spannende Geschichten. • **Solange** ich noch bei meinen Eltern wohne, muss ich keine Miete zahlen.

先时性或后时性 Vorzeitigkeit oder Nachzeitigkeit

	A passiert zuerst	B passiert danach
Zeit in HS und NS ist meist gleich	• Er rief noch zu Hause an,	**bevor** er ins Flugzeug stieg.
	• Sie mussten noch warten,	**ehe** sie einchecken konnten.
nachdem / als-Satz: Plusquamperfekt **HS: Präteritum / Perfekt**	• **Nachdem / Als** sie sich angemeldet hatten,	konnten sie endlich auf ihre Zimmer gehen. / sind sie zuerst auf ihre Zimmer gegangen.
nachdem / wenn-Satz: Perfekt HS: Präsens / Futur	• **Nachdem / Wenn** du dich angemeldet hast,	kannst du aufs Zimmer gehen. / wird der Angestellte dein Gepäck ins Zimmer bringen.
Zeiten wie bei „nachdem"	• **Sobald** wir das Museum gefunden haben,	rufe ich dich an.
Zeiten in HS und NS können auch gleich sein	• **Sobald** der Reiseleiter kommt,	steigen wir in den Bus.

持续时间 Eine Zeitdauer benennen

drückt eine Dauer von einem Zeitpunkt bis zu einem späteren Zeitpunkt aus	• Wir bleiben zu Hause, **bis** das Wetter besser wird.
	• Wir spielten Karten, **bis** die langweilige Feier zu Ende war.
drückt eine Dauer von einem vergangenen Zeitpunkt bis jetzt aus	• **Seit / Seitdem** meine Mutter weniger arbeitet, streiten meine Eltern häufiger.

Überblick:

Nebensatzkonnektor	Verbindungsadverb	Präposition
während, solange, als	dabei, währenddessen, solange, gleichzeitig	während + G (ugs.: +D), bei + D
sooft, wenn, immer wenn, jedes Mal wenn	dabei	(immer) bei + D
nachdem, als	danach, anschließend, daraufhin, nachher	nach + D
sobald	gleich danach / darauf / anschließend	gleich nach + D
bevor	vorher, davor	vor + D
bis	bis dahin	bis (zu) + D
seit(dem)	seitdem, seither	seit + D

3.6 目的复合句 (dafür, um … zu, …) Finale Haupt- und Nebensätze

目的复合句用来回答以下问题: **Mit welchem Ziel/Zweck? Mit welcher Absicht? Wozu?** 它们被用来表达目标、目的或意图。

如果主从句中的行为主体不一致，需用 **damit**:

- **Ich** besuche einen Sprachkurs, damit **meine Kinder** sich nicht für das schlechte Englisch ihres Vaters schämen müssen.

如果主从句中的行为主体一致，**damit** 或 **um … zu …** 皆可；但从文体上来看，**um … zu …** 更合适:

- **Ich** lerne Spanisch, damit **ich** in der Firma besser zurechtkomme.
- **Besser: Ich** lerne Spanisch, um in der Firma besser zurechtzukommen.

在口语表达中，目的从句也可单独使用:

- Warum gehst du in die Stadt? – Um einzukaufen.
- Warum muss ich schon ins Bett? – Damit du morgen ausgeschlafen bist.

表示目的的连接副词位于第二个主句中，即放在表达意图或目的的句子之后:

- Ich möchte in der Firma besser zurechtkommen, dafür lerne ich Spanisch.

也可用介词**zum** + 动名词（名词化了的不定时）或 **zum/zur/für** + 名词（该名词通常用来指某种行为）来表达意图或目的:

- Zum Üben treffe ich mich regelmäßig mit anderen Kursteilnehmern.
- Zum Training notiere ich mir den neuen Wortschatz auf Vokabelkärtchen.
- Für die Teilnahme am Sprachkurs nehme ich mir extra Zeit.

Überblick:

Nebensatzkonnektor	Verbindungsadverb	Präposition
damit, um … zu	dafür, dazu	zum + D, zur + D, für + A

3.7 条件复合句 (andernfalls, wenn, …) Konditionale Haupt- und Nebensätze

条件句 **Konditionalsätze (= Bedingungssätze)**

条件句用来说明句子中的行为在特定的条件下发生的可能性，用来回答以下问题: **Unter welcher Bedingung …?**

- Wenn die Vorstellungen von einer guten Ehe nicht übereinstimmen, kommt es leicht zu Konflikten.

尤其是在书面语中，条件从句也常常会省略掉连词。这种情况下，动词位于从句第一位:

- Stimmen die Vorstellungen von einer guten Ehe nicht überein, kommt es leicht zu Konflikten.

表示条件的连接副词位于第二个主句中，即在表达条件的主句之后:

- Ein Partner darf nicht ständig auf seiner Meinung beharren, sonst kommt es ständig zu Konflikten.

介词也可引导条件：

- Bei weiterer Lärmbelästigung kündige ich die Wohnung.
- Ohne eine Renovierung nehme ich die Wohnung nicht. *(= Wenn die Wohnung **nicht** renoviert wird, …)*

Überblick:

Nebensatzkonnektor	Verbindungsadverb	Präposition
wenn, falls, sofern, vorausgesetzt, dass; es sei denn, dass; unter der Bedingung, dass	sonst, ansonsten, andernfalls, unter der Bedingung	bei + D, im Falle von + D, ohne + A

非现实条件句 **Irreale Konditionalsätze (= irreale Bedingungssätze)** `4.10`

非现实条件句表示说话人所描述的并非是对事实的陈述，而只是对某些情况的设想，从句中假设的条件也是非现实的。这意味着结果是不会实现的，或者实现的可能性很小。在非现实条件句中，主句和从句中的动词都要用第二虚拟式：

- Wenn wir beide pünktlicher wären, hätten wir mehr Zeit füreinander. *(Gegenwart)*
- Wenn wir gestern pünktlicher gewesen wären, hätten wir mehr Zeit gehabt. *(Vergangenheit)*

非现实条件句也可不加从句连接词。这时，从句位于主句之前，且从句中的动词位于第一位：

- Wären wir beide pünktlicher, hätten wir mehr Zeit füreinander.

3.8 让步复合句 (trotzdem, obwohl, . . .) Konzessive Haupt- und Nebensätze

让步复合句表达的是"无效的相反原因"，即没有达到人们"通常"预期效果的原因，因为事情的发生或发展与预期相反。

让步从句引导"无效的相反原因"：

- Obwohl viele Studenten Auslandsaufenthalte wichtig finden, entscheiden sich nur wenige dafür.

"无效的相反原因"位于带有 zwar 的主句或句子成分中。该句或该成分要位于由 aber 引导的主句或句子成分之前： `3.17`

- Zwar finden viele Studenten Auslandsaufenthalte wichtig, aber nur wenige entscheiden sich dafür.

表示让步的连接副词 **trotzdem**、**dennoch** 位于第二个主句中，即表达"无效的相反原因"的句子之后：

- Viele Studenten finden Auslandsaufenthalte wichtig, trotzdem entscheiden sich nur wenige dafür.

介词也可引导"无效的相反原因"：

- Trotz der staatlichen Förderung studieren nur wenige junge Menschen im Ausland.

Überblick:

Nebensatzkonnektor	Verbindungsadverb	Präposition
obwohl, obgleich, selbst wenn, auch wenn obschon, wenngleich (gehobene Sprache)	trotzdem, dennoch, nichtsdestotrotz, zwar – aber gleichwohl, nichtsdestoweniger (gehobene Sprache)	trotz + G (ugs.: + D) ungeachtet + G (gehobene Sprache)

3.9 结果复合句 (folglich, sodass, . . .) Konsekutive Haupt- und Nebensätze

结果复合句用来说明主句行为所产生的结果，用来回答以下问题：**Was ist / war die Folge?**

- Es liegt keine eindeutige Definition von Burnout vor, infolgedessen muss jeder Arzt eigenständig entscheiden.

sodass 引导的从句始终位于主句之后：

• Es liegt keine eindeutige Definition von Burnout vor, sodass jeder Arzt eigenständig entscheiden muss.

结果从句的连接词 **sodass** 可以分开来用。该情况下，**so** + 形容词或副词（表示强调）位于主句中，**dass** 位于从句中：

• Akupunktur wirkt so gut, dass man sie auch in der Schulmedizin einsetzt.

表示结果的介词引导影响主句结果的原因：

• Infolge ihrer positiven Wirkung wird Akupunktur auch in der Schulmedizin eingesetzt.

Überblick:

Nebensatzkonnektor	Verbindungsadverb	Präposition
sodass, so …, dass; derart(ig) …., dass; solch …, dass	also, folglich, infolgedessen, somit, demzufolge, demnach	infolge + G, infolge von + D

3.10 方式复合句 (dadurch, indem, . . .) Modale Haupt- und Nebensätze

方式复合句用来回答以下问题：**Wie...?, Auf welche Art und Weise...?**

方式复合句用来说明主句动作是借助何种辅助工具、使用何种方法或采用何种策略来实现的：

• Das Eichhörnchen sorgt für den Winter vor, indem es viele Nüsse versteckt.
• Dadurch, dass wir unseren Garten nicht zu perfekt aufräumen, schaffen wir Lebensraum für Igel und viele Vögel.

方式复合句也可用来表示事情没有发生或没有必要：

• Das Essen meiner Mutter ist langweilig, denn sie kocht immer, ohne zu würzen.
• Der Webervogel baut sein kunstvolles Nest, ohne dass ihm andere Vögel helfen.

表示方式的连接副词位于第二个主句中，即跟在说明手段或方法的句子之后：

• Wir räumen unseren Garten nicht perfekt auf, dadurch schaffen wir Lebensraum für Igel und viele Vögel.

方式句也可用介词引导：

• Durch zahlreiche Versuche hat man viel über die Intelligenz der Tiere erfahren.
• Der Webervogel baut sein Nest ohne Hilfe.

Überblick:

Nebensatzkonnektor	Verbindungsadverb	Präposition
indem; dadurch, dass ohne dass; ohne zu	so, dadurch, damit	durch + A, mit + D ohne + A

3.11 选择复合句 (stattdessen, anstatt dass, . . .) Alternative Haupt- und Nebensätze

选择复合句表示某个行为被另外的行为或状况所替代的可能性。该从句用来回答以下问题：**Wenn nicht das eine, was dann?**

从句连接词引导没有选择的行为。如果主从句的主语一致，可用 **(an) statt**、**dass** 和 **(an) statt...zu** 引导从句。从文体上来看，**(an) statt...zu** 更好一些：

• **Claudia** möchte abnehmen. Aber anstatt dass **sie** eine Diät macht, treibt sie Sport.
• **Besser: Claudia** möchte abnehmen. Aber anstatt eine Diät zu machen, treibt sie Sport.

表示选择的连接副词放在第二个主句中，即表达已选行为的句子中：

• Claudia möchte abnehmen. Aber sie macht keine Diät, stattdessen treibt sie Sport.

也可以用介词来引导并未选择的行为：

• Anstelle von Vitamintabletten sollte man frisches Obst zu sich nehmen.

Nebensatzkonnektor	Verbindungsadverb	Zweiteiliger Konnektor	Präposition
(an)statt dass, (an)statt zu	stattdessen	entweder – oder	statt + G (ugs.: + D), anstelle + G, anstelle von + D

3.12 转折复合句 (jedoch, während, ...) Adversative Haupt- und Nebensätze

转折复合句表达转折或限制，用来回答以下问题：**Wie war es früher, wie ist es heute? Wie macht es x, wie macht es y?**

* **Während** Peter nur der Schulmedizin vertraut, steht seine Frau der Akupunktur offen gegenüber.

aber 可以作为连词放在句首且不占位，也可以作为连接副词放在句子中场：

* Luise isst gern Obst, aber sie mag kein Gemüse. / Gemüse mag sie aber nicht.

doch、**jedoch** 可作为连词放在句首且不占位，或者作为连接副词放在第一位。**jedoch** 也可放在句子中场：

* Luise isst gern Obst, doch sie mag kein Gemüse. / doch mag sie kein Gemüse. / sie mag jedoch kein Gemüse.

如果要特别强调对比的部分，可将 **doch**、**jedoch**、**hingegen**、**dagegen** 和要强调的句子成分一起放在第二个句子中的第一位：

* Luise isst gern Obst, Gemüse hingegen mag sie nicht.

表示限制、异议时，即某人反对某事时，可用 **aber**、**doch** 和 **jedoch**：

* Gemüse ist gesund, jedoch sollte man nicht nur Gemüse essen.

表示对比时，可用 **aber**、**doch**、**jedoch**、**dagegen** 和 **hingegen**：

* Vitamine in Obst und Gemüse sind gesund, künstlich erzeugte Vitamine können dagegen schädlich sein.

介词 **entgegen** 和 **im Gegensatz zu** 用来表达某事偏离预期。

* Entgegen der Empfehlung seiner Ärztin hatte er nur Fertiggerichte gekauft.

Nebensatzkonnektor	Konjunktion	Verbindungsadverb	Präposition
während	aber, doch, sondern	doch (nur auf Pos. 1), jedoch, aber, dagegen, hingegen	entgegen + D, im Gegensatz zu + D

3.13 比较复合句 (so ... wie, als ob, ...) Vergleichssätze

比较复合句用来回答以下问题：**Ist es genauso oder anders?** 可以这样来表达比较：

主句用 **so** + 形容词原级，从句用 **wie** 引导

* Das Fest war so schön, wie ich es mir vorgestellt hatte.

主句用形容词比较级，从句用 **als** 引导

* Das Fest war **besser**, als ich es mir vorgestellt hatte.

比较级 + **als** + 第二分词

* Das Fest war **besser** als **gedacht**.

非现实比较句用来将某事和非现实的情况进行对比： 4.10 ▸

从句：**als ob** + 第二虚拟式，变位动词位于句末：

* Sie laufen so schnell davon, als ob ihnen der Teufel **begegnet wäre**.

主句：**als** + 第二虚拟式，变位动词位于第二位：

* Die Männer erschrecken, als **wären** sie kleine Kinder.

wie + 名词

* Die Männer erschrecken wie kleine **Kinder**.

R

3.14 间接疑问句（用ob、wer、worüber等连词引导）Indirekte Fragen

表示"说""问"和"知道"的动词后面可以跟间接疑问句。间接疑问句一般位于主句之后。 `6.4`

Direkte Entscheidungsfrage:	Indirekte Entscheidungsfrage:
• **Kommst** du zu unserer Party?	• Ich habe Nora gefragt, ob sie zu unserer Party **kommt**. • Jan wusste nicht, ob sie **kommt**.
Direkte W-Frage (mit Fragepronomen):	**Indirekte W-Frage (mit Fragepronomen):**
• Wann **fängt** die Party **an**? • Wofür **benutzt** man diesen Kugelgrill? • Mit wem **gehst** du zum Abschlussball?	• Sie hat mich gefragt, wann die Party **anfängt**. • Kannst du mir sagen, wofür man diesen Kugelgrill **benutzt**? • Ich habe sie gefragt, mit wem sie zum Abschlussball **geht**.

在口语中，经常用到简化的间接疑问句：
• Christoph geht zur Party. Egal, ob er Lust **hat** oder nicht.

或者用于所谓的回声疑问句中：
• Mit wem **gehst** du zur Party? – Mit wem ich zur Party **gehe**? Ich weiß es noch nicht.

在较为文雅的文体中，主句"**Ich habe sie gefragt, ...**"或"**Er wollte wissen, ...**"后也会使用间接引语： `4.9`
• Ich habe sie gefragt, mit wem sie zum Abschlussball gehe.

关于标点符号：如果主句不是疑问句，间接疑问句后用句号。但如果主句是疑问句，则在间接疑问句后加问号。

3.15 关系从句 (der / das / die, was, wo, worauf, . . .) Relativsätze

由der、das、die引导的关系从句 Relativsätze mit „der"/„das"/„die"

由 **der**、**das**、**die** 引导的关系从句用来解释说明主句中的某个名词或代词。关系代词的性（阳性、阴性、中性）和数（单数、复数）须与主句中相关名词的性和数一致（例如 **der Mensch**：阳性，单数）：

• Sie ist ein Mensch, der alles sammelt und nichts wegwerfen kann.

关系代词的格（第一格、第四格、第三格、第二格）取决于它在从句中受支配的动词（例如 **bekommen** + 第四格）或介词（例如 **mit** + 第三格）：
• Der Teddybär, den ich gestern **bekommen** habe, ist wirklich kuschelig.
• Ich habe heute das Fahrrad gekauft, **mit** dem ich über die Alpen fahren will.

Die Formen des Relativpronomens:

	m	n	f	Pl
Nom.	der	das	die	die
Akk.	den	das	die	die
Dat.	dem	dem	der	denen
Gen.	dessen	dessen	deren derer	deren derer

关系代词 **dessen** 和 **deren** 后的名词前不加冠词：
• Frau Elsner, deren **Mann** mit dir bei der Sparkasse arbeitet, ist in meinem Sportverein.

除了表示所属含义的第二格关系代词外，还有"纯粹的"关系代词 **dessen**（阳性名词和中性名词单数）和 **derer**（阴性名词单数和所有名词的复数）。该用法仅限于关系从句中的动词、介词或某个表达需要第二格补足语的情况：

- Die Probleme, aufgrund derer es mir so schlecht ging, sind gelöst.

在这种用法下有时也会用 **deren**。

wo、wohin 和 woher 引导的关系从句 Relativsätze mit „wo", „wohin" und „woher"

在说明地点时，除了用介词 + 关系代词（**der/das/die**）的形式，也可用 **wo**、**wohin** 和 **woher** 来引导关系从句：

- Da vorn ist **der Laden**, in dem ich die tolle Sonnenbrille gekauft habe.
  - → Da vorn ist der **Laden**, wo ich die tolle Sonnenbrille gekauft habe.
- Wie heißt **das Kaufhaus**, in das deine Schwester gegangen ist?
  - → Wie heißt **das Kaufhaus**, wohin deine Schwester gegangen ist?
- In **der Region**, aus der meine beste Freundin kommt, spricht man Plattdeutsch.
  - → In **der Region**, woher meine beste Freundin kommt, spricht man Plattdeutsch.

如果关系代词指代的是不加任何冠词的城市和国家，则必须用 **wo**、**wohin** 和 **woher**：

- Ich bin oft **in Zürich**, wo ich sehr gerne einkaufe.

wer、was和 wo(r)- + 介词引导的关系从句 Relativsätze mit „wer", „was" und „wo(r)-" + Präposition

如果关系代词指代的是不定代词（例如 **nichts**、**weniges**、**etwas**、**einiges**、**manches**、**vieles**、**alles**）、指示代词 **das**、名词化的最高级或整个句子时，关系从句由 **was** 或 **wo(r)-**+ 介词来引导： `6.4`

- Das ist **alles**, was mir der Arzt gesagt hat.
- Das ist genau **das**, was ich meine.
- Ich verkaufe **alles**, worauf ich verzichten kann. *(verzichten auf)*
- Das ist **das Beste**, was mir passieren konnte.
- **Er ist sehr früh gekommen**, worüber ich mich sehr gefreut habe. *(sich freuen über)*

由 **wer**（=**jeder**、**der**）、**wem**、**wen** 及部分用 **was** 引导的关系从句表示概括化的意义，且通常位于主句之前。如果主句中的指示代词与关系代词的格相同，则可将指示代词省略掉：

- Wer heute noch den neuen MP3-Spieler bestellt, (der) erhält einen Rabatt von 10 %.
- Wem unser Angebot zusagt, der muss sich noch diese Woche melden.

3.16 表示列举和补充的连接副词 (außerdem, . . .) Verbindungsadverbien der Aufzählung und Ergänzung

以下连接副词表示列举或补充：

außerdem, zudem, überdies, ferner, darüber hinaus, weiterhin.

- Menschen mit hoher sozialer Kompetenz können gut zuhören, außerdem können sie andere motivieren.

3.17 成对连词 (zwar – aber, entweder – oder, . . .) Zweiteilige Konnektoren

成对连词可连接主句、从句或句子成分。

sowohl...als auch...用来代替连词 **und**，表示两个要素同等重要：

- Sowohl Karin als auch ihr Ehemann Dirk wollten raus aus Deutschland.

这两个连词放在要连接的句子成分之前。

nicht nur..., sondern auch...用来替代连词 **und**，并重点强调后者：

- Klaus wollte in Mexiko nicht nur sein Spanisch verbessern, sondern (er wollte) auch viele Menschen kennenlernen.

nicht nur 位于第一个句子成分之前，sondern 位于第二个主句的句首，不占位。

entweder...oder... 表示存在两种可能性： `3.11`

• Entweder fange ich sofort mit dem Studium an, oder ich mache zuerst eine Lehre.
• Ich fange entweder sofort mit dem Studium an, oder ich mache zuerst eine Lehre.

entweder 位于第一个主句的第一位或者中场，**oder** 位于第二个主句句首，不占位。

zwar...aber... 表示某种程度的限制或转折： `3.8`

• Der Professor ist zwar etwas langweilig, aber er ist ein exzellenter Wissenschaftler.
• Zwar ist der Professor etwas langweilig, er ist aber ein exzellenter Wissenschaftler.

zwar 位于第一个主句的首位或者中场，**aber** 作为连词位于第二个主句句首，不占位，或者作为连接副词位于第二个主句的中场。

weder...noch... 表示没有符合条件的：

• Mich haben weder meine Eltern noch der Staat beim Studium unterstützt.

这两个连词放在连接的句子成分之前。

• Dieses Studienfach ist weder besonders interessant noch hat man damit gute Chancen auf dem Arbeitsmarkt.

weder 位于第一个句子成分之前，**noch** 位于第二个主句的首位。

je..., **desto/ umso...** 把两个比较级联系起来：

• Je kleiner eine Universität ist, desto persönlicher ist die Atmosphäre.

je 位于第一个比较级前，引导从句，desto/ umso 和第二个比较级一起共同位于主句的首位。

3.18 不定式从句 Der Infinitivsatz

当主句的主语和从句中的隐含主语相同时，可以用不定式结构。在不定式从句中主语不被提及，**zu** 直接放在不定式之前。表达时尽可能用不定式从句，而非 **dass** 从句，因为这样能使文章更简短，更便于阅读。 `4.3`

• **Ich** habe beschlossen, dass **ich** mehr auf mein Aussehen achte.
• **Besser: Ich** habe beschlossen, mehr auf mein Aussehen zu achten.

当不定式从句的主语和主句的不同时，也可用不定式从句。但需在主句中加一个第三格或第四格的补足语，用来指向从句的主语。

• Ich kann **jedem** nur raten, dass **er** auf sein Aussehen achtet.
• **Besser:** Ich kann **jedem** nur raten, auf sein Aussehen zu achten.

不定式从句一般放在主句之后。但如果要重点强调不定式从句时，也可将其放在主句之前：

• Anderen Menschen zu gefallen, ist ihm sehr wichtig.

如果不定式从句中含有情态动词，则 **zu** 位于独立动词和情态动词之间：

• Viele Menschen sind von der Idee besessen, schöner und perfekter aussehen zu müssen.

主句中的代副词（**darauf**、**dazu** 等）可指代不定式从句： `6.4`

• Ich freue mich darauf, im Wellness-Studio verwöhnt zu werden.
• Ich kann dir nur dazu raten, ins Wellness-Studio zu gehen.

如果不定式从句中的行为发生在主句行为之前，则使用不定式完成时（即第二分词 + zu + 助动词 haben 或 sein 的不定式形式）：

• Ich bin zufrieden, eine Diät gemacht zu haben.
• Es freut mich, damit erfolgreich gewesen zu sein.

4 动词 Das Verb

4.1 情态动词：客观用法 Modalverben: Objektiver Gebrauch

带有情态动词的句式结构 Struktur von Sätzen mit Modalverben `2.1, 4.4, 4.6, 4.8 – 4.10`

	Pos. 1	Pos. 2	Mittelfeld	Satzende
Präsens	Heute	muss	er für das Konzert	üben.
Präteritum	Er	wollte	als Kind Musiker	werden.
Perfekt*	Er	hat	als Kind Musiker	werden wollen.
Plusquamperfekt	Sein Vater	hatte	auch schon Musiker	werden wollen.
Konjunktiv I der Gegenwart	(Er sagte,) er	müsse	noch für das Konzert	üben.
Konjunktiv I der Vergangenheit	(Er sagte,) er	habe	gestern für das Konzert	üben müssen.
Konjunktiv II der Gegenwart	Ich	könnte	mir das gut	vorstellen.
Konjunktiv II der Vergangenheit	Ich selbst	hätte	allerdings nie Musiker	werden können.

*情态动词的现在完成时在句子末尾有两个动词部分，这种表达看上去较麻烦，因此在标准德语中几乎都直接使用过去时。

从句：情态动词位于句末，且位于实义动词不定式之后：

- Er kommt heute nicht zur Party, weil er für das Konzert üben muss.
- Er ist heute nicht zur Party gekommen, weil er für das Konzert üben musste.

情态动词的客观用法 Objektiver Gebrauch der Modalverben

情态动词用于修饰实义动词的含义。情态动词和独立动词连用表示愿望、许可或能力等。

können

- Manche Menschen können drei Dinge gleichzeitig tun. (能力)
- Du kannst jetzt die Bücher wieder zurückbringen, ich bin fertig. (许可)
- Zu viel Sport kann enorme Schäden verursachen. (可能性，机会)

müssen

- Er muss jeden Morgen um 5.00 Uhr aufstehen. (义务)
- Sie musste nach der Trennung wieder ganz von vorne anfangen. (必要性)
- Sie müssen sich am Montag beim Jobcenter melden. (命令，必要性)
- Er hat drei Millionen im Lotto gewonnen und muss nicht mehr arbeiten. (无必要性)
    - → „nicht müssen" bedeutet das gleiche wie **nicht brauchen zu**: Er braucht nicht mehr zu arbeiten.
      Im mündlichen Sprachgebrauch wird das **zu** oft weggelassen: Er braucht nicht arbeiten.

dürfen

- Der Rasen darf nur werktags gemäht werden. (许可)
- Als Kind durfte ich nicht alleine zur Schule fahren. (禁止)

sollen

- Mein Ernährungsberater hat gesagt, dass ich mehr Obst essen soll. (建议，推荐)
- Guten Tag, wir sollen Ihren Stromzähler ablesen. (任务)
- Sollen wir heute Abend ins Kino gehen? (提议—期待对方反应)

wollen

- Ich wollte schon immer etwas Neues ausprobieren. (愿望，意图)
- Wollen wir jetzt einen Kaffee trinken? (提议—期待对方反应)

möcht- / mögen

- Herr Ober, ich möchte jetzt gerne zahlen! (礼貌的请求)
- Ich möchte so gern einmal nach Südamerika reisen. (愿望)

möcht- 是 mögen 的第二虚拟式，它没有过去时形式，如果表示过去时，这里则用 wollen 的过去时来代替。

- Ich möchte einen Kaffee trinken. ⟷ Ich wollte einen Kaffee trinken.

特别是在德国南部，还会用到以下表达：

- Ich mag jetzt mein Zimmer nicht aufräumen. (这里表示 *nicht mögen, keine Lust haben.*)

用情态动词表达请求和愿望听上去很有礼貌，如果情态动词用第二虚拟式，则会更礼貌一些：

- Darf / Dürfte ich Sie um einen Rat bitten?
- Können / Könnten Sie mir bitte helfen?

如果在没有动词不定式的情况下可以根据上下文推断出句子的意思，则可省略掉不定式，这种情况尤其在口语表达中较为多见：

- Er kann gut Italienisch (sprechen).
- Ich darf nicht in die Disco (gehen).
- Was soll das (bedeuten)?
- Mama, ich will kein Gemüse (haben / essen)!
- Ich möchte ein Eis (haben).

在这种情况下，现在完成时用 **haben** + 情态动词的第二分词构成：

- Ich habe nicht in die Disko gedurft.

但这种表达经出现在德国南部地区的口语表达中，在标准德语中则直接用情态动词的过去式：

- Ich durfte nicht in die Disko.

表达可能性、愿望和必要性的其他方法
Alternativen zum Ausdruck von Möglichkeiten, Wünschen und Notwendigkeiten

Hans kann die Waschmaschine reparieren.	Hans ist fähig / in der Lage, die Waschmaschine zu reparieren.
Er muss die Arbeit heute abgeben.	Es ist (unbedingt) notwendig / erforderlich, dass er die Arbeit heute abgibt. / Er ist verpflichtet, die Arbeit heute abzugeben.
Man darf den Rasen nicht betreten.	Es ist verboten / untersagt / nicht erlaubt, den Rasen zu betreten.
Du solltest mehr Sport treiben.	Ich rate dir, / Es wäre ratsam, mehr Sport zu treiben. / Es wäre gut, wenn du mehr Sport treiben würdest.
Ich will dieses Jahr die Wände streichen.	Ich habe vor / beabsichtige, dieses Jahr die Wände zu streichen.

4.2 情态动词：主观用法 Modalverben: Subjektiver Gebrauch

情态动词也可用来表达主观见解，即说话人用情态动词来表达对一个事实的个人评价，或有保留地转述他人观点。

用作主观用途的情态动词 **müssen**、**dürfen**、**können**、**mögen**，其现在时形式与客观情态动词的直陈式现在时以及第二虚拟式一致，其区别只能通过上下文来辨别。

用作主观用途的情态动词 **müssen**、**dürfen**、**können**、**mögen**，其过去时形式由情态动词的现在时 + 不定式现在完成时（即独立动词的第二分词 + **haben** 或 **sein** 的不定式形式）组成：

Objektiver Gebrauch: Es war notwendig, dass er gestern Abend im Büro arbeitete.	Subjektiver Gebrauch: Sprecher ist sicher, dass das so war.
Er musste gestern Abend im Büro arbeiten.	
Er hat gestern Abend im Büro arbeiten müssen.	} Er muss gestern Abend im Büro gearbeitet haben.
Er hatte gestern Abend im Büro arbeiten müssen.	

müssen

- Ruf doch mal an, Simon muss jetzt zu Hause sein. *(Indikativ, Gegenwart)*
- Simon muss schon weggegangen sein. *(Indikativ, Vergangenheit)*

说话人非常肯定西蒙已经走了/正在家里。

- Ruf doch mal an, Simon müsste jetzt zu Hause sein. *(Konjunktiv II, Gegenwart)*
- Simon müsste schon weggegangen sein. *(Konjunktiv II, Vergangenheit)*

说话人几乎可以肯定西蒙已经走了/正在家里。

dürfen *(nur im Konjunktiv II)*

- Es dürfte schwierig sein, mit Petra darüber zu sprechen. *(Gegenwart)*
- Es dürfte schwierig gewesen sein, mit Petra darüber zu sprechen. *(Vergangenheit)*

与 **Petra** 的谈话大概会很难/（曾经）大概很难。

können

- Der Lehrer könnte sich irren. *(Konjunktiv II, Gegenwart)*
- Der Lehrer könnte sich geirrt haben. *(Konjunktiv II, Vergangenheit)*

据推测，那位老师搞错了/（曾经）搞错了。

- Er kann im Stau stehen. *(Indikativ, Gegenwart)*
- Er kann im Stau gestanden haben. *(Indikativ, Vergangenheit)*

他现在也许遇到了交通堵塞/（曾经）也许遇到了交通堵塞。

mögen *(nur im Indikativ)*

- Er mag ein reicher Mann sein. *(Gegenwart)*

说话人在猜测该男子目前的财务状况。

- Er mag ein reicher Mann gewesen sein, vielleicht sogar Milliardär. *(Vergangenheit: Variante I)*
- Er mochte ein reicher Mann sein, vielleicht sogar Milliardär. *(Vergangenheit: Variante II)*

说话人在猜测该男子以前的财务状况。

- Er mochte ein reicher Mann gewesen sein. *(Vorvergangenheit)*

说话人在猜测该男子过去某一时间前的经济状况（过去完成时）：很久以前他可能很富有，但后来他变穷了。

sollen *(nur im Indikativ)*

- Sie soll sehr viel Geld in der Schweiz haben. *(Gegenwart)*
- Er soll sein Geld mit Kupferminen verdient haben. *(Vergangenheit)*

说话人听到了某个传言，并把它告诉了别人。

wollen *(nur im Indikativ)*

- Forscher wollen bei der Produktion von Gas aus Bioabfällen vor einem Durchbruch stehen. *(Gegenwart)*

研究人员声称他们即将取得突破性进展，但说话人对此并不相信。

- Er war dabei, als der Unfall passiert ist. Aber jetzt will er nichts gesehen haben. *(Vergangenheit)*

他声称他什么也没看见，但说话人对此表示怀疑。

Vermutungen mit „werden" + Infinitiv (= Futur I)
用 werden + 动词不定式（即第一将来时）也可表示推测。 `4.4` ▶

4.3 支配简单不定式的动词（即不加 zu 的不定式）
Verben mit einfachem Infinitiv (= Infinitiv ohne „zu")

有一些动词（同情态动词和 **werden** 用法类似）可支配不加 **zu** 的动词不定式。 `3.18` ▶

动词 **lassen**、**sehen**、**hören**、**helfen** 用双不定式来构成现在完成时（和情态动词一样）：

- Ich lasse mir heute die Haare schneiden. *(Präsens)*
- Sie ließ sich alle drei Wochen die Haare schneiden. *(Präteritum)*
- Er hat sich gestern die Haare schneiden lassen. *(Perfekt)*
- Ich habe den Unfall kommen sehen. *(Perfekt)*
- Ich habe das Telefon klingeln hören. *(Perfekt, hier auch „gehört")*
- Ich habe ihm die Koffer tragen helfen. *(Perfekt; hier eher „geholfen")*

bleiben、**gehen**、**lernen** 也可支配不加 zu 的不定式。只是这种不定式结构的现在完成时要用独立动词的第二分词来构成：

- Er bleibt plötzlich stehen. *(Präsens)*
- Er blieb plötzlich stehen. *(Präteritum)*
- Er ist plötzlich stehen geblieben. *(Perfekt)*
- Er ist immer gern schwimmen gegangen. *(Perfekt)*
- Sie hat Geige spielen gelernt. *(Perfekt)*
- Mein Geigenlehrer hat mich gut Geige spielen gelehrt. *(Perfekt)*

4.4 一般现在时和第一将来时 Präsens und Futur I

一般现在时的用法 Gebrauch des Präsens

一般现在时用于表示说话时正在发生的事件和状态：

- Ich wohne in Berlin.

一般现在时也会用于表达一般事实，如自然规律、规则或公认的事实。

- Wasser kocht bei 100 Grad.

未来发生的事情也可用现在时来表达。为了更加清楚地表明是未来发生的事情，会在句中插入时间状语（例如：morgen, nächste Woche, nach der Arbeit）：

- Nächste Woche besuche ich meine Eltern.

自传或报道中也可用现在时表达过去发生的事情，以增加历史事件的**生动性**和**"现时性"**。这种时态也被称为"历史现在时"：

- Von 1767 bis 1769 arbeitet Gotthold Ephraim Lessing als Dramaturg am neu gegründeten Hamburger Nationaltheater. In dieser Zeit schreibt er seine Dramentheorie.

德语中没有现在进行时，但为了表示说话时某一行为正在进行中，即正在发生，则可用以下表达：

- Er ist (gerade) dabei, sich ein Haus zu bauen.
- Sie ist (gerade) beim Spülen.
- Lass mich in Ruhe, ich bin (gerade) am Essen! *(in der Umgangssprache)*

为了强调实时性，可加上时间说明语 gerade。

一般现在时的构成 Formen

Präsens: regelmäßige und unregelmäßige Verben

	spielen	arbeiten	sehen	werden	fahren	laufen	sein	haben
ich	spiele	arbeite	sehe	werde	fahre	laufe	bin	habe
du	spielst	arbeitest	siehst	wirst	fährst	läufst	bist	hast
er / sie / es	spielt	arbeitet	sieht	wird	fährt	läuft	ist	hat
wir	spielen	arbeiten	sehen	werden	fahren	laufen	sind	haben
ihr	spielt	arbeitet	seht	werdet	fahrt	lauft	seid	habt
sie / Sie	spielen	arbeiten	sehen	werden	fahren	laufen	sind	haben
	regelmäßig	*Verbstamm endet auf -d/-t*	*Vokalwechsel: e → ie*	*e → i*	*a → ä*	*au → äu*		

Präsens: „wissen" und Modalverben `4.1, 4.2`

	wissen	können	müssen	dürfen	sollen	wollen	mögen	möcht-
ich	weiß	kann	muss	darf	soll	will	mag	möchte
du	weißt	kannst	musst	darfst	sollst	willst	magst	möchtest
er/sie/es	weiß	kann	muss	darf	soll	will	mag	möchte
wir	wissen	können	müssen	dürfen	sollen	wollen	mögen	möchten
ihr	wisst	könnt	müsst	dürft	sollt	wollt	mögt	möchtet
sie/Sie	wissen	können	müssen	dürfen	sollen	wollen	mögen	möchten

Verben mit trennbarer / nicht-trennbarer Vorsilbe (= Präfix)

Position 1	Position 2	Mittelfeld	Satzende	
Heute	hebe	ich das Geld	**ab.**	*(Verb mit trennbarer Vorsilbe)*
Morgen	**be**zahle	ich meine Rechnung.		*(Verb mit nicht-trennbarer Vorsilbe)*

trennbare Vorsilben (betont), z. B.: ab-, an-, auf-, aus-, ein-, her-, hin-, los-, mit-, raus-, rein-, vor-, weg-, zu-, zurück-	nicht-trennbare Vorsilben (unbetont): be-, emp-, ent-, er-, ge-, miss-, ver-, zer-

第一将来时的用法 Gebrauch des Futur I

第一将来时（werden + 动词不定式）用来表示将要发生的事情，但这里所指的将来时往往含有情态意义。第一将来时可用来表达预测、意图、打算、通知、信心或很有把握地预测某事。

- 预测：Es wird die ganze Woche regnen.
- 意图/Vorsatz/Ankündigung: Ich werde mein Studium im Oktober beginnen.
- 信心：Die Prüfung wird schon nicht so schwer sein.（大多与情态小品词schon连用）
- 肯定：Ich werde den Test bestehen.（此处着重强调werde）

第一将来时也可用于表示推测（关于现在或未来）。同样，这里说话人无法保证所有的事情都会如预言般发生。因此，werden 在表示推测时通常会和情态小品词（如 bestimmt、wahrscheinlich、wohl、möglicherweise）一起使用。

- Der Film wird (wahrscheinlich) auch im Ausland Erfolg haben. （对未来的推测）
- Er wird (wohl) noch im Bett liegen. （对现在的推测）
- Ich werde die Prüfung (vermutlich) nicht bestanden haben. （对过去的推测）

4.5 现在完成时 Perfekt

用法 Gebrauch

现在完成时多用于口语交际中，用来表示过去发生的事情：

- Stell dir vor, gestern habe ich an der Uni Rebecca getroffen. Wir sind dann zusammen ins Uni-Café gegangen.

现在完成时也可用于把口语写成文字以及非正式的书面文本中（尤其是所描述的事情对当前很重要时）。像电子邮件、博客、笔记和非正式私人信件就是典型的例子：

- Hi Petra – wir sind gut in Palermo angekommen und haben zuerst meinen Kumpel Francesco besucht.

构成 Formen

现在完成时由助动词 **haben** 或 **sein** 的现在时和独立动词的第二分词构成：

Regelmäßige Verben: • Sie haben das gut gemacht.	ge + Verbstamm (= V) + t (bei -d/-t: + et)	machen – **ge**mach**t** arbeiten – **ge**arbeit**et**
Unregelmäßige Verben: • Er hat mir gestern geholfen.	ge + Verbstamm + en oft mit Vokalwechsel	helfen – **ge**holf**en** gehen – **ge**gang**en**
Gemischte Verben: • Er ist sehr schnell gerannt.	ge + Verbstamm + t immer mit Vokalwechsel	rennen – **ge**rann**t**
Verben mit trennbarer Vorsilbe: • Sie hat am Vormittag eingekauft. • Er hat das Bild weggeworfen.	Vorsilbe + ge + V + t Vorsilbe + ge + V + en	einkaufen – ein**ge**kauf**t** wegwerfen – weg**ge**worf**en**
Verben mit nicht-trennbarer Vorsilbe: • Er hat eine Geschichte erzählt. • Ich habe das Paket bekommen.	Vorsilbe + V + t (kein ge-) Vorsilbe + V + en (kein ge-)	erzählen – erzähl**t** bekommen – bekomm**en**

有部分动词需用助动词 sein 构成现在完成时：

表示位置移动的动词，即从 A 地移动到 B 地，例如：

• gehen – ich bin gegangen

• kommen – sie ist gekommen

• laufen – er ist gelaufen

表示状态发生变化的动词，例如：

• aufwachen – du bist aufgewacht

• passieren – etwas ist passiert

• wachsen – er ist gewachsen

• werden – sie ist geworden

特殊情况（没有发生移动或状态变化）：

• bleiben – sie ist geblieben

• sein – wir sind gewesen

注意： 在德国南部、奥地利和瑞士语言区，stehen、liegen 和 sitzen 也用 sein 构成现在完成时。

4.6 过去时 Präteritum

用法 Gebrauch

过去时主要出现在书面语中，用于保持一定距离地描述已发生的相互关联的事件。典型的文章类型包括童话、短篇小说、长篇小说和新闻：

在口语表达中，haben 和 sein 以及情态动词大多用过去时。一些常用动词在口语中也经常使用过去时，例如：denken, geben, gehen, heißen, kennen, kommen, laufen, meinen, sitzen, stehen, wissen。

在德国北部，日常生活中也会经常用到过去时。

构成 Formen

Präteritum: regelmäßige Verben

	machen	spielen	zeichnen	arbeiten	baden
ich	machte	spielte	zeichnete	arbeitete	badete
du	machtest	spieltest	zeichnetest	arbeitetest	badetest
er / sie / es	machte	spielte	zeichnete	arbeitete	badete
wir	machten	spielten	zeichneten	arbeiteten	badeten
ihr	machtet	spieltet	zeichnetet	arbeitetet	badetet
sie / Sie	machten	spielten	zeichneten	arbeiteten	badeten

Präteritum: unregelmäßige Verben

	kommen	geben	werden	haben	sein
ich	kam	gab	wurde	hatte	war
du	kamst	gabst	wurdest	hattest	warst
er / sie / es	kam	gab	wurde	hatte	war
wir	kamen	gaben	wurden	hatten	waren
ihr	kamt	gabt	wurdet	hattet	wart
sie / Sie	kamen	gaben	wurden	hatten	waren

Präteritum: gemischte Verben und Modalverben

	kennen	denken	wissen	können	müssen	dürfen	mögen	sollen*
ich	kannte	dachte	wusste	konnte	musste	durfte	mochte	sollte
du	kanntest	dachtest	wusstest	konntest	musstest	durftest	mochtest	solltest
er / sie / es	kannte	dachte	wusste	konnte	musste	durfte	mochte	sollte
wir	kannten	dachten	wussten	konnten	mussten	durften	mochten	sollten
ihr	kanntet	dachtet	wusstet	konntet	musstet	durftet	mochtet	solltet
sie / Sie	kannten	dachten	wussten	konnten	mussten	durften	mochten	sollten

*sollen 和 wollen 在过去时中元音不发生变化。

4.7 过去完成时 Plusquamperfekt

用法 Gebrauch

过去完成时表示过去发生的某件事情之前已结束或完成的动作。在过去完成时中经常出现的连词有 nachdem、sobald、voher、zuvor。

- **Nachdem** meine Freundin das Fahrrad repariert hatte, konnte die Radtour beginnen.
- Wir fuhren um 10.00 Uhr los, **vorher** hatte sie noch schnell das Fahrrad repariert.

构成 Formen

过去完成时由助动词 **haben** 或 **sein** 的过去时 + 独立动词的过去分词（即第二分词）组成：

Plusquamperfekt mit „haben"

ich	hatte	gekocht
du	hattest	gekocht
er / sie / es	hatte	gekocht
wir	hatten	gekocht
ihr	hattet	gekocht
sie / Sie	hatten	gekocht

Plusquamperfekt mit „sein"

ich	war	gelaufen
du	warst	gelaufen
er / sie / es	war	gelaufen
wir	waren	gelaufen
ihr	wart	gelaufen
sie / Sie	waren	gelaufen

4.8 被动态及其替代形式 Passiv und Ersatzformen

用法 Gebrauch

被动态用来表示行为过程。在被动态中，行为的主体（施动者）在句中一般不会被提到，因为施动者要么为众人所熟知，要么不为人知，要么在上下文中并不重要。

- Die Welt wurde in sieben Tagen erschaffen. *(Der Schöpfer der Welt ist allgemein bekannt.)*
- Der Minister wurde durch mehrere Stiche in den Rücken verletzt, die Attentäter konnten unerkannt entkommen. *(Der oder die Täter sind unbekannt.)*
- Ich wurde zum Vorstellungsgespräch eingeladen. *(Hier ist nicht wichtig, wer mich eingeladen hat, sondern dass ich eingeladen wurde.)*

构成 Formen

被动态由 werden 的变位形式 + 过去分词（即第二分词）构成：

	Aktiv	**Passiv**
Präsens	sie lobt	sie wird gelobt
Präteritum	sie lobte	sie wurde gelobt
Perfekt	sie hat gelobt	sie ist gelobt worden
Plusquamperfekt	sie hatte gelobt	sie war gelobt worden
Futur I	sie wird loben	sie wird gelobt werden

带情态动词的被动态由情态动词的变位形式 + 独立动词不定式的被动态（即第二分词 + werden）构成：

Präsens	Das Fenster muss richtig geschlossen werden.
Präteritum	Das Fenster musste richtig geschlossen werden.
Perfekt*	Das Fenster hat richtig geschlossen werden müssen.
Plusquamperfekt	Das Fenster hatte richtig geschlossen werden müssen.

*因带有两个不定式的现在完成时显得很繁琐，所以通常使用过去时来表示。

被动语态中的"施动者" Das „Agens" im Passiv

如果要着重强调被动句中的 "施动者"（即实施某行为的人或物），可以用介词 **von + 第三格的形式体现**：

- Die Mitteilung wurde von der Bundeskanzlerin persönlich vorgelesen. *(und nicht von irgendeinem Pressesprecher)*

如果强调该行为非施动者的意愿，或施动者只是作为"中间人"出现，则用 **durch + 第四格**。

- Wir wurden durch den Streik aufgehalten.
- Der Angestellte wurde vom Chef durch dessen Sekretärin informiert.

状态被动态 Das „sein"-Passiv oder Zustandspassiv

过程被动态强调行为发生的过程，状态被动态则表示行为结束后的结果或状态。

- Das Museum wurde leider wegen eines Brands geschlossen. Nun ist es schon einen Monat geschlossen. Es war vor einem Jahr schon einmal wegen technischer Probleme für längere Zeit geschlossen.

无人称被动态 Das Passiv ohne Subjekt oder „unpersönliches Passiv"

对于一般性的阐述和规则表述，用无人称被动态表达：

- Im Labor wird geforscht. (一般性阐述)
- Hier darf nicht geraucht werden. (规则)
- Es wurde lange darüber diskutiert. (Es位于句子首位：主语的"占位词")

替代形式 Ersatzformen `10.2`

被动态可用以下形式来替代：

man = jede Person, alle Leute. Die konkrete Person ist nicht wichtig.	• Diese Aufgabe kann man in drei Monaten bewältigen. *(statt: Diese Aufgabe kann in drei Monaten bewältigt werden.)*
Verbstamm + „-bar" oder „-lich" = kann (nicht) gemacht werden	• Ist der Motor noch reparierbar? *(statt: Kann der Motor noch repariert werden?)* • Das Gemälde ist unverkäuflich. *(statt: Das Gemälde kann nicht verkauft werden.)*
„sein" + „zu" + Infinitiv = kann gemacht werden	• Das ist nur mit vereinten Kräften zu schaffen. *(statt: Das kann nur mit vereinten Kräften geschafft werden.)*
„sein" + „zu" + Infinitiv = muss gemacht werden	• Das Projekt ist bis morgen abzuschließen! *(statt: Das Projekt muss bis morgen abgeschlossen werden.)*
„lässt sich" + Infinitiv = kann gemacht werden	• Das lässt sich sofort erledigen. *(statt: Das kann sofort erledigt werden.)*

4.9 第一虚拟式：间接引语 Konjunktiv I: Indirekte Rede

用法 Gebrauch

在较为正式的书面表达和口头表达中，第三方的话语通常用间接引语转述。这表明了与第三方的距离：说话者传递信息并不代表说话者本人与第三方的观点一致。这种情况下，动词要用虚拟式。

直接引语为一般现在时

- Der Bundespräsident: „Ich kann das Gesetz in der jetzigen Form nicht unterschreiben."

间接引语用第一虚拟式（现在时）

- Der Bundespräsident sagte, er könne das Gesetz in der jetzigen Form nicht unterschreiben.
- Der Bundespräsident sagte, dass er das Gesetz in der jetzigen Form nicht unterschreiben könne.

直接引语为过去时

- Der Politiker: „Ich wusste nichts von illegalen Parteispenden."

间接引语用第一虚拟式（过去时）

- Der Politiker sagte, er habe von illegalen Parteispenden nichts gewusst.
- Der Politiker sagte, dass er nichts von illegalen Parteispenden gewusst habe.

第一虚拟式有时也用于表达愿望、要求或用在食谱中：

- Es lebe die Demokratie!
- Man möge mir das verzeihen.
- Man nehme ein Pfund Mehl, ein halbes Pfund Zucker und zwei Eier.

构成 Formen

第一虚拟式通常只用于第三人称单数，其他人称一般用第二虚拟式。

只有 sein 是特例，可用于所有人称：**ich sei, du sei(e)st, er sei, wir seien, ihr seiet, sie seien**

	arbeiten	spielen	fahren	nehmen	müssen	wissen	haben
er / sie / es	arbeite	spiele	fahre	nehme	müsse	wisse	habe

第一虚拟式的过去时只有一种构成形式，即 haben 或 sein 的第一虚拟式形式 + 独立动词的第二分词：

- Er betonte, er habe die Kanzlerin rechtzeitig informiert.
- Sie sagte, sie sei pünktlich gekommen.

在不太正式的交际场景中，也会用到以下第一虚拟式形式：

Modalverben	Sie sagte, sie könne, müsse, dürfe, solle, wolle, möge
Hilfsverben	Er meinte, er habe, sei, werde, …
einige häufig gebrauchte unregelmäßige Verben	Sie erzählte, sie gehe, fahre, nehme, sehe, wisse, lasse, …

除以上情况，在不太正式的交际场景中，通常用第二虚拟式或 würde + 不定式的形式：

- Sie hat gesagt, dass sie gleich käme. / dass sie gleich kommen würde.

从直接引语转为间接引语时，可能会发生视角的变化。人称代词、时间说明语和地点说明语也要根据语义发生变化。转换时要注意：谁与谁对话？事情发生在何时何地？

- Der Umweltminister sagt am Dienstag in Hannover: „Gestern habe ich hier eine Fabrik für Windräder besichtigt."
  → Eine Berliner Zeitung schreibt am Mittwoch: Der Umweltminister sagte gestern, dass er am Tag davor in Hannover eine Fabrik für Windräder besichtigt habe.

4.10 第二虚拟式：请求、建议、推测和愿望 Konjunktiv II: Bitten, Ratschläge, Vermutungen und Wünsche

用法 Gebrauch

第二虚拟式用于表达非现实的行为或状态，如用在非现实条件句或非现实比较句中。 3.7, 3.13

第二虚拟式也可用来表达更为谨慎或礼貌的请求、建议和愿望。

有礼貌的请求

- Entschuldigung, hätten Sie vielleicht einen Moment Zeit?
- Wärest du so nett, mir dein Auto zu leihen?
- Entschuldigen Sie, könnten Sie mir bitte kurz helfen?
- Würdest du mir bitte das Salz geben?

建议：

- Wenn ich du wäre, würde ich mir einen neuen Job suchen.
- Wie wäre es damit, mehr Sport zu treiben?
- Du solltest dich wirklich mehr bewegen!
- An deiner Stelle hätte ich mich bei dieser Firma beworben.

推测：

- Es könnte sein, dass Richard sich bald eine Stelle im Ausland sucht.
- Das dürfte nicht so schwer sein.
- Lisa müsste bald kommen.

加 wenn 的非现实愿望句	Wunschsätze ohne „wenn"
• **Wenn** ich doch noch hier bleiben könnte.	• Könnte ich doch noch hier bleiben!
• **Wenn** nur schon Sonntag wäre!	• Wäre nur schon Sonntag!
• **Wenn** er doch endlich käme!	• Käme er doch endlich!
• **Wenn** wir bloß schon gestern losgefahren wären!	• Wären wir bloß schon gestern losgefahren!

加上情态小品词 doch、nur、bloß 会使愿望更加强烈。 **9** ➤

构成 Formen

第二虚拟式的现在时

情态动词和一些常见的不规则动词会有特定的第二虚拟式形式：过去式（＋变元音）＋第二虚拟式词尾：

	Präteritum	Konjunktiv II	*ebenso:*	
ich	kam	käme	nahm – nähme	konnte – könnte
du	kamst	kämest	ging – ginge	musste – müsste
er / sie / es	kam	käme	ließ – ließe	durfte – dürfte
wir	kamen	kämen	wusste – wüsste	mochte – möchte
ihr	kamt	kämet	hatte – hätte	sollte – sollte *(kein Umlaut)*
sie / Sie	kamen	kämen	war – wäre	wollte – wollte *(kein Umlaut)*

规则动词和大部分不规则动词用 **würde** ＋ 不定式的形式构成第二虚拟式：

- Wenn ich mehr Zeit hätte, würde ich das Buch heute noch kaufen.

带情态动词： Das müsste nicht so sein. *(Modalverb im Konjunktiv II + Infinitiv)*

被动态： Würde das Haus noch dieses Jahr fertiggestellt, könnten wie im Januar umziehen. *(„würde" + Partizip Perfekt)*

情态动词和被动态： Das könnte bis morgen erledigt werden. *(Modalverb im Konjunktiv II + Infinitiv Passiv)*

第二虚拟式的过去时

- Wenn es nicht so spät gewesen wäre, hätte ich dich noch besucht. *(„hätte"/„wäre" + Partizip Perfekt)*
- Wäre es nicht so spät gewesen, hätte ich dich noch besucht. *(Konditionalsatz ohne „wenn")*

带情态动词： Das hätte nicht so kommen müssen. *(„hätte" + Infinitiv des Vollverbs + Infinitiv des Modalverbs)*

被动态： Wäre das Haus im letzten Jahr fertiggestellt worden, hätten wir im Januar umziehen können. *(„wäre" + Partizip Perfekt + „worden")*

情态动词和被动态： Das hätte schneller erledigt werden können. *(„hätte" + Partizip Perfekt + Infinitiv von „werden" + Infinitiv des Modalverbs)*

带情态动词的从句： Er sagte, dass er das nicht hätte tun sollen. / dass das nicht hätte getan werden müssen. *(„hätte" steht vor den anderen Verben)*

5 形容词 Das Adjektiv

5.1 变格 Deklination

冠词和形容词的词尾变化体现相应的格：

	m	n	f	Pl
Nominativ	-r	-s	-e	-e
Akkusativ	-n	-s	-e	-e
Dativ	-m	-m	-r	-n
Genitiv	-s	-s	-r	-r

如果在冠词中出现以上词尾，则相应形容词的词尾为 -e 或 -en。以上规律同样适用于形容词前为 dieser、jener、jeder、manche、welcher、alle 的情况。

如果形容词前没有冠词或冠词没有词尾，则形容词的词尾与冠词的一致。本规律也适用于形容词前为 wenig、viel 和 mehr 的情况。特殊情况：第二格单数阳性和中性名词前，形容词词尾为 -en。

	m: der Inhalt	**n: das Spielzeug**	**f: die Form**	**Pl: die Kerzen**
N	der praktische (k)ein praktischer praktischer	das bekannte (k)ein bekanntes bekanntes	die schöne (k)eine schöne schöne	die bunten keine bunten bunte
A	den praktischen (k)einen praktischen praktischen	das bekannte (k)ein bekanntes bekanntes	die schöne (k)eine schöne schöne	die bunten keine bunten bunte
D	dem praktischen (k)einem praktischen praktischem	dem bekannten (k)einem bekannten bekanntem	der schönen (k)einer schönen schöner	den bunten keinen bunten bunten
G	des praktischen -(e)s[1] (k)eines praktischen -(e)s[1] praktischen -(e)s[1]	des bekannten -(e)s[1] (k)eines bekannten -(e)s[1] bekannten -(e)s[1]	der schönen (k)einer schönen schöner	der bunten keiner bunten bunter

[1]名词词尾与冠词词尾一致。

如果名词前有多个形容词，则所有形容词词尾变化相同：

* schöner reicher Mann gesucht
* ein beliebtes, praktisches Geschenk

以 **-a** 结尾的形容词词尾不发生任何变化，例如：rosa，lila，prima…

* der lila Rock
* ein prima Geschenk

源于地名的形容词要大写，并始终以 **-er** 结尾：

* der Kölner Dom
* beim Brandenburger Tor
* statt des Dresdener Stollens

5.2 第一分词和第二分词作定语 Partizip I und II als Attribute

第一分词（即现在分词）由动词不定式 + **d** 构成（arbeiten**d**, suchen**d**, eintreffen**d**, gelten**d**...）。作为定语，第一分词直接放在名词前，该词具由主动含义，用来描述说话时正在发生或已经发生的过程： `5.1`

- Im Park sitzen überall grillen**de** Menschen.
- Auf der Wiese spielten lachen**de** Kinder.

第二分词（即过去分词）也可以作为定语放在名词前，通常表示被动的过程或状态： `4.5`

- Würstchen werden gegrillt. → Im Park riecht es überall nach gegrillten Würstchen.
- Der Mietvertrag wurde unterschrieben. → Ich sende Ihnen hiermit den unterschriebenen Mietvertrag zurück.

与 **sein** 构成完成时的动词第二分词也可以描述说话时已经发生的表示主动含义的动作：

- Das Ehepaar **ist** ausgewandert. → Das ausgewanderte Ehepaar will nie wieder nach Deutschland zurückkehren.

扩展定语 Erweiterte Partizipien

作为定语的分词可以通过补充其他信息进行扩展，尤其是在法律类或科学类的文本中。扩展定语可以通过使用名词化结构使文章更简洁，从而避免使用从句。分词及其扩展成分位于冠词或介词及相应的名词之间。

- Sie finden in der Anlage **den Mietvertrag**, der von mir unterschrieben worden ist. (*Relativsatz im Passiv, Perfekt*)

  → Sie finden in der Anlage **den** von mir unterschriebenen **Mietvertrag**. (*erweitertes Partizip II*)

- **Der Zug**, der gerade abgefahren ist, musste eine Notbremsung machen. (*Relativsatz im Aktiv, Perfekt*)

  → **Der** gerade abgefahrene **Zug** musste eine Notbremsung machen. (*erweitertes Partizip II*)

- **Trotz Mietpreise**, die seit Jahren steigen, ist München als Wohnort noch immer sehr beliebt. (*Relativsatz im Aktiv, Präsens*)

  → **Trotz** seit Jahren steigender **Mietpreise** ist München als Wohnort noch immer sehr beliebt. (*erweitertes Partizip I*)

6 副词 Das Adverb

6.1 修饰动词的副词 Adverbien beim Verb

修饰动词的副词表示某活动是如何进行的。通常德语中的形容词可被用作副词。德语中的副词没有词尾变化：

- Er schläft gut und arbeitet regelmäßig.

> Ebenso: gut, schlecht, genau, gründlich, zuverlässig, hektisch, ordentlich, freundlich, so, anders, …

在句中的位置： 常位于中场 `2.3`

- Er hat die Arbeit höchst zuverlässig erledigt.

6.2 修饰句子的副词 Adverbien beim Satz

功能及含义 Funktion und Bedeutung

许多副词可修饰整个句子：

> **情态副词：** normalerweise, gern, lieber, am liebsten, glücklicherweise, leider, womöglich, wahrscheinlich, vermutlich, hoffentlich, …

- Normalerweise geht sie nicht allein ins Kino.

> **地点副词：** links – rechts, vorn – hinten, oben – unten, hier – da – dort, drinnen – draußen, irgendwo – nirgendwo, überall, …; *Kombinationen:* hier oben, dort unten, rechts hinten, …

- Drinnen war es gemütlich warm, aber draußen spürte man schon den Herbst.

> **方向副词：** her – hin, herauf – herunter / hinauf – hinunter (rauf – runter), herein – heraus / hinein – hinaus (rein – raus), vorwärts – rückwärts, nach rechts – nach links, dorthin, geradeaus, …

- Sie können schon rein (hinein) gehen, Herr Müller wartet bereits auf Sie.

> **时间副词：** heute – morgen – übermorgen, gestern – vorgestern, damals, meistens, oft, manchmal, selten, nie, täglich, montags, dienstags, …

- Heute gehe ich nicht mehr zur Arbeit, es ist schon zu spät.

> **连接副词：** deswegen, darum, daher, nämlich, also, trotzdem, sonst, stattdessen, jedoch, vorher, … `3.4 – 3.12`

- Heute beginnen die Sommerferien. Deswegen gibt es auf der Autobahn viele Staus.

副词在句中的位置： 位于首位或句子中场：
- Hier kann man sehr gut Ski fahren. / Man kann hier sehr gut Ski fahren.
- Trotzdem würde ich lieber nach Davos fahren. / Ich würde trotzdem lieber nach Davos fahren.

地点副词也可直接放在名词之后：
- Der **Vogel** dort oben füttert seine Jungen.

6.3 程度副词和聚焦副词 Adverbien der Verstärkung und Fokussierung

这些副词可用来加强程度或削弱形容词的程度：
- Gestern habe ich einen sehr / höchst interessanten Film gesehen!
- Das war ein besonders gelungenes Konzert. Aber es war recht kurz. (= ziemlich kurz)
- Ich möchte Ihnen recht herzlich danken. (= sehr herzlich)
- Der Urlaub war dieses Mal nur sehr kurz!

口语化表达：
- Das war echt toll! (= extrem gut)
- Das Kleid ist super schön!
- Ich bin total beeindruckt!

> **加强/削弱程度的副词有：** ganz, ziemlich, einigermaßen, etwas, nur, relativ, recht, besonders, sehr, höchst, absolut, wirklich, super, total, echt, …

以下聚焦副词可用于强调名词：

- Der Film war sehr gut – nur der Hauptdarsteller war nicht sehr überzeugend.
- Und auch die Musik fand ich nicht so gut. Das hat sogar Bernhard gesagt.

> 聚焦副词有：nur, auch, sogar

6.4 代副词（darauf、dazu等；worauf、wozu等）Präpositionaladverbien

构成及用法 Bildung und Gebrauch

如介词以辅音开头，则用 **da-**+ 介词构成代副词（**dabei**、**dafür**、**damit** 等）；如果介词以元音开头，则用 **dar-**+ 介词构成介词副词（**daran**、**darauf**、**darüber** 等）。

代副词代替某个介词短语，用来指代前面某个名词或者整个句子。 `1.1, 8.3`

- Dort steht noch ein altes Atomkraftwerk, viele Menschen haben Angst davor. *(Angst haben **vor**)*
- Der BUND setzt sich dafür ein, die Umwelt zu schützen. *(sich einsetzen **für**)*

代副词可用于指代的内容之前：

- Der „Verein Deutsche Sprache" will die Menschen in Deutschland daran erinnern, wie wertvoll und schön ihre Muttersprache ist. *(erinnern **an**)*

代副词可用于指代的内容之后：

- Im Deutschen werden immer mehr Wörter aus dem Englischen verwendet, dagegen protestiert der Verein immer wieder. *(protestieren **gegen**)*

代副词也可以指代 dass 引导的从句或不定式从句： `3.18`

- Der Verein will dafür sorgen, **dass** mehr junge Menschen in Deutschland eine gute Ausbildung bekommen. *(sorgen **für**)*
- Ich habe nicht daran gedacht, den Vereinsbeitrag **zu überweisen**. *(denken **an**)*

代副词也可以位于名词和形容词之后：

- Er zeigte sein Entsetzen darüber, **dass** die Wahlbeteiligung so gering war. *(Entsetzen **über**)*
- Alex ist sehr daran interessiert, ein Semester im Ausland zu studieren. *(interessiert **an**)*

在某些情况下，具有指代作用的代副词并不是必要的：

- Ich freue mich (darauf), dass du kommst. *(sich freuen **auf**)*
- Sie war froh (darüber), mit ihrer Freundin über ihre Probleme sprechen zu können. *(froh **über**)*

极少数情况下，也会用 **hier** + 介词的代副词形式，代替 **da(r)**-+ 介词：

- Hiermit protestieren wir gegen den Ausbau der Autobahn A2. *(= **mit** dieser Handlung, **mit** diesem Brief)*

上述代副词不能指代人和机构，如果指代人和机构则要用介词 + 人称代词的形式。

- Einer meiner besten Freunde in Burkina Faso ist ein alter Mann, ich denke oft **an ihn**. *(denken **an**)*
- Unterstützt du die Bürgerinitiative? – Ja, ich arbeite ehrenamtlich **für sie**. *(arbeiten **für**)*

提问 Fragen

对抽象和具体事物进行提问时，用 wo (r) + 介词的形式 (wofür、worüber 等)：

- Worüber wurde in der Talkshow diskutiert? – Die Gäste haben **über** den neuen Bahnhof in Stuttgart diskutiert.

对人和机构进行提问时，用介词 + 疑问词的形式 (für wen、mit wem 等)：

- Mit wem hast du denn eben so lange am Telefon gesprochen? – Ich habe **mit** Julie gesprochen, aber das geht dich eigentlich nichts an!

7 冠词和代词 Artikelwörter und Pronomen

7.1 冠词（der、das、die等；ein、kein、mein等）Artikelwörter

冠词位于名词前：

- der Hund, ein grünes Haus, dieser Fußball, deine CD, …

不定冠词用于文章中没有进一步说明的人或物，或首次提到的不确定的人或物：

- Es war einmal ein kleines Mädchen.

不定冠词也用来表示同类人或事物中的一个：

- Die Tanne ist ein Nadelbaum.
- Maren ist eine sportliche Frau.

定冠词用于对某人或某物进行进一步的说明或表示之前已提到的人或物：

- Ich kenne den Mann am Nachbartisch.
- Es war einmal ein kleines Mädchen. Das Mädchen trug oft eine rote Kappe.

定冠词也可用于**类别名词**前：

- Der Dinosaurier ist ausgestorben.

Deklination des Definit-Artikels	m	n	f	Pl
Nom.	der	das	die	die
Akk.	den	das	die	die
Dat.	dem	dem	der	den
Gen.	des	des	der	der

Ebenso: dieser, jener (Demonstrativartikel), jeder, mancher, alle (Plural), welcher? (Frage)
→ **immer mit Signal-Endung**

Deklination des Indefinit-Artikels	m	n	f	Pl
Nom.	ein	ein	eine	– / keine
Akk.	einen	ein	eine	– / keine
Dat.	einem	einem	einer	– / keinen
Gen.	eines	eines	einer	– / keiner

Ebenso: kein (negativer Artikel), mein, dein, … (Possessivartikel), irgendein, irgendwelche (Plural), was für ein? (Frage)
→ **nicht immer mit Signal-Endung**

7.2 冠词作为代词（das ist meins、deins等）Artikelwörter als Pronomen

当冠词用作**代词**时，其词尾变化**与冠词词尾一致**。

- Ist das dein Kuli? – Nein, das ist nicht meiner, der muss jemand anderem gehören.
- Ich habe keine Kulis, hast du welche? – Nein, ich habe auch keine. / Ja, ich habe welche.
- In der Gruppe wollte jeder etwas anderes machen. Aber man kann es nicht jedem recht machen.
- Ach so, das meinst du!
- Ich glaube, er wollte denen mal richtig die Meinung sagen.
- Die Zahl derer, die Deutsch lernen, steigt.

einer, keiner, meiner, jeder, mancher, … alle	m	n	f	Pl
Nom.	einer	eins	eine	welche
Akk.	einen	eins	eine	welche
Dat.	einem	einem	einer	welchen
Gen.	–	–	–	welcher

Definit-Artikel als Pronomen	m	n	f	Pl
der	das	die	die
den	das	die	die
dem	dem	der	denen
dessen	dessen	derer	derer

7.3 不定代词 (man、jemand、irgendjemand等) Indefinitpronomen

不定代词用来泛指人或物。**irgend-** 用以加强不确定性：

- Wie sagt man das auf Deutsch? *(allgemein, alle Leute)*
- Hat jemand / irgendjemand meine schwarze Tasche gesehen? *(unbestimmte Person)*
- Ich muss noch etwas / irgendetwas für seinen Geburtstag finden. *(unbestimmte Sache)*
- Diese Melodie habe ich irgendwo schon mal gehört. *(ich weiß nicht mehr, wo)*
- Gehst du eigentlich irgendwann auch mal aus? *(unbestimmter Zeitpunkt)*
- Das Projekt muss irgendwie bis Samstag fertig werden. *(egal, wie)*

Negation der Indefinitpronomen

	negativ		negativ
(irgend)jemand, irgendwer, irgendein-	niemand, kein-	irgendwie	gar nicht / in keiner Weise
etwas / irgendetwas / irgendwas	nichts	irgendwann	nie / niemals
irgendwohin / irgendwoher	nirgendwohin / nirgendwoher	irgendwo	nirgends

- Leider hat niemand deine Tasche gesehen. *(keine Person)*
- Ich habe noch nichts für seinen Geburtstag gefunden. *(keine Sache)*
- Ich kann meine Brille nicht finden. Ich habe sie nirgends gesehen. *(an keinem Ort)*
- Herbert ist langweilig, er geht nie mit uns aus. *(zu keinem Zeitpunkt)*
- Die Krankheit vom Chef hat das Projekt in keiner Weise beeinträchtigt. *(auf keine Art und Weise)*

Deklination von „jemand" / „niemand" und „man"

	m	Abk.	m
Nom.	jemand	jd.	niemand
Akk.	jemand(en)	jdn.	niemand(en)
Dat.	jemand(em)	jdm.	niemand(em)
Gen.	(jemandes)	jds.	(niemandes)
	Die Endung ist nicht obligatorisch. *Der Genitiv wird nur selten verwendet.*		

	m	
man	Das kann man sich ja denken!	
einen	Wenn man neu ist, stellen Sie einen erstmal vor.	
einem	Man weiß ja nie, was einem passieren kann!	
–		
	„einen", „einem" vor allem umgangssprachlich	

7.4 代副词 Präpositionalpronomen (= Präpositionaladverbien)

参考第 6.4 节

8 介词 Präpositionen

介词可从句法学（**介词支配第几格**）或语义学（**介词有什么含义**）来进行分类。以下是一些典型的例子：

8.1 根据句法学分类 Syntaktisch

Präpositionen mit Akkusativ	Präpositionen mit Dativ	Präpositionen mit Genitiv
• Wir haben einen Spaziergang durch den Park gemacht. • Gehen Sie immer den Fluss entlang. • Er war für höhere Löhne aber gegen einen Streik. • Wir kamen gegen 21 Uhr an.	• Ab dem nächsten Monat will sie regelmäßig Sport treiben. • Außer meinem Bruder kommt noch ein Kollege mit. • Johanna wohnt noch bei ihren Eltern. • Morgen komme ich zu dir.	• Aufgrund eines dummen Missverständnisses reden sie jetzt nicht mehr miteinander. • Außerhalb der Bürozeiten ist Frau Mayer nicht erreichbar. • Entlang des Flusses zog sich ein schmaler Weg.
bis, durch, für, gegen, ohne, um; entlang *(nach dem Nomen)*	ab, aus, außer, bei, entgegen, gegenüber, mit, nach, seit, von, wegen, zu	aufgrund, außerhalb, infolge, innerhalb, (an)statt, anstelle, trotz, ungeachtet, während, wegen, dank; entlang *(vor dem Nomen)*

bis 常与另外一个介词连用：

• Er bringt sie bis zur Haustür.

在口语表达中，wegen、dank、trotz、statt 也可支配第三格：

• Sie musste wegen ihrem Job schon oft umziehen.

一些地点介词，即**方位介词**，可根据语境的不同**支配第三格或第四格**。

> an, auf, hinter, in, neben, über, unter, vor, zwischen

Wohin? → Akkusativ	Wo? ◎ Dativ
• Pinnen Sie bitte die Karten an die Wand!	• Die Karten hängen an der Wand.
• Anne hat einen Spiegel über den Kamin gehängt.	• Der Spiegel über dem Kamin gefällt ihr.
• Tim stellte sich zwischen seine beiden Freunde.	• Es gab kaum Platz zwischen ihnen.

8.2 根据语义学分类 Semantisch

Lokale Präpositionen	an, auf, aus, außerhalb, bei, durch, gegen, hinter, in, innerhalb, nach, neben, über, unter, vor, zu, zwischen	• Lisa musste lange an der Haltestelle warten.
Temporale Präpositionen	ab, an, bei, bis, in, nach, seit, um, vor, während, zwischen	• Wir treffen uns am Montag um 16 Uhr.
Kausale Präpositionen	aufgrund, aus, dank, durch, vor, wegen	• Vor lauter Angst schrie Eva laut auf.
Finale Präpositionen	für, zu	• Alles Gute für das neue Lebensjahr! • Zum Training mache ich täglich Gymnastik.

Konditionale Präpositionen	bei, ohne	• Bei gutem Wetter kann man die Alpen sehen.
Konzessive Präpositionen	trotz, ungeachtet (gehobene Sprache)	• Trotz guter Angebote gehen viele Studenten nicht ins Ausland.
Konsekutive Präpositionen	infolge, infolge von	• Infolge einer Fehlbehandlung musste Alex wieder ins Krankenhaus.
Modale Präpositionen	auf, aus, außer, durch, in, mit, nach (vor oder nach dem Nomen), ohne	• Nach meiner Überzeugung / Meiner Überzeugung nach funktioniert das nicht.
Adversative Präpositionen	entgegen	• Entgegen meinen Erwartungen ist er pünktlich gekommen.
Alternative Präpositionen	statt, anstelle, anstelle von	• Anstelle einer Flugreise buchen sie eine Schiffsreise.

8.3 与动词、形容词和名词固定搭配的介词 Feste Präpositionen bei Verben, Adjektiven und Nomen

同动词一样，形容词和名词都有固定的介词搭配。这些固定搭配的介词大多已失去原有的意义。
• Der Ausgang der Wahl ist abhängig vom Wetter.
• Sie war zuerst sehr wütend auf ihn, aber dann verstand sie sein Verhalten.

示例:

Verben	Adjektive	Nomen
abhängen von + D	abhängig von + D	die Abhängigkeit von + D
sich ängstigen vor + D		die Angst vor + D
sich ärgern über +A	ärgerlich über + A	der Ärger über + A
sich befreunden mit + D	befreundet mit + D	die Freundschaft mit + D
	beliebt bei + D	die Beliebtheit bei + D
sich freuen über + A	froh über + A	die Freude über + A
	reich an + D	der Reichtum an + D
sich sehnen nach + D		die Sehnsucht nach + D
	wütend auf + A	die Wut auf + A

有些相同含义的动词、形容词和名词所搭配的介词是不同的，例如:

Verben	Adjektive	Nomen
sich interessieren für + A	interessiert an + D	das Interesse an + D
sich begeistern für + A	begeistert von + D	die Begeisterung für + A

在有些形容词后可用第二格或第三格代替介词，例如:
• voll von + D: voll von tiefstem Mitleid
  voll + G: voll tiefsten Mitleids
  voll + D: voll tiefstem Mitleid

R

9 情态小品词 Modalpartikeln

情态小品词也叫语气小品词，通常较短，能给句子增添一些特殊的、往往具有情感性的色彩，起到加强、削弱语气或表示质疑的效果。

ja	• Hey, Paul, du bist ja schon da!	Überraschung
	• Peter sieht sehr glücklich aus. – Ja, ich weiß. Er hat ja gerade geheiratet.	Bekanntes: Beide wissen, dass Peter gerade geheiratet hat.
	• Ich komme ja schon!	Ungeduld, Genervtsein, Verärgerung: Du siehst, dass ich schon komme.
denn (in Fragen)	• Sie reisen viel? Was sind Sie denn von Beruf?	Interesse, genauere Nachfrage
	• Stehst du denn immer so früh auf?	Überraschung
	• Schon wieder zu spät. Hast du denn keine Uhr?	verneinte Frage: Vorwurf
doch	• Schlaf noch ein bisschen, heute ist doch Sonntag!	Sprecher erinnert Hörer an eine Tatsache / an Bekanntes
	• Lern doch mit anderen zusammen!	höflicher Ratschlag
	• Jetzt komm doch endlich!	Insistierend, mit Ungeduld: das habe ich schon einmal gesagt
	• Wenn ich doch mehr Zeit hätte!	macht einen Wunsch intensiver
eigentlich	• Du könntest mir eigentlich ein bisschen helfen.	macht eine Aufforderung vorsichtiger
	• Ich kenne Harry kaum. Was ist er eigentlich von Beruf?	genauere Frage, oft Themawechsel
	• Ich muss eigentlich schon gehen, / Eigentlich muss ich schon gehen, aber einen Kaffee nehme ich noch.	Einwand (= im Grunde genommen) *(In dieser Bedeutung auch auf Position 1 möglich.)*
bloß / nur	• Komm bloß / nur nicht zu spät!	Drohung, Warnung
	• Wie komme ich bloß / nur nach Hause?	in Fragen: Ratlosigkeit
	• Hätte ich bloß / nur einen Job!	macht einen Wunsch intensiver
einfach	• Das ist einfach schrecklich!	verstärkt eine Aussage
mal	• Komm mal bitte her!	macht eine Aufforderung freundlicher; abgeschwächt
schon	• Das wird schon funktionieren!	drückt Zuversicht aus
wohl	• Es ist 10.00 Uhr, er ist wohl schon unterwegs.	Vermutung: Ich nehme es an.

情态小品经常会连用：

• Das ist doch mal was anderes!

情态小品词大多数位于中场（表示异议的 eigentlich 除外），一般直接跟在动词后面。情态小品词不需重读（例外：eigentlich 位于句子首位时，以及 bloß 和 nur 表达愿望或威胁时需重读）。

10 构词法 Wortbildung

10.1 名词 Nomen

复合词 Komposita

名词可同名词或其他词类构成复合词。复合词最后一个单词是名词，其词性与该名词一致。

Nomen + Nomen: das Kinder**zimmer** *(ein Zimmer für Kinder (wofür?))*
Verb + Nomen: die Bohr**maschine** *(eine Maschine, mit der man bohren kann (wozu?))*
Adjektiv + Nomen: die Schnell**straße** *(eine Straße, auf der man schnell fahren kann (wie?))*
Präposition + Nomen: der Um**weg** *(ein Weg, der um etwas herumgeht (wohin?))*

有些复合词因为发音的需要，会在限定词和基础词之间加一个连接字母，即 -s、-e 或 -n 这三个连字符。

• das Arbeit-**s**-zimmer, der Schwein-**e**-braten, die Sonne-**n**-brille

带后缀（词尾）的名词 Nomen mit Suffixen

形容词、动词或其他名词通过添加后缀（词尾）可派生名词。该名词的词性取决于后缀。

Feminine Suffixe

Adjektiv	**+ -heit**			**Adjektiv**	**+ -keit**		
schön	+ -heit	→	die Schönheit	eitel	+ -keit	→	die Eitelkeit
klug	+ -heit	→	die Klugheit	großzügig	+ -keit	→	die Großzügigkeit

Verb	**+ -ung**			**Verb**	**+ -e (sehr oft: fem.)**			**Verb**	**+ -t (sehr oft: fem.)**		
wohn(en)	+ -ung	→	die Wohnung	lieb(en)	+ -e	→	die Liebe	fahr(en)	+ -t	→	die Fahrt
hoff(en)	+ -ung	→	die Hoffnung	sprech(en)	+ -e	→	die Sprache	sehen	+ -t	→	die Sicht

Nomen	**+ -schaft**		
der Freund	+ -schaft	→	die Freundschaft
der Vater	+ -schaft	→	die Vaterschaft

Weitere feminine Suffixe: z. B. -ade, -age, -anz, -ei, -enz, -esse, -ie, -ik, -(t)ion, -ose, -tät, -ur, -üre

Maskuline Suffixe

Verb	**+ -er**			**Nomen**	**+ -ler**		
lehr(en)	+ -er	→	der Lehrer	die Kunst	+ -ler	→	der Künstler
fahr(en)	+ -er	→	der Fahrer	der Sport	+ -ler	→	der Sportler

Weitere maskuline Suffixe: z. B. -and, -ant, -asmus, -ent, -ismus, -ist, -or

Neutrale Suffixe

Nomen	**+ -chen**			**Nomen**	**+ -lein**		
das Kind	+ -chen	→	das Kindchen	der Vogel	+ -lein	→	das Vöglein
das Haus	+ -chen	→	das Häuschen	das Buch	+ -lein	→	das Büchlein

Weitere neutrale Suffixe: z. B. -ing, -ma, -ment, -um

10.2 形容词 Adjektive

复合词 Komposita

跟名词一样，形容词也可以构成复合词。最常见的类型有：

颜色： dunkel**grün** / hell**grün**, tiefschwarz, zartrosa, knallrot, …

对比： blitz**schnell** (= schnell wie ein Blitz), bildschön, glasklar, steinhart, …

补充说明： fett**arm** (= arm an Fett), baum**reich** (= reich an Bäumen), liebe**voll** (= voller Liebe), schadstoff**frei** (= frei von Schadstoffen), schmerz**los** (= ohne Schmerzen), …

带后缀的形容词（-ig、-isch、-lich、-bar）Adjektive mit Suffixen (-ig, -isch, -lich, -bar)

许多形容词由一个基础词（名词、动词、副词）加一个后缀组成。

Nomen	**+ -ig**			**Verb**	**+ -ig**			**Adverb**	**+ -ig**		
die Ruhe	+ -ig	→	ruhig	abhäng(en)	+ -ig	→	abhängig	dort	+ -ig	→	dortig
der Geist	+ -ig	→	geistig	auffall(en)	+ -ig	→	auffällig	heute	+ -ig	→	heutig

Nomen	**+ -isch**			**Verb**	**+ -isch**		
Europa	+ -isch	→	europäisch	regn(en)	+ -isch	→	regnerisch
das Kind	+ -isch	→	kindisch	wähl(en)	+ -isch	→	wählerisch

Nomen	**+ -lich**			**Verb**	**+ -lich**		
die Sprache	+ -lich	→	sprachlich	versteh(en)	+ -lich	→	verständlich
das Kind	+ -lich	→	kindlich	ertrag(en)	+ -lich	→	erträglich

- Er hat sich den ganzen Abend über kindisch (= albern, dumm) verhalten. (negativ)
- Die kindliche Entwicklung durchläuft vorherbestimmbare Phasen. (neutral)

Verb	**+ -bar**		
machen	+ -bar	→	machbar (= man kann es machen)
erkennen	+ -bar	→	erkennbar (= man kann es erkennen)

带前缀的形容词（un-、miss-）Adjektive mit Präfix (un-, miss-)

前缀 **un-** 和 **miss-** 位于形容词前，表示否定：

- freundlich ≠ unfreundlich (= nicht freundlich)
- möglich ≠ unmöglich (= nicht möglich)
- lösbar ≠ unlösbar (= nicht lösbar)

- gut gelaunt ≠ missgelaunt (= schlecht gelaunt)
- verständlich ≠ missverständlich (= nicht gut verständlich)

Quellen

Bildquellen

Shutterstock (Josep Suria), **Cover. 1**; Shutterstock (Bongkarn Graphic), **Cover. 2**; Shutterstock (F8 studio), **Cover. 3**; Shutterstock (NadyaEugene), **8.1**; PhotoDisc, **8.2**; Shutterstock (Mix Tape), **8.3**; (Monkey Business Images), **8.4**; Shutterstock (Lukas Gojda), **8.5**; (RF / Galyna Andrushko), **8.6**; Shutterstock (mcroff88), **9**; Shutterstock (mcroff88), **10.1**; shutterstock (agap), **10.2**; Wikipedia (Besenbinder), **10.3**; iStock (jahmaica), **11.1**; Wikipedia (Thomas Wolf), **11.2**; (Photodisc), **11.3**; (Alexander Chaikin), **11.4**; (Julia Eden), Stuttgart, **12**; Shutterstock (Cars and Travels), **14.1**; Shutterstock (Gorodenkoff), **14.2**; Shutterstock (Kaspars Grinvalds), **14.3**; Ilse Sander, **16**; MEV Verlag GmbH, Augsburg, **18.1**; Klett-Archiv, **18.2**; Shutterstock (VALUA VITALY), **20.1**; Shutterstock (Melinda Nagy), **20.2**; (Rubberball RF), **20.3**; Shutterstock (Lopolo), **20.4**; Shutterstock (Prostock-studio), **20.5**; Shutterstock (Arturo Lopez Llontop), **20.6**; Shutterstock (Yuliya Evstratenko), **23.1**; Shutterstock (ViDI Studio), **23.2**; Shutterstock (Prostock-studio), **24**; iStock (Deagreez), **26.1**; iStock (SB Arts Media), **26.2**; iStock, **27**; Shutterstock (Krakenimages.com), **28**; Shutterstock (Drazen Zigic), **30.1**; iStock (monkeybusinessimages), **30.2**; Wikipedia, **30.3**; Shutterstock (William A. Morgan), **30.4**; Shutterstock (Melinda Nagy), **30.5**; Shutterstock (Pressmaster), **30.6**; Fotolia, **32.1**, **32.2**; Shutterstock (Altrendo Images), **32.3**; Shutterstock (DS Tkachuk), **32.4**; Shutterstock (fizkes), **32.5**; Shutterstock (Guas), **33.2**; (Warren Goldswain), New York, NY, **33.1**; iStock (monkeybusinessimages), **33.3**; Shutterstock (AJR_photo), **33.4**; (Globus Infografik), Frankfurt, **34**; iStock (JackF), **36.1**; Shutterstock (Tavarius), **36.2**; Shutterstock (BearFotos), **38**; (dpa-infografik), **40.1**; Shutterstock (Zurijeta), **40.2**; Shutterstock (mimagephotography), **40.3**; Shutterstock (NeonShot), **40.4**; (StockDisc), Hamburg, **40.5**; Wikipedia (Dietmar Rabich), **41**; (iStockphoto), **42.1, 83.2, 96, 130.4**; Shutterstock (Elnur), **42.2**; Shutterstock (mantinov), **42.3**; Wikipedia (Marius Gösel), **43**; ©Phototh.que R. Magritte - ADAGP, Paris / VG Bild-Kunst, Bonn 2011, Paris, **44**; Tchibo GmbH, Hamburg, **46.1**; Dynevo GmbH. Ein Unternehmen der Bayer Business Services - Communication Services / Graphic Services, Leverkusen, **46.2**; Ludwig-Feuerbach-Gesellschaft e. V., Eschborn, **46.5**; IKEA, Hofheim, **46.6**; Miele & Cie. KG, Gütersloh, Gütersloh, **46.8**; (MAEADV), **47.1**; Kurz, Helmut, Büttelborn, **47.2**; haleko - Hanseatische Lebensmittel Kontor GmbH & Co. OHG, Hamburg, Hamburg, **47.3**; adidas AG, Herzogenaurach, **47.4, 47.7**; Roeckl Sporthandschuhe GmbH & Co. KG, **47.5**; PRfact AG (SIGG), Zürich, **47.6**; (Ingram Publishing), **47.8**; (discpicture), **47.9**; (Stefan Petru Andronache), **48**; Wikipedia (Maschinenjunge), **50.1**; Shutterstock (metamorworks), **50.2**; (Bernd Gallandi), **54.1, 54.2, 54.3**; Shutterstock (wavebreakmedia), **56.1**; Shutterstock (Vera Petrunina), **56.2**; Shutterstock (DoublePHOTO studio), **56.3**; Shutterstock (Gorgev), **56.4**; Shutterstock (adriaticfoto), **56.5**; Shutterstock (DuxX), **56.6**; Shutterstock (Aleksandar Malivuk), **64.1**; Shutterstock (Budimir Jevtic), **64.2**; Shutterstock (fizkes), **74**; Shutterstock (AlexAnton), **80.1**; Shutterstock (metha1819), **80.2**; Shutterstock (Satirus), BigStockPhoto.com (rsester), Davis, CA, **81.2**; Fischer GmbH & Co. KG, Waldachtal, **81.1, 81.3**; (Mikolaj Klimek), **81.4**; (Dmitry Khochenkov), **81.5**; Shutterstock (Satirus) **81.6**; Shutterstock (Roman Samborskyi), **81.7**; (Vittorio Bruno), **83.1**; Wikipedia (Julien Renoult), **83.3**; Shutterstock (Monkey Business Images), **86**; Shutterstock (Monkey Business Images), **89**; (tyler olson), Calgary, Alberta, **92.1**; Shutterstock (EvMedvedeva), **92.2**; Shutterstock (silverkblackstock), **92.3**; (Lichtmeister), **92.4**; (Alexander Raths), **92.5**; Shutterstock (wavebreakmedia), **92.6**; Wikipedia (Michael Ströhle) **93**; iStock (MJ_Prototype), **94**; Wikipedia (Sven Mandel), **102**; Shutterstock (Mix Tape), **104.1**; Shutterstock (Anna Diederich), **104.2**; Shutterstock (Rob Bayer), **104.3**; Shutterstock (Fluid Shutter), **104.4**; Shutterstock (Tsomka), **104.5**; Shutterstock (Daxiao Productions), **104.6**; Shutterstock (Krakenimages.com), **104.7**; Shutterstock (zeljkodan), **106.1**; iStock (knape), **106.2**; Imago, Berlin, **108.1**; Picture-Alliance (dpa), **108.2**; (United Archives), **108.3**; Fotolia, **110**; Wikipedia (Gestumblindi), **111**; Shutterstock (IrinaPhVideo), **112.1**; (Stanislav Komogorov), **112.2**; Wikipedia (scottfeldstein), **112.3**; Shutterstock (BONDART PHOTOGRAPHY), **112.4**; Shutterstock (Bumble Dee), **112.5**; Shutterstock (Tanya_Terekhina), **112.6**; iStock (PongMoji), **112.7**; Shutterstock (Elena Kitch), **112.8**; iStock (g-stockstudio), **116.1**; (kristian sekulic), **116.2**; (pixinity), **116.3**; (Lineair / Ron Giling), **116.4**; vario images GmbH & Co.KG (Axiom), Bonn, **116.5**; Shutterstock (Ground Picture), **116.6**; Shutterstock (Antonio Guillem), **117.1**; Shutterstock (DoublePHOTO studio), **117.2**; (Dynamicgraphics RF (Monkey Business Images), **117.3**; Springer Fachmedien, Wiesbaden, **126**; Shutterstock (Dagerotip), **127.1**; Fotolia, **127.2**; Shutterstock (nnattalli), **128.1**; Shutterstock (rsooll), **128.2**; Shutterstock (PJ photography), **128.3**; iStock (Andrew_Mayovskyy), **128.4**; Wikipedia (Bartol666), **130.1**; Wikipedia (David Ratledge), **130.2**; Wikipedia (Peter O'Connor aka anemoneprojectors), **130.3**; Wikipedia (Charles J. Sharp) **130.6**; Wikipedia, **131.1**; Shutterstock (Gabriel Pacurariu), **130.5**; (Tan Kheng Chuan I), Brentwood, TN, **131.1**; Getty Images, München, **131.2**; Shutterstock (alvarobueno), **132.1**; (beboy), **132.2**; Shutterstock (Cire notrevo), **133**; Bundesverband WindEnergie e. V., Berlin, **136.1**; Shutterstock (Vladimka production), **136.2**; Shutterstock (Max kegfire), **140.1**; Shutterstock (Cookie Studio), **140.2**; Shutterstock (fizkes), **140.3**; Shutterstock (SB Arts Media), **140.4**; Wikipedia, **141**; (JOKER / Rainer Steußloff), **149**

Textquellen

S. 14 / 15: Nomaden der Neuzeit © www.jobandfuture.de • S. 19: Gedicht „Immer ein …" © Peter Reik, Berlin • S. 23: Die Macht der Schönheit © Kerstin Fels, in: www.scinexx.de • S. 34 / 35: Vereine in Deutschland, in: www.planet-wissen.de © Ana Rios, Karlsruhe • S. 45: Rainer Malkowski: Zwei Sessel. Aus: Rainer Malkowski: Die Herkunft der Uhr mit Beiträgen von Albert von Schirding © Carl Hanser Verlag München 2004 • S. 53: Ebay © Thomas Kniebe, SZ-Magazin Nr. 34/2005 • S. 58/59 („Die kleinen Globalisierer"): Arbeit in der Welt © Thomas Fischermann, Dr. Uwe Heuser, Dietmar H. Lamparter, Hamburg, in: DIE ZEIT 14.04.2005 • S. 80 A: Wissen © Duden, Deutsches Universalwörterbuch, 2001 • S. 80 B: Wissen © www.phillex.de • S. 80 C: Das Wort Wissen … © www.almanach.online.de • S. 89 („Macht Musik klüger?"): Die Essenz des Menschseins © Philip Wolff, SZ Wissen vom 17.12.2005 • S. 93: Robert Gernhardt, Noch einmal: Mein Körper. Aus: Robert Gernhardt, Gesammelte Gedichte 1954–2006. © S. Fischer Verlag GmbH, Frankfurt am Main 2008, S. 223 / 224 • S. 102 / 103: Eckart von Hirschhausen, „Winterdepression – Gassi gehen mit dem Schweinehund". Aus: Eckart von Hirschhausen, Die Leber wächst mit ihren Aufgaben. Komisches aus der Medizin Copyright © 2008 Rowohlt Verlag GmbH, Reinbek bei Hamburg • S. 104: Erich Fried: Was es ist, aus: Erich Fried, Es ist was es ist © Verlag Klaus Wagenbach, Berlin 1983 • S. 110 / 111: Peter Bichsel: San Salvador, aus: Peter Bichsel, Eigentlich möchte Frau Blum den Milchmann kennenlernen. 21 Geschichten. © Suhrkamp Verlag Frankfurt am Main 1993. Alle Rechte bei und vorbehalten durch Suhrkamp Verlag Berlin. • S. 120: Eurodesk – Wir über uns © Eurodesk, www.rausvonzuhaus.de • S. 121: Arbeiten in den USA / Neuseeland / Norwegen © www.stepstone.de • S. 128 („Die weiße Wüste kam …"): Im Birnbaumschatten von Karl Krolow © Peter Krolow, Meerbusch • S. 129: Es kommt eine Zeit, da hat die Sonne alle Arbeit getan © Elisabeth Borchers, Frankfurt • S. 138: Bio-Umsatz in Europa © www.boelw.de

Hörtexte

S. 18: Klopf, klopf, liebes Pärchen © Judka Strittmatter, Berlin • S. 43: Caspar: So Perfekt, Feat. Marteria; Griffey, Benjamin / Laciny, Marten; BUG Music Musikverlagsgesellschaft, München; No Limits One Guido Schulz • S. 50: Messie-Syndrom © Marion Kraske, SPIEGEL ONLINE • S. 60: Generation Praktikum © www.jobandfuture.de • S. 81 („Ein Gespräch mit Prof. Artur Fischer"): Abenteuerspielplatz im Kopf © campus-web.de, Bonn • S. 86: Gespräch mit Prof. Dr. Gerald Hüther © Prof. Dr. Gerald Hüther, Zentralstelle für Neurobiologische Präventionsforschung, Universität Göttingen • S. 90: Kurzvortrag „Der weite Weg vom Wissen zum Können", Quelle: Folien im Buch S. 90: nachgebaut; Text stark verändert © Sven Lehmann – Unternehmer, Berater, Coach, Telefon: 03423-603406, www.sven-lehmann.de • S. 112: Militärschnitt © Stephan Schulte, München • S. 120: Telefongespräch Studentin / Eurodesk © Eurodesk Deutschland, IJAB e.V., Bonn • S. 122: Telefongespräch Student / GIZ © Deutsche Gesellschaft für internationale Zusammenarbeit, Bonn • S. 131 („Was ist Bionik?"): Der Lotus-Effekt – Was die Technik von der Natur abschaut, © Klaus Uhrig und BR media Service GmbH, München • S. 141: Annett Louisan: Ausgesprochen unausgesprochen © Sony BMG Music Entertainment, Germany

Trotz intensiver Bemühungen konnten wir nicht alle Rechteinhaber ausfindig machen. Für Hinweise ist der Verlag dankbar.